Süd- und Zentralasien

DIE WELT ENTDECKEN - DIE WELT ERLEBEN

Süd- und Zentralasien

Reader's Digest

DEUTSCHLAND · SCHWEIZ · ÖSTERREICH

Inhalt

Übersichtskarte **Süd- und Zentralasien**...6
Satellitenbild **Süd- und Zentralasien**..8

Indien

Einführung..10
Ein Kontinent im Kleinen..12
Bildmosaik **Einsamer Vorposten Indiens im Golf von Bengalen**.........................14
Spezial **Der Monsun bestimmt den Lebensrhythmus**..16
Welterbe **Nationalpark Kaziranga**..18
Die Nation der vielen Nationalitäten..20
Spezial **Die Kasten – Grundpfeiler der Gesellschaft**..22
Klassische Künste und grandiose Architektur..24
Spezial **Heilige Stadt am Ganges: Varanasi**...26
Die bevölkerungsreichste Demokratie der Welt...28
Spezial **Kaschmir – Bergland mit unsicherem Status**...30
Der indische Elefant ist erwacht...32
Bildmosaik **Bollywood boomt**..34
Pracht und Vielfalt im Land der Tempel und Paläste...36
Welterbe **Höhlentempel Ellora**...38

Nepal

Einführung..40
Schmales Land unter dem Dach der Welt...42
Welterbe **Lumbini (Geburtsort Buddhas)**..44
Eine lange Tradition von Konflikten...46
Bescheidenes Auskommen durch Landwirtschaft und Tourismus....................48
Welterbe **Nationalpark Sagarmatha / Mount Everest**......................................50

Bhutan

Drachenreich im Himalaya...52
Bildmosaik **Ein Leben für Buddha**..54

Indischer Ozean

Indischer Ozean – das kleinste der drei Weltmeere..56
Randmeere und Inseln des Indischen Ozeans...58

Malediven

Inselparadiese im Indischen Ozean..60
Spezial **Paradies für Taucher: das Korallenriff**...62

Sri Lanka

Einführung..64
Strahlend schöne Perle im Indischen Ozean..66
Welterbe **Goldener Felsentempel von Dambulla**...68
Ein langer Konflikt entzweit das Land..70
Bildmosaik **Aromatisches Exportgut: der Ceylon-Tee**..72
Urlaubsfreuden auf einer tropischen Insel..74
Welterbe **Altstadt und Festungsanlagen von Galle**...76

Bangladesch

Einführung..78
Ein dicht bevölkertes Land – nah am Wasser gebaut..80
Spezial **Schutzlos den Naturgewalten ausgeliefert**...82

	Ein junger Staat sucht Wege aus der Armut	84
	Welterbe **Mangrovenwälder der Sundarbans**	86
Pakistan	Einführung	88
	Fruchtbares Fünfstromland unter dem „Dach der Welt"	90
	Satellitenbild **Baltoro-Gletscher**	92
	Bevölkerungsexplosion – Ursache für viele Probleme	94
	Bildmosaik **Karachi – eine Stadt erstickt an Menschen**	96
	Junger Staat als Erbe der britischen Kolonialpolitik in Indien	98
	Welterbe **Ruinenstadt Mohenjo-Daro**	100
	Blühende Landwirtschaft, wenig entwickelte Industrie	102
	Islamische Baukunst – grandiose Gebirgskulissen	104
Afghanistan	Einführung	106
	Gebirgsland am Hindukusch	108
	Ein zerissenes Land zwischen Krieg und Frieden	110
	Spezial **Das endlose Leiden der Afghanen**	112
	Schwieriger wirtschaftlicher Neuaufbau	114
Tadschikistan	Mehrere Gebirge auf engem Raum	116
	Große Herausforderungen nach dem Bürgerkrieg	118
	Bildmosaik **Duschanbe – junges Zentrum Tadschikistans**	120
Kirgisistan	Die „Schweiz Zentralasiens"	122
	Welterbe **Suleiman-Too**	124
	Schwierige Jahre nach der Unabhängigkeit	126
Kasachstan	Einführung	128
	Binnenstaat im Zentrum Eurasiens	130
	Welterbe **Saryarka**	132
	Enge Anlehnung an Russland	134
	Wirtschaftliche Erfolge dank reicher Ressourcen	136
	Satellitenbild **Aralsee**	138
Usbekistan	Wüsten, Steppen und Gebirge	140
	Bildmosaik **Taschkent – Metropole zwischen Tradition und Moderne**	142
	Rohstoffproduzent mit orientalischen Schätzen	144
	Welterbe **Historisches Zentrum von Buchara**	146
Turkmenistan	Ein dünn besiedeltes Wüstenland	148
	Erdöl und Erdgas sichern die Zukunft	150
	Bildmosaik **Die Seidenstraße – ein alter Handelsweg erwacht zu neuem Leben**	152
	Register	154
	Bildnachweis/Impressum	160

SÜD- UND ZENTRALASIEN

ÜBERSICHTSKARTE

SÜD- UND ZENTRALASIEN

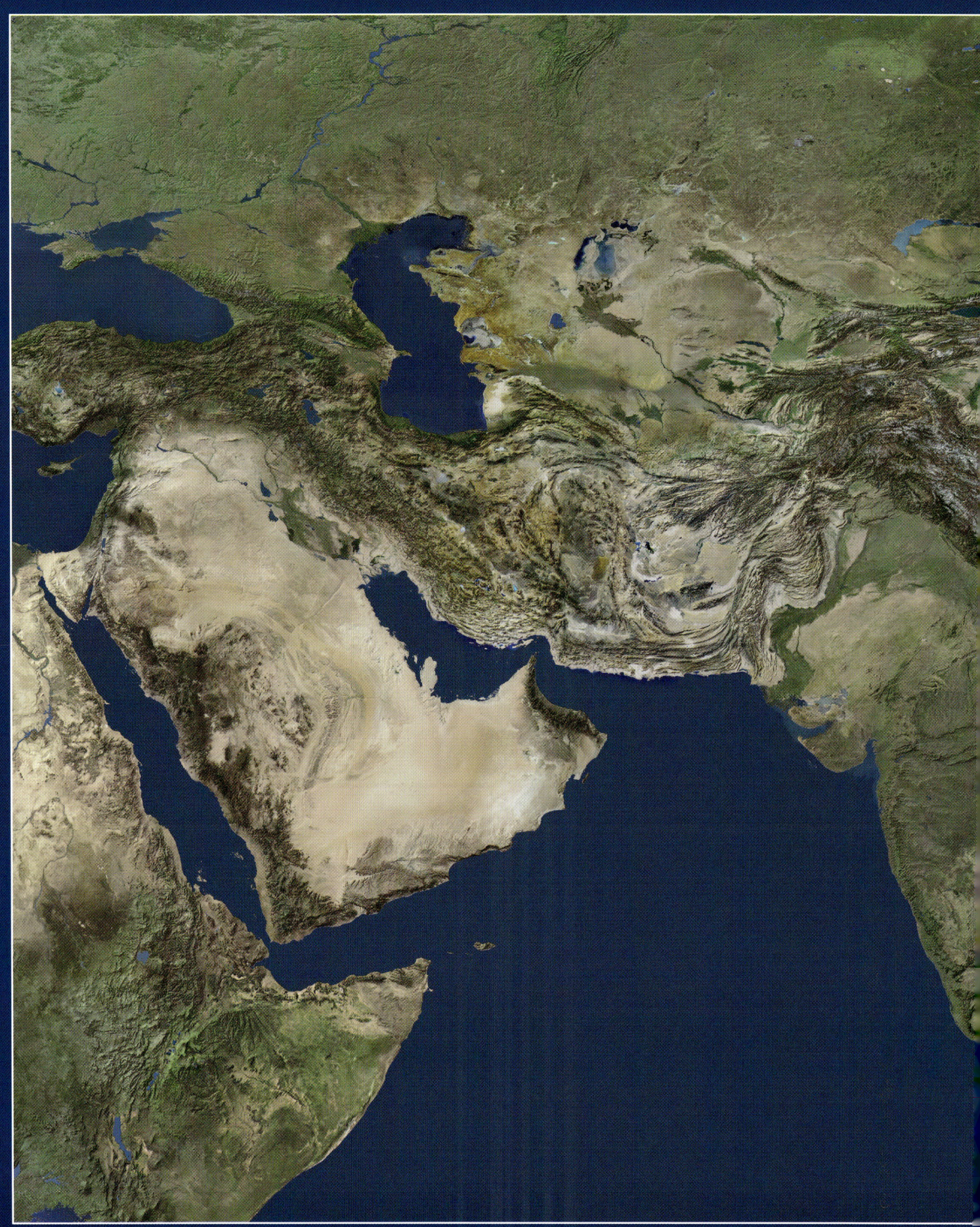

SATELLITENBILD

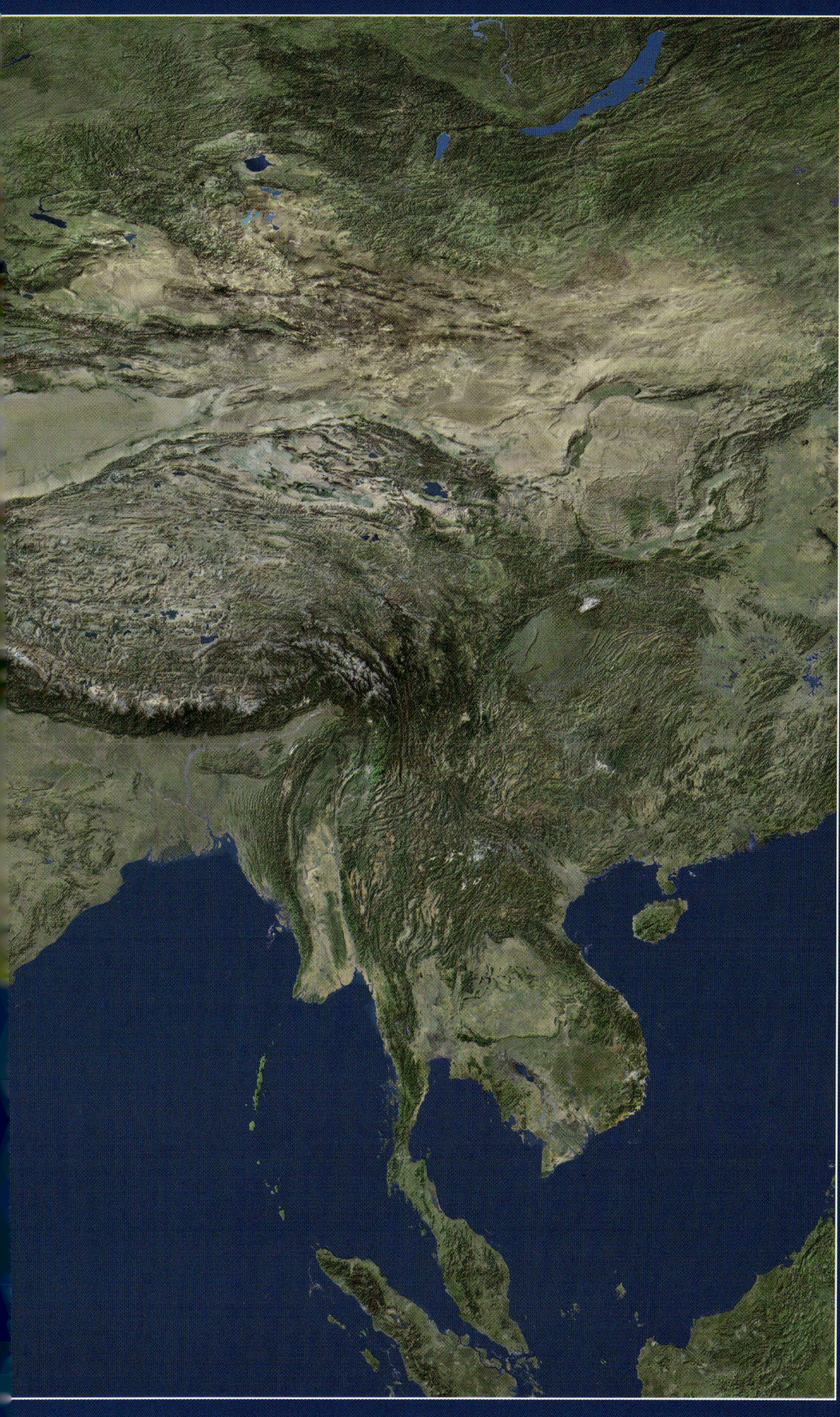

Süd- und Zentralasien vereint die gewaltigsten Gebirge, die trockensten Wüsten und die wasserreichsten Regionen der Erde.

Wie eine große Halbinsel ragt der indische Subkontinent in den Indischen Ozean und schafft so zwei Teilmeere: das Arabische Meer westlich und den Golf von Bengalen östlich der Halbinsel. Geologisch betrachtet bildet er eine eigene tektonische Platte, die allmählich nach Norden driftet. Vor etwa 60 Millionen Jahren stieß sie auf die Eurasische Kontinentalplatte. Im weiteren Verlauf kam es zur Bildung des Himalaya und der nordwestlich anschließenden Gebirge Karakorum, Hindukusch und Pamir.

Vor dem höchsten Gebirge der Erde erstreckt sich eine dicht besiedelte Tiefebene, die von den Strömen Indus und Ganges gebildet wird. Der Indus bildet die Lebensader Pakistans und mündet mit einem Delta ins Arabische Meer. Dagegen fließt der Ganges vor dem Himalaya in östlicher Richtung. Bevor er den Indischen Ozean erreicht, nimmt er noch den Brahmaputra auf, der im Hochland von Tibet entspringt und dem Golf von Bengalen zuströmt. Beide Ströme bilden ein riesiges gemeinsames Delta, das weit ins Meer reicht – die Sundarbans.

An der West- und Ostküste des Indischen Subkontinents erstrecken sich lang gezogene Gebirge, die West- und die Ostghats. Zwischen ihnen liegt das Hochland von Dekkan.

Der geografische Raum Zentralasien ist überwiegend wüstenhaft und gebirgig. Er reicht im Westen bis zum Kaspischen Meer. Die Landwirtschaft ist dort auf künstliche Bewässerung angewiesen, wovon die östlich des Kaspischen Meers gut zu erkennenden Bewässerungsflächen entlang der Flüsse (Amudarja, Syrdarja) zeugen. Die intensive Wasserentnahme aus den Flüssen führt jedoch zum fortschreitenden Schrumpfen des Aralsees, der sich bereits in mehrere kleinere Restseen zurückgezogen hat.

INDIEN

Indien, in Hindi Bharat genannt, ist der bevölkerungsmäßig zweitgrößte Staat der Erde und nimmt den Großteil des indischen Subkontinents ein. Dieses Land von beinahe schon kontinentalen Ausmaßen ist auch ein Land voller Gegensätze, sei es die riesige gesellschaftliche Kluft, die durch das starre Kastensystem bedingt ist und sich in tiefster Armut und unermesslichem Reichtum ausdrückt, sei es das Monsunklima, das zwischen Trockenheit und sintflutartigen Regenfällen schwankt. Verwirrend ist auch die Zahl der indischen Völker und Sprachen, und nicht minder vielfältig sind die Religionen, wobei eine Glaubensrichtung dominiert – der Hinduismus, der die bestimmende religiöse und kulturelle Kraft innerhalb der indischen Gesellschaft darstellt.

INDIEN

DAS LAND

Offizieller Name: *Republik Indien*

Internationales Kfz-Kennzeichen: *IND*

Geografische Lage: *Südasien; zwischen 8° 04' und 37° 06' nördlicher Breite sowie 68° 07' und 97° 25' östlicher Länge*

Fläche: *3 166 414 km²*

Hauptstadt: *Neu-Delhi*

Klima: *Hochgebirgsklima in Kaschmir und im Himalaya; im Süden tropisches, im Norden subtropisches Monsunklima;*
Cherrapunji 17,3 °C / 11777 mm
Neu-Delhi 14,2 °C / 660 mm
Ahmadabad 27,4 °C / 789 mm
Mumbai (Bombay)
23,8 °C / 1805 mm
Kolkata (Kalkutta) 19,6 °C / 1625 mm
Hyderabad 26,7 °C / 803 mm
Chennai (Madras)
24,5 °C / 1286 mm

Zeitzone: *Mitteleuropäische Zeit +4,5 Std.*

Ein Kontinent im Kleinen

Von der Fläche her ist Indien das siebtgrößte Land der Erde. Es nimmt den Großteil des naturräumlich eigenständigen indischen Subkontinents ein, der als dreieckige Halbinsel in den Indischen Ozean hineinragt. Nach Norden begrenzen der mächtige Himalaya, nach Westen die Wüste Thar die fruchtbaren Ebenen Nordindiens, und längs der Küsten des Südens erstrecken sich die Ghats, die Gebirgszüge westlich und östlich des Dekkan-Hochlands. Gute Hafenstandorte sind an der rund 7500 Kilometer langen Küste rar.

GEOGRAFIE UND NATUR

Das Land lässt sich in folgende drei Großlandschaften gliedern: den Himalaya, die nach Süden sich anschließenden Tiefländer von Ganges und Brahmaputra sowie das Hochland von Dekkan, das mehr als die Hälfte der Staatsfläche einnimmt. Zum indischen Staatsgebiet gehören die Koralleninseln Lakkadiven und Amindiven vor der Malarbarküste im Südwesten sowie die Andamanen und Nikobaren südöstlich des Golfs von Bengalen.

Himalaya – Indiens Grenzwall zum Norden

Der mächtige Gebirgswall des Himalaya grenzt Indien klimatisch und geografisch gegen Zentralasien ab. Der indische Teil des höchsten Gebirges der Erde umfasst den nordwestlichen Kaschmir- und Kumaun-Himalaya sowie den nordöstlichen Assam-Himalaya. Höchster Berg Indiens ist der 8586 Meter hohe Kangchenjunga (Gangtschhendsönga) an der Grenze zu Nepal.

Riesige Stromebene
Ganges und Brahmaputra entspringen im Himalaya und fließen durch eine 650 000 Quadratkilometer große Tiefebene, die sie mit Geröll, Sand und Schlamm aufgeschüttet haben. Sie zieht sich 300 bis 500 Kilometer breit von Neu-Delhi im Westen bis Assam im Osten, wo sich die Ebene auf 80 Kilometer verengt. Beide Ströme treffen sich im weit verzweigten Delta Bengalens, das sich mit dem Mangrovendickicht der Sundarbans südöstlich von Kolkata erstreckt und dessen östlicher Teil heute zu Bangladesch gehört. Obwohl die Ebene gut entwässert wird, ist sie zugleich extrem überschwemmungsgefährdet.

Hochland von Dekkan
Als dritter großer Naturraum Indiens schließt sich nach Süden das weithin trockene Hochland des Dekkan an, das zu den ältesten geologischen Formationen der Erde gehört. Der Dekkan wird eingerahmt von den Küstengebirgen der hohen West- (1000–1500 m) und vergleichsweise flachen Ostghats (um die 600 m). Die Nilgiri-Berge, im südlichen Abschnitt der Westghats, überragen mit ihrer Gipfelhöhe von 2637 Metern (Doda Betta) den Dekkan. Im Norden begrenzen die Aravalli-, Vindhya- und Satpuragebirge das Hochland.

Der Monsun beherrscht das Land
Trotz des eisbedeckten Himalayagebirges gilt Indien insgesamt als heißes Land. Das Gebirge ist als gewaltiger Schutzwall gegen die kontinentale Winterkälte Innerasiens wirksam. Durch die Größe des Subkontinents zeigt das Klima starke Unterschiede, wenngleich das landesweite Klima von den

Im Süden Indiens erstrecken sich die Kardamonberge als Ausläufer der Westghats. Im Anai Mudi erreichen sie fast 2700 Meter Höhe. An den Hängen werden in Plantagen verbreitet Pfeffer, Kaffee oder wie hier der Grüne Kardamon, eine begehrte Gewürzpflanze, angebaut.

GEOGRAFIE UND NATUR

Monsunregen zwischen Mai und September beherrscht wird. Während der Westabfall des Dekkan, die Westghats, zur Zeit des Sommermonsuns bis zu 3000 Millimeter Niederschlag erhalten, fallen im Hochland nur 500 bis 1000 Millimeter. Teile des Hochlands sind extrem trocken und heiß.

Mit Ausnahme der Hochgebirge erreichen die mittleren Jahrestemperaturen im ganzen Land etwa 25 °C. Zur Monsunzeit sinken die Temperaturen in ganz Indien, zugleich steigt die Luftfeuchtigkeit auf 60 bis 80 Prozent. Im Norden ist es im Winter empfindlich kühl, die mittleren Monatstemperaturen sinken in der Gangesebene auf 12 °C bis 18 °C. In der Vormonsunzeit wird es auch im Norden heiß; das Thermometer steigt dann auf 30 °C bis 40 °C. Die höchsten Temperaturen werden in der Wüste Thar gemessen: Bei einer Luftfeuchtigkeit von kaum zehn Prozent wird die Wüstenregion bei Temperaturen von bis zu 50 °C zum Glutofen. Die jährlichen Niederschläge liegen dort teilweise unter 100 Millimeter.

Durchschnittliche Lufttemperaturen, Sonnenscheinstunden und Niederschlagstage in Neu-Delhi

	Jan	Feb	März	April	Mai	Juni	Juli	Aug	Sept	Okt	Nov	Dez	
Tag	21	24	29	36	41	39	35	34	34	34	28	23	°C
Nacht	6	10	14	20	26	28	27	26	24	17	11	7	°C
tägliche Sonnenscheinstunden	5	7	7	8	8	6	5	5	6	7	7	5	
Niederschlagstage	2	1	1	1	1	4	10	11	5	2	0	1	

INDIEN

Einsamer Vorposten Indiens im Golf von Bengalen

Die beiden Inselgruppen im Golf von Bengalen werden von Indien als Unionsterritorium verwaltet. Hauptstadt ist Port Blair (ca. 50 000 Einwohner) auf South Andaman Island. Die Gesamtfläche der insgesamt 200 Inseln beträgt 8249 Quadratkilometer (Andamanen: 6408 km²; Nikobaren: 1841 km²). Von den 300 000 Einwohnern leben etwa 40 000 auf den Nikobaren. Gut zwei Drittel gehören der ursprünglichen Inselbevölkerung an. Auf den Andamanen gibt es nur noch etwa 500 Ureinwohner, sogenannte Negritos, die Wildbeuter und Jäger sind. Sie leben in völliger Isolation und meiden Kontakte zur Außenwelt. Vom Festland zugewanderte Inder stellen die große Mehrheit der Bevölkerung. Die Landnutzung erfolgt überwiegend zur Deckung des Eigenbedarfs. Neben Reis und Fischen *(rechte Seite)* sind Kokosnüsse die Hauptnahrung. Viele Lebensmittel müssen jedoch importiert werden.

Alle Inseln sind stark zergliederte Bergländer mit Höhen bis zu 738 Meter. Das Klima ist tropisch mit ganzjährig hohen Temperaturen, die Wassertemperatur beträgt nahezu konstant 24 °C. Der Monsun bringt Jahresniederschläge von über 2500 Millimetern. Dichter Regenwald bedeckt weite Teile der Inseln, Mangroven wachsen an manchen Küstenabschnitten.

Zu den wichtigsten Einnahmequellen gehört der Fremdenverkehr. Viele Inseln bieten einsam gelegene Strände, wie im Nationalpark Mahatma Gandhi *(großes Bild)*. Um die Faszination der Unterwasserwelt erleben zu können, wie hier den Reiz wundervoller Korallen *(unten)*, werden die Taucher mit dem Boot in die küstennahen Korallengärten der Andamanensee gebracht. Für den Besuch der Andamanen benötigen Besucher eine offizielle Genehmigung. Die unter Naturschutz gestellten Nikobaren sind nicht für Touristen zugänglich.

Im 18. Jahrhundert erfolgte die Kolonialisierung durch Großbritannien. Für eine kurze Zeit – von 1778 bis 1784 – waren die Nikobaren eine Kolonie Österreichs. Die Briten nutzten die Inselgruppen wegen ihrer Abgeschiedenheit als Sträflingskolonien für Inder, die sich der britischen Kolonialherrschaft widersetzten. Nach Erlangung der Unabhängigkeit errichtete Indien auf den Inseln einen Militärstützpunkt.

Der von einem gewaltigen Erdbeben im Indischen Ozean vor der Küste Sumatras am 26. Dezember 2004 ausgelöste Tsunami richtete auf vielen Inseln schwere Schäden an, manche wurden regelrecht überflutet. Auf den Nikobaren wurden fast alle Dörfer vernichtet. Nach offiziellen Angaben waren auf den Nikobaren etwa 4400 und auf den Andamanen 5000 Opfer zu beklagen. Zu Ehren der Toten wurde auf der Insel Car Nicobar dieses Denkmal errichtet *(rechte Seite außen)*.

ANDAMANEN UND NIKOBAREN

INDIEN

Der Monsun bestimmt den Lebensrhythmus

Dunkle Wolken bringen während der Monsunzeit der von Palmen gesäumten Küste bei Goa heftige Regenfälle.

Seefahrer gaben dem Wind seinen Namen. Aus dem arabischen Wort „mawsim", das Jahreszeit (für die Schifffahrt) heißt, wurde portugiesisch „moncao" und daraus entstand Monsun. Die Monsunwinde, die in den Tropen halbjährlich ihre Richtung wechseln, waren für die Kapitäne der Segelschiffe lebenswichtig. Aber wann, wie viel und ob überhaupt der sommerliche Monsun Regen bringt, entscheidet in Südasien über viel mehr: über Wohlstand oder Not von Hunderten von Millionen Menschen.

Ursachen für die Monsunentstehung Im Allgemeinen erwärmt sich die Luft in den Sommermonaten über dem Festland schneller als über dem Meer. Zwischen Land und Meer entstehen thermische und damit Druckunterschiede, die durch Winde ausgeglichen werden. Zunächst wehen sie vom Meer zum erhitzten Subkontinent, in den Wintermonaten kehrt sich die Windrichtung um. Dieses Phänomen eines halbjährlichen Richtungswechsels der Windsysteme lässt sich an vielen Orten der Erde beobachten, in seiner großräumigen Ausprägung aber nirgendwo so markant wie über dem indischen Subkontinent und dem Indischen Ozean.

Die Erhitzung der indischen Landmasse bewirkt ein Aufsteigen der warmen Luft und lässt am Boden ein Hitzetief entstehen, d. h. der Luftdruck ist dort niedriger als über dem Ozean. Zwischen dem asiatischen Festland und dem Indischen Ozean bildet sich ein Druckgefälle heraus, das eine landwärts gerichtete Strömung verursacht. Im Gegensatz zu den außertropischen Breiten liegt in den tropischen Breiten die Hauptursache des Monsuns in der jahreszeitlichen Verlagerung der Innertropischen Konvergenz (ITC), einer etwa 200 Kilometer breiten äquatorialen Tiefdruckrinne, einer Zone, in der die beständig wehenden Nordost- und Südostpassate aufeinandertreffen.

Großräumige Umstellung der Windsysteme Die ITC folgt dem Sonnenhöchststand, wandert im Sommer der Nordhalbkugel nordwärts und verläuft dann weit nördlich des Äquators, manchmal sogar bis zum Hochland von Tibet. Da der Südostpassat aber stets zur Tiefdruckzone der ITC weht, überquert er mit der polwärtigen Verlagerung der ITC ebenfalls den Äquator und wird dann nach Nordosten in Richtung Vorderindien abgelenkt. Dieser großräumige Richtungswechsel der Luftströmung wandelt den Südostpassat in den Südwestmonsun (Sommermonsun) um, der auf seinem Weg über dem warmen Indischen Ozean große Mengen an Wasserdampf aufnimmt. Diese extrem feuchte Luftströmung erreicht dann in den Sommermonaten die Westküste des indischen Subkontinents, wo sie sich abregnet. Im Winter der Nordhalbkugel kehren sich die Strömungsverhältnisse analog zum Nordsommer um. Die ITC folgt wiederum dem Sonnenhöchststand und verlagert sich nun vom Äquator südwärts. Zwischen November und März weht dann der Nordostpassat oder Nordostmonsun aus den trockenen, kalten Weiten Zentralasiens in südwestlicher Richtung über Indien hinweg. Der Nordostmonsun, auch Wintermonsun genannt, bringt demzufolge wegen seiner trockenen Luftmassen kaum Niederschläge.

Indische Jahreszeiten Bei der Berechnung einer zuverlässigen Monsunvorhersage haben die indischen Meteorologen eine Vielzahl von Faktoren zu berücksichtigen, da der Monsun keineswegs regelmäßig eintrifft und auch unterschiedlich intensiv ausfällt. Eine genaue Vorhersage ist aber für die Bevölkerung von größter Wichtigkeit, denn Lebensrhythmus und Landwirtschaft unterliegen entscheidend dem Einfluss des Monsuns.

Im India Meteorological Department heißen deshalb Indiens Jahreszeiten Winter Season (Januar/Februar), Hot Weather Season (Vormonsun, März bis Mai), Monsoon Season (Sommer- oder Südwestmonsun, Juni bis September), Post Monsoon Season oder Retiring Monsoon (Nachmonsun oder Monsunrückzug, Oktober bis Dezember).

SPEZIAL: MONSUN

Rekordniederschläge dank Sommermonsun Etwa drei Viertel der jährlichen Niederschläge Indiens fallen in den vier Monaten von Juni bis September, manchmal noch im Oktober. Beim Auftreffen auf die Südwestküste Indiens teilt sich der Südwestmonsun in zwei Stränge. Während die eine Strömung die Küste mit reichlich Niederschlägen versorgt, zieht eine zweite Strömung über die Ostküste hinweg gen Norden. Die stärksten Niederschläge fallen dann, wenn der Südwestmonsun auf die Flanken des Himalaya trifft und nach Westen ins Brahmaputra-Tiefland abgedrängt wird. Ein kleiner Ort namens Cherrapunji in den Khasi-Bergen steht mit etwa 11 430 Millimeter Niederschlag im langjährigen Jahresmittel und im Extremfall mit 26 461 Millimeter, gemessen 1860/61, in der Niederschlagsstatistik Indiens, ja weltweit, ganz obenan.

Für den Nordwesten Indiens wird es dagegen alljährlich zur Existenzfrage, ob der Sommermonsun nach seinem Weg durch die Gangesebene noch Kraft genug hat, die Regenwolken bis über die Wüste Thar in Rajasthan zu schieben. Im Gegensatz dazu wird dem Südosten Indiens an den Küsten von Tamil Nadu, Andhra Pradesh und Orissa von Oktober bis Dezember in der Regel noch eine Sonder-Regenperiode zuteil. Zu verdanken ist sie jenen Ausläufern des Südwestmonsuns, die vom Himalaya südwärts über den Golf von Bengalen abgelenkt werden und dabei erneut beträchtliche Mengen an Feuchtigkeit aufnehmen können. Über Südostindien regnen sie sich dann ab.

Heiß ersehnter Monsunregen Ob Prognosen oder Prophezeiungen, immer wieder wird das Datum der Ankunft des Monsuns mit den ersten Regenfällen nach der Haupt-Hitzeperiode zur wichtigsten Frage des Jahres. Mit Spannung erwartet das unter der langen Hitze leidende Volk Ende Mai, Anfang Juni vor allen anderen Wettervorhersagen diejenigen aus Thiruvananthapuram (Trivandrum), der Hauptstadt Keralas nahe Indiens Südkap, wo meist der erste Regen fällt.

Wochenlang hat sich über den glühenden Ebenen des Dekkan-Hochlands die Luft aufgeheizt, grau-schwarze Wolkengebirge haben sich über dem kühleren Meer aufgetürmt, bis sie endlich der Südwestmonsun vom Arabischen Meer und vom Indischen Ozean über das Festland trägt. Mehrere Kilometer mächtig können die Wolkenschichten des Monsuns sein. Mit der Wucht von Wolkenbrüchen stürzt dann der Regen auf das ausgedörrte Land.

Der Boden ist hart von der monatelangen Hitze und widersteht der ersten Regenflut, so dass es rasch zu Überschwemmungen kommt: Flüsse schwellen an, Straßen werden selbst zu Flüssen, Stadtviertel stehen unter Wasser, Pfützen wachsen zu Teichen, und Seen breiten sich aus, wo zuvor Plätze waren. Die Nahverkehrszüge in Mumbai, die täglich mehr als sechs Millionen Menschen transportieren, fahren nicht weiter, wenn das Wasser mehr als zwölf Zentimeter auf den Gleisen steht, da es sonst in die Motoren eindringen würde. Ganze Ortschaften müssen zeitweise wegen umgestürzter Strommasten und wegen Kurzschlüssen ohne Strom auskommen. Trotzdem feiern die Menschen den Monsun, der Erleichterung, Fülle, Wachstum und die Verheißung der neuen Ernte bringt.

Der Monsun resultiert aus der jahreszeitlichen Verlagerung der globalen Klimazonen. Den ergiebigen Monsunregen bringt der Sommermonsun in der Zeit von April bis Oktober (oben).

Mit einer besonderen Schutzkleidung aus Bambus, Knup genannt, kann diese Frau auch bei andauerndem Monsunregen die Reissetzlinge in die Erde bringen (rechts).

Frauen in Lakhtar waten durch überflutete Straßen, um Trinkwasser für ihre Familien zu beschaffen. Ihr Stadtteil wurde nach starkem Monsunregen im September 2008 evakuiert (unten).

INDIEN

Kurzbeschreibung: *Am Fuß der Mikir Hills (bis 1220 m) gelegener, 430 Quadratkilometer großer Park, zu zwei Dritteln mit bis zu fünf Meter hohem Elefantengras bedeckt und regelmäßig vom Brahmaputra überflutet; 1908 zum Naturschutzgebiet und 1974 zum Nationalpark erklärt*

Lage: *Am Ufer des Brahmaputra, im Bundesstaat Assam, östlich von Gauhati*

Ernennung: *1985*

Bedeutung: *Gefährdeter Lebensraum für die weltweit größte Gruppe Indischer Panzernashörner*

Flora und Fauna: *Sumpfgebiete und Grasland im Monsunregenwald; Lebensraum für 15 in Indien bedrohte Säugetierarten: etwa 1500 Panzernashörner, 2500 Indische Elefanten, Bengaltiger (140), zudem Leoparden, Kragen- und Lippenbären, Assam-Wasserbüffel, Indischer Sambar oder Pferdehirsch, Schweinshirsch, Muntjak, Barasingha oder Zackenhirsch, Goldlangur, Weißbrauengibbon, Ganges-Delfin, Indischer Fischotter; außerdem über 100 Vogelarten wie Indien-Großstorch, Javanischer Marabu, Schlangenweihe, Bronzefruchttaube, Bartsittich und Weißschwanzfischadler*

Im meterhohen Elefantengras kann man sich den wilden Wasserbüffeln auf dem Rücken eines Indischen Elefanten gefahrlos nähern (rechts).

Indien-Großstörche finden im Sumpfland des Nationalparks reiche Nahrung und geeignete Voraussetzungen für gute Nistplätze (unten).

Rückzugsraum für das gefährdete Panzernashorn

Am Ufer des Brahmaputra, eines der großen Ströme des indischen Tieflands, haben in einem sumpfigen Uferstreifen die letzten Panzernashörner des asiatischen Festlands eine geschützte Zuflucht gefunden. Nur noch im nepalesischen Königlichen Nationalpark Chitwan ist ihnen ein ähnlich sicherer Lebensraum vergönnt.

In seinem äußeren Erscheinungsbild vermag der flache, aus Sumpfland und Elefantengrasebenen, aus undurchdringlichem Geflecht von Rattan und tropischen Baumriesen bestehende Park nur wenig zu beeindrucken. Doch die ausgezeichneten Beobachtungsmöglichkeiten seltener Tiere machen den besonderen Reiz Kazirangas aus, den man allerdings erst auf den zweiten Blick entdeckt.

Nashörner: schutzbedürftige Schwergewichte Morgendlicher Nebel zieht in Schwaden über die sumpfige Ebene, aus der sich schemenhaft die Silhouetten tropischer Waldinseln abheben; die noch kühle Luft ist von fremdartigen Geräuschen erfüllt. Fast lautlos bahnt sich ein Elefant, von leisen Befehlen seines Führers geleitet, den Weg durch das meterhohe, raschelnde Elefantengras – unvergessliche Stunden friedlicher Pirsch mit Fernglas und Kamera.

Die Begegnung mit den Nashörnern, den bekanntesten Bewohnern des Nationalparks, ist ein aufregendes Erlebnis. Von Elefanten aufgeschreckt, erheben sie sich mit unwilligem Grunzen aus ihrer Suhle; der gefürchtete Angriff bleibt aber zumeist aus. Im Lauf der Jahre haben sie sich an den regelmäßigen Besuch längst gewöhnt, und die verängstigten Touristen auf dem Elefantenrücken nehmen sie ohnehin nicht wahr.

Die so überraschend erscheinende Begegnung im Grasland ist allerdings keineswegs Zufall, denn innerhalb ihres für uns so unübersichtlich erscheinenden Reviers haben die Tiere ganz bestimmte Gewohnheiten, feste Wege und bevorzugte Schlammlöcher, ein Umstand, den sich leider auch die Wilderer zunutze machen.

Mythos von der ewigen Potenz Denn bedauerlicherweise ist das Nashorn seit Jahrhunderten mit einem Mythos behaftet, der seine Existenz bedroht. Sein Horn gilt in fernöstlichen Ländern, insbesondere in Japan und China, als potenzfördernd, aber auch andere Körperteile finden in der traditionellen Medizin des Fernen Ostens weithin Verwendung. Diesen unausrottbaren Ammenmärchen ist, zusammen mit dem Vordringen der bäuerlichen Bevölkerung, der größte Teil des Nashornbestands der Erde bereits zum Opfer gefallen. Verlockt durch die hohen Preise für das begehrte Nashornpulver auf dem Schwarzmarkt, versuchen Wilderer immer wieder, die ersehnte Beute zu erlegen.

Ehe die Tierwelt von Kaziranga unter Schutz gestellt wurde, waren die Ufer des Brahmaputra bevorzugtes Ziel der Großwildjäger, die innerhalb weniger Jahre die Nashornbestände bis an den Rand des Aussterbens dezimierten. Heute leben im Nationalpark Kaziranga wieder weit über 1000 der urtümlichen Dickhäuter.

WELTERBE: NATIONALPARK KAZIRANGA

Friedliebende Pflanzenfresser mit natürlichem Schutzpanzer Ein ausgewachsenes Panzernashorn erreicht etwa 3,50 Meter Länge bei einer Schulterhöhe von 1,60 Meter und einem Gewicht von 2000 Kilogramm. Das Horn, dem es seinen lateinischen Namen *Rhinoceros unicornis* verdankt, wird etwa 20 Zentimeter lang. Den Beinamen Panzernashorn hat das Tier von seinen dicken Hautlappen an Gesäß und Flanken, die wie ein Schutzpanzer wirken, zumal zahlreiche Hautknoten den Eindruck von Nieten erwecken. Wohl eher aufgrund seiner wilden Erscheinung steht das Nashorn im Ruf, ein gefährlicher Zeitgenosse zu sein. Tatsächlich jedoch sucht der friedliebende Pflanzenfresser eher das Weite, als dass er sich blindlings auf einen Eindringling stürzt.

Wenn es allerdings um den Schutz des Jungen geht, kennt das Tier kein Pardon und attackiert mit einer verblüffenden Behändigkeit, die man dem tonnenschweren Koloss eigentlich gar nicht zutraut. Nach 15- bis 16-monatiger Tragezeit bringen die Weibchen jeweils ein Junges zur Welt, um das sie sich liebevoll und wachsam kümmern. Erst nach zwei Jahren ist der Nachwuchs entwöhnt und durchstreift fortan allein den Nationalpark.

Reizvolle Tierbegegnungen Die Nashörner sind zwar die größte Attraktion im Nationalpark Kaziranga, keineswegs aber die einzige. Der Besucher wird mit Sicherheit Zackenhirsche, Barasingha genannt, zu Gesicht bekommen, auch flinke Wildschweine, wilde Wasserbüffel und Elefanten. Noch reicher ist die Vogelwelt vertreten. Ewig in Erinnerung bleiben wird aber der Ritt auf einem Indischen Elefanten durch das wogende Gras, der längst vergessene Kindheitserinnerungen an Kiplings *Dschungelbuch* zu realem Leben erweckt.

Seine Hautlappen führten zu seinem zerstörerisch klingenden Namen Panzernashorn, die angeblich potenzfördernde Kraft seines Horns füllt Legenden und die Geldbeutel der Wilderer und reduzierte seine Population. Dank strenger Schutzmaßnahmen erholt sich der Bestand des Indischen Panzernashorns im Kaziranga-Nationalpark (ganz unten).

Indische Sambare durchqueren ein Sumpfgebiet im Nationalpark (unten).

19

INDIEN

BEVÖLKERUNG

Einwohnerzahl: *1,2 Milliarden*

Bevölkerungsdichte: *379 Ew./km²*

Bevölkerungsverteilung: *29 % Stadt, 71 % Land*

Jährliches Bevölkerungswachstum: *1,6 %*

Lebenserwartung: *Frauen 72 Jahre, Männer 67 Jahre*

Religionen: *Hindus; Muslime, Christen, Sikhs*

Sprachen: *Hindi, 21 Regionalsprachen (Amtssprachen); Englisch*

Analphabetenrate: *35 %*

Prächtig geschmückte Bräute in roten Saris warten bei einer Massenhochzeit in Noida, einem Stadtteil von Delhi, auf den Beginn der hinduistischen Heiratszeremonie. Ehen werden in Indien meist von den Eltern der Brautleute arrangiert. Nach traditioneller Auffassung gehen Frauen mit ihrer Heirat in den „Besitz" des Mannes und seiner Familie über.

Die Nation der vielen Nationalitäten

Im Sommer 2000 hat Indiens Bevölkerung die Milliardengrenze überschritten und wächst seither weiter an. Jeder sechste Mensch auf der Erde ist heute Inder. Die Zeit ist absehbar, zu der Indien sogar mehr Menschen zählen wird als China – obwohl noch vor 30 Jahren um die Hälfte mehr Chinesen als Inder lebten. Inder sind Menschen ganz unterschiedlicher Herkunft und Hautfarbe, und sie sprechen rund 1650 verschiedene Sprachen und Dialekte.

BEVÖLKERUNG

Völkerkundler sprechen von den Indiden (Indoariern), den Melaniden („Schwarz-Indern" im Süden), den Wedditen (Bergvölker im Dekkan) und Mongoliden (Himalaya-Völker und Völker in den Nordoststaaten). In keinem anderen Land der Erde existieren so viele Sprachen und auch so viele Schriften nebeneinander wie in Indien.

Von allen Hinterlassenschaften der britischen Kolonialherrschaft ist deshalb die englische Sprache für Indien die wichtigste. Englisch ist für den Inder die Brücke zu Millionen von anderen Indern, mit denen sonst keine sprachliche Verständigung möglich wäre. Denn Indiens Sprachen sind nicht nur zahlreich, sie stammen auch aus mehreren ganz unterschiedlichen Sprachfamilien. Neben den indoarischen und drawidischen Sprachen kommen als dritte Gruppe noch die Sprachen sinotibetischer Herkunft in den Himalaya-Regionen hinzu.

Indoarische Sprachen Unter den 22 nationalen Sprachen, die in der Verfassung anerkannt sind, steht das indoarische Hindi als offizielle indische Amtssprache vornan – zusammen mit Englisch. Über 475 Millionen Inder, vor allem in Nord- und Zentralindien, sprechen Hindi. Auch Punjabi, Rajasthani, Gujarati, Bengali, Marathi (im Bundesstaat Maharashtra gesprochen) und

BEVÖLKERUNG

Konkani (in Goa gesprochen) sind indoarische Sprachen – mit dem Sanskrit als gemeinsamer Wurzel.

Drawidische Sprachen Die drawidischen Sprachen des Südens – allen voran Tamil (in Tamil Nadu gesprochen), Telugu (in Andhra Pradesh), Malayalam (in Kerala), Kanaresisch (in Karnataka) – sind den Turksprachen verwandt und waren auf dem Subkontinent vermutlich schon lange vor der Zuwanderung der arischen Stämme in Nordindien verbreitet. Die Sprache Tamil ist seit dem 3. Jahrhundert v. Chr. überliefert. Sie wird häufig als die wichtigste drawidische Sprache angesehen, aber nicht weil sie die meisten Sprecher hat, sondern weil sie eine reiche Literaturtradition aufweisen kann. Heute fühlen sich deshalb viele Südinder zurückgesetzt und fordern vielstimmig, das Tamil dem Hindi als Staatssprache gleichzustellen.

Hinduismus als Bindeglied der indischen Gesellschaft Vor der britischen Kolonialherrschaft gab es nur kurzzeitig Großreiche, die weite Teile des Subkontinents beherrschten. In der Maurya-Dynastie des 3. Jahrhunderts v. Chr. war es das Reich Kaiser Ashokas, des großen Förderers des Buddhismus, und in der Ära der muslimischen Großmoguln im 16. Jahrhundert das Reich Akbars, das eine Versöhnung der Religionen anstrebte.

Weitaus stärker als von solchen historischen Herrscherpersönlichkeiten und Reichsmodellen ist die indische Gesellschaft jedoch vom Hinduismus geprägt. Vier von fünf Indern sind Hindus und folgen damit uralten Lebensnormen, die in unterschiedlichen Religionen sichtbar werden.

Nach der säkularen, religiös toleranten Verfassung der Republik Indien gehören alle in Indien entstandenen Religionen dem Hinduismus an, also auch Buddhismus, Jainismus und Sikhismus. Ein Grundwert hinduistischer Lebensordnung ist das Dharma, das „angemessene Verhalten". Eine Grunderwartung ist die „Wiedergeburt in einer besseren Existenz", mit der Hoffnung, einmal Moksha zu erfahren, gemeint ist: „ins Göttliche ganz einzugehen".

Der gläubige Hindu verlangt nicht gesellschaftliche Gleichheit, sondern akzeptiert die Ungleichheit als Folge – Verdienst oder Schuld – seiner früheren Existenzen. Diese indische Einbindung in Tradition hat bis heute revolutionäre Umstürze und terroristische Gewaltexzesse zwar nicht ausgeschlossen, sie ereignen sich aber sehr viel seltener als in anderen Gesellschaften.

Bevölkerungsexplosion – die große Herausforderung Ein Großteil der Bevölkerung lebt auf engem Raum – trotz der absoluten Größe des Staates. Erschwerend kommt hinzu, dass große Gebiete am Rand des Himalaya, in Zentral- und Nordostindien sowie in Rajasthan sehr dünn, die Gangesebene und der Bundesstaat Kerala dagegen enorm dicht besiedelt sind, ganz zu schweigen von den Groß- und Megastädten. Heute besitzt Indien über 40 Millionenstädte, davon je zwei mit über 10 Millionen (Mumbai und Delhi) bzw. über 5 Millionen Einwohnern (Bangalore und Kolkata).

UN-Statistiker sagen bis 2050 noch einmal einen Zuwachs der Bevölkerung um 50 Prozent voraus. Eine erschreckende Prophezeiung? Die Zahl ist gering im Vergleich zu den ersten 50 Jahren der Republik Indien: von 1950 bis 2000 wuchs die Bevölkerung um 200 Prozent! Das explosive Wachstum der Bevölkerung hat den Ertrag des industriellen Fortschritts für den Einzelnen in vielen Lebensbereichen gekappt. Die Lebenserwartung ist jedoch dank besserer Gesundheitsfürsorge und damit einer geringeren Sterberate deutlich gestiegen. Seit dem ersten Jahrzehnt der Unabhängigkeit verlängerte sie sich von etwa 40 auf fast 70 Jahre. Impfkampagnen und bessere medizinische Versorgung glichen Versäumnisse der Kolonialverwaltung aus. Auch die Alphabetisierung kommt voran, aber Grundschulen werden noch stiefmütterlich ausgestattet. Positives Musterbeispiel ist der südindische Staat Kerala, wo fast jeder lesen und schreiben kann. In den Städten wird von Ehepaaren mit guter Ausbildung nach den ersten zwei Kindern in den meisten Fällen Empfängnisverhütung praktiziert. Indien hat also Grund, hoffnungsvoll in die Zukunft zu blicken.

Die geplante Familie Zu viele Eltern, vor allem in den Dörfern, halten einen Schulbesuch ihrer Töchter noch immer für überflüssig. Eine fatale Fehleinschätzung, denn gerade Frauen mit Schulbildung beschränken die Zahl ihrer Kinder, weil sie besser über Empfängnisverhütung aufgeklärt sind und besser für ihre Kinder sorgen können. Die Parole der staatlichen Familienpla-

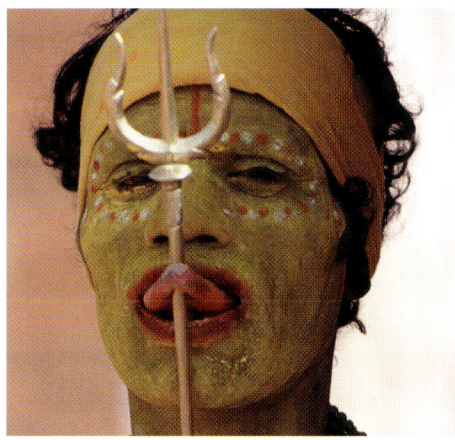

Mit einem Dreizack hat sich dieser hinduistische Sadhu die Zunge durchbohrt. Mit einer derart extremen, schmerzhaften Körperfolter strebt er nach Befreiung aus dem Kreislauf der Wiedergeburt. Sadhus verbringen ihr Leben häufig in strenger Askese (oben).

Ein großer Waschplatz in Mumbai. Wohlhabende Bewohner der Stadt lassen dort ihre Wäsche waschen (ganz oben).

nung „We two – our two", die auf hausgroßen Reklamewänden für kleine Familien wirbt, bewirkt wenig, solange die Frauen auf dem Land nicht befähigt werden, ihr Familienschicksal selbst zu steuern. Schwangerschaftsabbrüche sind seit 1971 erlaubt, ihre Zahl hat sich in drei Jahrzehnten vermutlich verzehnfacht, auf über 15 Millionen jährlich. Die seit 1952 regierungsamtliche Familienplanung kam jedoch 1975/77 durch zwangsweise Sterilisierungen in Verruf; seither heißt sie „Family Welfare Program" und sorgt unter anderem für die Verteilung kostenloser Kondome. Auch ist seitdem die Sterilisation in ambulanter Behandlung möglich geworden.

INDIEN

Die Kasten – Grundpfeiler der Gesellschaft

In der Hierarchie des Kastenwesens gehören Bauern und Handwerker, wie dieser Schuhmacher, der sein Gewerbe auf der Straße betreibt, der untersten Schicht an.

Indiens Kasten sind uralt, aber sie sind nicht mehr die gleichen wie zur Frühzeit des Hinduismus. Ursprünglich gliederten sie die Gesellschaft in vier Gruppen oder Varnas (= Farben). Heute gibt es 3000 – 4000 Kasten, die zugleich Bindeglied und schwere Last der Nation sind, eine Probe für das indische Selbstverständnis. Welchen Anteil an Ausbildungs- und Berufschancen werden die Angehörigen der höheren Kasten denen zu geben bereit sein, die früher Parias hießen und nicht länger ihr Schicksal als Unberührbare hinnehmen wollen? Die Gleichheit aller Inder bleibt auch weiterhin eine Illusion.

Entstehung des Kastenwesens Offiziell gibt es die Kasten in Indien nicht mehr: Sie sind per Gesetz seit der Gründung der Republik abgeschafft. Aber nicht immer beugt sich die Wirklichkeit dem Gesetz, und das umso langsamer, je länger und fester eine gesellschaftliche Ordnung in der Tradition verwurzelt ist.

Vor über 3000 Jahren wurden die Veden aufgezeichnet, die heiligen Schriften des Hinduismus. Die vedische Überlieferung erzählt, wie aus Brahmas Körper die vier Kasten entstanden: Aus seinem Mund entstiegen die Priester, die Brahmanen, aus den Armen wurden die Krieger, die Kshatryas, geschaffen, aus seinen Hüften die Händler, die Vaishyas, aus den Füßen die Handwerker und Bauern, die Shudras. Solidarität innerhalb der Kastenhierarchie sichert bis heute die soziale Stellung – allerdings in begrenztem Rahmen.

Mit der beruflichen, regionalen und ethnischen Aufteilung vermehrte sich die Zahl der Kasten enorm. Auch indische Christen und Muslime haben kastenähnliche Regeln, obwohl sehr viele niedrigkastige oder kastenlose Hindus zum Christentum oder Buddhismus übergetreten sind, um ihren Platz in der Gesellschaft zu verbessern.

Parias am Rande der Gesellschaft Außerhalb der Kastenhierarchie und ihrer Reinheitsrituale

SPEZIAL: KASTENWESEN

blieben die Unberührbaren, die Parias. Wegen ihrer „unreinen" Tätigkeiten – zum Beispiel als Gerber im Umgang mit Tierkadavern – waren sie nicht nur vom Tempelbesuch und dem religiösen Kult ausgeschlossen, sondern auch von gemeinsamen Mahlzeiten. Unberührbare durften sich zum Beispiel Brahmanen nur auf eine bestimmte Distanz nähern, andernfalls hatte der Brahmane umfangreiche Reinigungsriten auszuführen.

Dieses Kastenverständnis ist nicht überall überwunden, und es steht in totalem Kontrast zum demokratischen Verhaltenskodex. Mahatma Gandhi (1869–1948) nannte die Unberührbaren Harijan („Menschen Gottes") und prangerte ihre Rechtlosigkeit an. Weiter ging der Sozialreformer und Justizminister Bhimrao Ramji Ambedkar (1891–1956), der „Vater der indischen Verfassung". Selbst ein Unberührbarer, wurde Ambedkar Buddhist. Seinem Beispiel folgten Millionen Unberührbarer, um als Menschen geachtet zu werden, mit anderen arbeiten zu können und nicht aus der Gesellschaft ausgeschlossen zu bleiben.

Aus Parias werden Dalits Im Bemühen, den sozialen Sprengstoff der menschlichen Missachtung und Hoffnungslosigkeit zu entschärfen, hat die Zentralregierung Quotenregelungen für Ausbildung und Beruf der Scheduled Castes (S.C. = registrierte Kasten) erlassen – so oder Dalits heißen die Kastenlosen heute. Von Unberührbaren, Parias, spricht man offiziell nicht mehr. Neben den Dalits, zu denen schätzungsweise 160 Millionen Inder gehören, verlangen auch Other Backward Castes (O.B.C. = Angehörige der Shudra-Kasten) mit Quotenregelungen berücksichtigt zu werden. Gegen heftigen Widerstand, denn wo Quoten bis zu 50 Prozent für Studienplätze und Beschäftigung in der staatlichen Verwaltung und staatlichen Unternehmen den Kastenlosen und den Other Backwards Castes vorbehalten werden sollen, gehen viele höher qualifizierte Bewerber leer aus und ein allgemeines Sinken des Niveaus ist die Folge.

Kampf der Dalits um Gleichbehandlung Am heftigsten flammt der Streit um Quoten, Löhne und Rechte dort auf, wo Indien am ärmsten und rückständigsten ist: im Bundesstaat Bihar am unteren Ganges. Dort ist es in den Dörfern den Dalits immer noch verboten, Brunnen zu benutzen, die von den oberen Kasten beansprucht werden. Dort protestieren die Dalits gegen die Grundherren, die Zamindars, die ihnen Hungerlöhne zahlen, und gegen die korrupte Regierung, die ihre Pflichten ignoriert.

Zahllose Dorfbewohner haben keinen Zugang zu Schulen, keinen Anschluss ans Stromnetz und auch keinen Polizeischutz gegen die brutalen Privattruppen der Zamindars. In abgelegenen Regionen Bihars schwelt seit Jahren ein Kleinkrieg mit einem hochgefährlichen Flächenbrand-Potenzial, das nicht unterschätzt werden darf.

Aufweichen der Kastengrenzen in den Städten und auf dem Land In der Lebenspraxis der großen Städte dagegen sind viele, sogar die meisten der von Kastenräten (Caste Panchayat) überwachten Vorschriften längst undurchführbar geworden. In überfüllten indischen Bussen oder Bahnen Berührungen mit anonymen Mitreisenden zu vermeiden, ist unmöglich. Nicht einmal in den langen Zeitungsspalten mit den Ehewünschen nennen Inserenten noch wie vor Jahren immer ihre Kastenzugehörigkeit. Heiraten über Kastengrenzen hinweg werden üblicher, auch wenn es sich um eine *arranged marriage* handelt, die die Eltern von Braut und Bräutigam vereinbaren.

Auch auf dem Land sind bemerkenswerte Entwicklungen zur Überwindung von ungerechten sozialen und wirtschaftlichen Aspekten des Kastensystems zu beobachten. Dabei sind es in den Dörfern immer öfter die Frauen, die sich zusammenschließen und mit kleineren Bankkrediten, die zuverlässig zurückgezahlt werden, einen bescheidenen Laden oder eine Näherei aufbauen, um die Familienfinanzen mit dem Nebenverdienst aufzubessern.

Ein religiöser Brahmane liest einen Text in Sanskrit. Die Brahmanen gehören in der ursprünglichen Kastenordnung dem höchsten Stand an (rechts).

Mit Blättern des Niembaums im Mund und die Stirn mit Gelbwurzpulver gefärbt, warten Mütter mit ihren Töchtern vor dem Tempel der Göttin Yellamma in Saundatti, um sie zu Tempeldienerinnen (Devadasi) weihen zu lassen. Ihre weiteren Wege enden aber meist in der Prostitution. Die Eltern sind meist Dalits. Sie wählen diesen Schritt im irrigen Glauben, dass die Göttin ihnen als Dank für das Opfer aus ihrem Elend hilft (unten).

INDIEN

Klassische Künste und grandiose Architektur

Dämmrige Höhlentempel und hoch aufragende bunte Tempeltürme, halbkugelförmige buddhistische Stupas zur Reliquienaufbewahrung, Moscheen und auch christliche Kirchen – unendlich reich und vielfältig ist die Fülle religiöser Architektur, Skulpturen und Wandgemälde. Die Palastkultur hat kostbare Textil- und Metallarbeiten sowie die Miniaturmalerei hervorgebracht. Auf dem Land sind es die Frauen, die Haus und Hof mit Rangoli-Ornamenten schmücken. Literatur und Theater haben in Indien ebenfalls eine lange Tradition. Seit jeher gehören auch Tanz und Musik zum einzigartigen Kulturgut Indiens.

KUNST UND KULTUR

Der Hinduismus bestimmt das Leben von über 950 Millionen Indern – als Mythen-Religion und täglich gelebte Existenz. Kein Prophet hat den Hinduismus gestiftet, kein Oberhaupt und keine verbindliche Hierarchie wacht über die reine Lehre. Hindu-Gläubige beten zu vielen Gottheiten, zu Shiva oder Vishnu – und viele glauben an nur einen Gott. Der seit rund drei Jahrtausenden gewachsene und überlieferte Hinduismus durchdringt bis heute die indische Gesellschaft, was ihn zum Träger der Kunst und Kultur macht.

Aber auch Buddhismus und Jainismus, die im 6. Jahrhundert v. Chr. als eigene Religionen gegründet wurden, selbst der gewaltsam eingedrungene Islam sowie das Christentum und die Sikh-Religion, haben – obwohl sie Züge des Hinduismus angenommen haben – ihre Spuren in Kunst und Kultur hinterlassen.

Von den Sanskrit-Epen bis zur Moderne

Noch heute wird im Goldenen Tempel in Amritsar von morgens bis in die Nacht das *Grant Sahib,* das heilige Buch der Sikhs, vorgelesen. Auch viele gebildete Hindus lesen die frühen Sanskrit-Epen: das *Mahabharata,* das den Schlüsseltext des Hinduismus, die *Bhagavadgita,* enthält, und das *Ramayana.* Nach wie vor wird das Liebesdrama *Sakuntula* des Dichters Kalidasa aus dem 5. Jahrhundert aufgeführt. Seine höfische Poesie gilt als Höhepunkt der Kunstdichtung in Sanskrit. In jener Zeit entstand auch das *Pantschatantra,* das bedeutendste indische Fabelbuch.

Mit dem Beginn der Kolonialzeit beeinflusste vor allem das Englische die indische Literatur, die sich seit etwa 1800 weitgehend an westlichen Werten orientierte. Mittler zwischen Indien und Abendland war der in Kolkata geborene Lyriker und Dramatiker Rabindranath Tagore (1861 bis 1941), der im Jahr 1913 mit dem Literatur-Nobelpreis ausgezeichnet wurde. Von seinen Gedichten sind viele zu Volksliedern geworden. Der in der islamischen Welt verfemte indischstämmige Erzähler Salman Rushdie (*1947) beeinflusste mit seinem historischen Roman *Mitternachtskinder* (1981) über die Geschichte Indiens die Entwicklung der indo-englischen Literatur.

Großartige Tempelarchitektur

Der starken Spiritualität Indiens verdanken Abertausende Tem-

Die aufwendig kostümierten Kathakali-Darsteller treten vorwiegend im südindischen Bundesstaat Kerala auf. Kathakali gilt als eine der ältesten Tanzformen und ist zugleich eine Mischung aus Drama, Tanz, Musik und Ritual der hinduistischen Mythologie.

KUNST UND KULTUR

Ravi Shankar, der wohl bekannteste indische Musiker, spielt auf einem Sitar bei einem Konzert im März 2006 in Neu-Delhi.

Musik und Tanz Indiens klassischer Tanz, das Theater und die Musik spiegeln noch die religiösen Ursprünge wider. Als ihr Erneuerer hat sich der bengalische Dichter, Künstler und Pädagoge Rabindranath Tagore verdient gemacht. Tanzen ist Sache des ganzen Körpers. Jede Bewegung der Augenbrauen oder des kleinen Fingers unterliegt strenger Kontrolle. Viele Menschen aus dem Westen sind fasziniert von den Farben, Kostümen und der Ausdruckskraft, wenn ihnen auch das an Bedeutung reiche und vielgestaltige Fingerspiel der klassischen Tänze meist fremd, die Auftritte der bunt geschminkten Kathakali-Schauspieler ohne Kommentar rätselhaft bleiben. Beim alljährlichen Khajuraho Dance Festival im Frühjahr treten Tänzer und Tänzerinnen aus ganz Indien unter dunklem Nachthimmel vor den angestrahlten Tempeln auf.

Alle Ereignisse des Lebens, Hochzeit und Geburt, religiöse und jahreszeitliche Feste werden in Indien mit Liedern und Tänzen gefeiert. Die beiden am weitesten verbreiteten musikalischen Formen heißen Raga und Tala. Raga ist mehr vom Melodischen, Tala mehr vom Rhythmischen bestimmt. Beide werden variationsreich vorgetragen; allein in Südindien gibt es über 2000 Ragas. Im 20. Jahrhundert entwickelten sich sowohl die Raga- wie die Tala-Systeme weiter.

Schon in der Zeit um Christi Geburt entstanden Kompositionen für das Theater. Gesang hatte eine hohe Bedeutung und hat sie auch heute noch. Als die muslimischen Eroberer ihre persisch-arabische Musik mitbrachten, veränderte

Hochzeitsprozession des Rama; Miniaturmalerei der indischen Mewar-Schule zum Ramayana, das die Lebensgeschichte Ramas, eine Inkarnation Vishnus, erzählt.

sich unter ihrem Einfluss die Musik des Nordens, währenddessen die Musiker im indischen Süden davon unbeeinflusst blieben.

Auch der heute sehr beliebte schmale, lange Sitar ist ein Saiteninstrument persischer Herkunft, mit bis zu sieben Melodie- und elf mitschwingenden Saiten. Weltweit berühmt wurde der 1920 in Varanasi geborene Ravi Shankar mit seinem Sitarspiel und seinen Kompositionen.

pel – und später auch Moscheen – ihr Entstehen. Älteste Stadtarchitektur ist in den Ruinen der Harappa-Kultur (Indus-Kultur) erkennbar, frühe Palastkultur in Pataliputra (Patna), der Hauptstadt des Maurya-Reichs. Buddhistische Höhlentempel wurden nach dem Muster von Holzbauten aus dem Fels gemeißelt und mit Skulpturen und Wandbildern ausgeschmückt. Im Nordwesten Indiens brachte die hellenistisch beeinflusste buddhistische Gandhara-Kunst meisterliche Buddha-Skulpturen hervor.

Die noch erhaltenen großen Hindu-Tempel wurden seit der klassischen Gupta-Ära (4. bis frühes 6. Jh.) erbaut: im Norden mit reich gegliederten Shikaras (Türmen) über der Tempelhalle, im Süden mit markanten Gopuras (turmhohen Torbauten) in der Ummauerung der weiträumigen Tempelareale. Die Tempel von Khajuraho in Zentralindien (um 1000) zeugen von der erotischen Kraft der alten Hindu-Kultur, die in den Hunderten von Skulpturen der Mithunas (Liebespaare) Symbole der göttlichen Schöpfung sah. Kunstvolle Relieffriese mit Tausenden von fein ziselierten Figuren überziehen die Tempelfassaden aus der Zeit der Hoysala-Könige (12. Jh.) im südindischen Karnataka.

Mit der muslimischen Herrschaft in Delhi breitete sich auch die Architektur des Islam in Indien aus: Moscheen, monumentale Grabmäler und opulente Mogul-Palastkomplexe wie in Fatehpur Sikri südlich von Agra, der Stadt des marmorprunkenden Grabmals Taj Mahal. An den islamisch-hinduistischen, früher indosarazenisch genannten Mischformen orientierten sich noch die Architekten der britischen Kolonialära, deren Verwaltungsbauten vor allem in Indiens Megastädten überdauern.

Taj Mahal – ein Grabmal für die Lieblingsfrau

Das im 17. Jahrhundert errichtete Taj Mahal in Agra zählt zu den beeindruckendsten Bauten der Mogularchitektur und wurde zum märchenhaften Symbol für den indischen Subkontinent.

Dreizehn Kinder hatte Arjuman-Banu Begum (1593–1631) ihrem kaiserlichen Gatten Shah Jahan (1592–1666) geboren, bei der Geburt des vierzehnten starb sie im Feldlager – schon immer hatte sie ihn als Beraterin auch auf seinen Kriegszügen begleitet. Ein halbes Jahr später, am 17. Juni 1631, kehrte der Witwer mit der Toten in seine Hauptstadt Agra zurück und gab den Bau des Grabmals in Auftrag, dessen Prunk und Schönheit alle Paläste Asiens überstrahlen sollte.

Marmorpalast von perfekter Harmonie
Mit seiner an der Spitze 75 Meter hohen Kuppel und den vier 40 Meter hohen Minaretten auf ein 100 mal 100 Meter großes Podest gestellt, scheint das Grabmal wie ein Märchenpalast über seinen Gärten, dem Yamuna-Fluss und der Landschaft zu schweben. Das Taj Mahal war der Höhepunkt der klassischen Mogularchitektur und Vorbild für die Architekten der indo-islamischen Architektur.

Als vollendeter Kunstgenuss gilt auch das ornamentale Zusammenspiel von floralem Pietra-dura-Schmuck und der Schriftkunst des großen Kalligraphen Amanat Khan an den weißen Marmorfassaden. Die kostbaren, mit Einlegearbeiten verzierten Sarkophage Shah Jahans und seiner Gattin stehen in der Kuppelhalle, ihre sterblichen Reste befinden sich vermutlich in der Krypta oder sogar darunter.

INDIEN

Heilige Stadt am Ganges: Varanasi

Hindus bei der rituellen Waschung mit dem heiligen Wasser des Ganges in Varanasi. Fromme Hindus versuchen, die heilige Stadt wenigstens einmal in ihrem Leben zu besuchen, um auf diese Weise ihre Seele zu reinigen.

Hindus verehren „Our India": Indiens Landschaften, seine Berge, seine Flüsse. Viele Orte sind dem Göttlichen noch auf besondere Weise verbunden, sind seit Jahrtausenden Ziel von Pilgerscharen. Die hohe spirituelle Bedeutung des Ganges hat eine Vielzahl von hinduistischen Wallfahrtsorten (Tirthas) an seinem Ufer entstehen lassen, neben Varanasi allen voran Rishikesh und Hardwar – beide am Austritt des Flusses aus dem Gebirge – sowie Allahabad am Zusammenfluss von Yamuna und Ganges. Das Kumbh Mela, das nur alle zwölf Jahre stattfindende größte Hindu-Wallfahrtsfest, zieht in Allahabad/Prayag und Hardwar bis zu 13 Millionen Pilger und Besucher an.

Endstation Varanasi Die heiligste der heiligen Stätten ist Varanasi (früher Benares). Ihr ältester Name Kashi bedeutet „Stadt des Lichts". Für westliche Besucher oft befremdend, lässt sich Varanasi auch als „City of Learning and Burning", die „Stadt des Lernens und des Leichenverbrennens", bezeichnen, denn sie ist das Zentrum der Sanskritforschung und zugleich der Ort, den sich jeder Hindugläubige für seinen Tod wünscht.

Ein Hindu, der in Varanasi stirbt, möglichst mit dem göttlichen Mantra des „Hinübersetzens" auf den Lippen, wird an den Ghats der heiligen Stadt verbrannt und kann der Befreiung aus der langen Kette der Wiedergeburten gewiss sein. Er wird Moksha, die „Seligkeit", erlangen. Stirbt ein Hindu andernorts, sollte er seine sterblichen Überreste am Ufer des Ganges verbrennen – oder die Asche nach Varanasi bringen lassen.

Schon das *Mahabharata,* das über 2000 Jahre alte 100 000-Vers-Epos der Hindu-Mythen, bezeugt, dass selbst ein Mensch mit schlechtem Karma – also belastet von seinen bösen Taten – noch Befreiung erwarten darf: „Wenn auch nur ein Knochen eines Menschen das Wasser der Ganga [des Ganges] berührt, wird der Mensch geehrt im Himmel weilen."

Fluss der guten Wiedergeburt Wie kam Varanasi zum Ruhm der höchsten Heiligkeit? Die Stadt liegt zwischen der Mündung des Varana und des Asi in den Ganges; dort, wo die rund 70 Ghats – die Treppen oder Landeplätze – auf dem hohen rechten Ufer voll vom ersten Licht der Morgensonne bestrahlt werden. Weil dies auch der Ort einer alten Furt ist, kreuzen sich dort zwei Hauptrouten Nordindiens: die Great Trunk Road vom Punjab nach Kolkata und die Süd-Nord-Route von Nagpur in Zentralindien nach Gorakhpur im Vorland des Himalaya.

So kommen die Pilger seit Jahrtausenden nach Varanasi, ist die Stadt doch auch mit einer Fülle von Götterlegenden ausgezeichnet. Sie wurde zur Stadt Shivas und ist so aufs engste verbunden mit dem Mythos von der Geburt der *Ganga mata* (Mutter Ganga). Die war einst ein himmlischer Fluss am Firmament, bis König Bhagiratha den Gott Brahma bat, Ganga auf die dürstende Erde strömen zu lassen.

SPEZIAL: VARANASI

Brahma gewährte die Bitte, doch vernichtend hätte der Wassersturz die Erde getroffen, wäre nicht Gott Shiva, zugleich Schöpfer und Zerstörer, zu Hilfe gekommen. Shiva fing die gewaltigen Fluten der Ganga über dem Himalaya-Gebirge in seinen Haaren auf und ließ sie in die Bergtäler hinabrinnen – so entstand die große, fruchtbare nordindische Ebene, die frühe Keimzelle der Hindu-Kultur.

Treffpunkt der Pilger Wie alt ist Varanasi? Eine der ältesten lebenden Städte der Erde, antworten die Historiker, etwa so alt wie Athen, Jerusalem oder Peking. Die städtische Moderne mit ihren Boulevards, mit ihrem tosenden Verkehr hat sich seit britischen Kolonialzeiten in einem immer breiteren Halbring um die Altstadt verlagert, wo die Gassen oft selbst für eine Fahrradriksha zu schmal sind.

Das linke, oft überschwemmte Ufer ist jedoch auch heute kaum bebaut, und wenig hat sich an den Ghats verändert, seit Mark Twain (1835–1910) über die „verwirrende und schöne Ansammlung von steinernen Treppenabsätzen, Tempeln, Treppen, reichen und vornehmen Palästen" schrieb: „... und da ist Bewegung, überall menschliches Leben, farbenbunt kostümiert, wie Regenbogen die hohen Stufen auf- und absteigend ...".

Der lang gestreckte Kamm am Fluss hat Varanasi zu seiner heiligen Rolle als Treffpunkt vieler Tausend Pilger bestimmt, denn die Monsunregen lassen den Ganges um 10 und manchmal bis zu 15 Meter ansteigen. Die hohen Stufen der Ghats werden dann überflutet, die Pilgerherbergen auf dem Kamm und die Paläste der einst souveränen Fürsten Indiens bleiben aber verschont.

Wenn der Wasserspiegel wieder sinkt, wird die unrathaltige Schlammschicht auf den Stufen weggeräumt, und fromme Badende mit ihren Kindern, Priester, besitzlose, nur mit einem Schurz bekleidete Sadhus, fliegende Händler, Ziegen und unzählige Kühe erneuern das regenbogenbunte Bild wie zu Zeiten Mark Twains.

Für viele touristische Beobachter, die sich bei Sonnenaufgang die Ghats entlang flussauf und flussab rudern lassen, gehört diese Morgenstunde in Varanasi zu den eindrucksvollsten Indien-Erfahrungen überhaupt.

Hohes Ziel: ein sauberer Ganges Was Mark Twain noch nicht sah, sind die haushohen elektrischen Verbrennungsöfen, die zu Ende des 20. Jahrhunderts, des Jahrhunderts der indischen Bevölkerungsexplosion, gebaut wurden. Zu viele Arme gibt es, die das Holz für ihre Verbrennung nicht zahlen können. Und darum auch zu viele Leichen, die unverbrannt in den Fluss geworfen werden, aber nur den kleinsten Teil an seiner Verunreinigung ausmachen. Mangels Kläranlagen trägt der Ganges noch immer eine enorme Schmutz- und Schadlast – auch aus Industriebetrieben – zum Golf von Bengalen.

Jahrzehnte sind vergangen, seit der damalige Premierminister Rajiv Gandhi (1944–1991) im Jahr 1985 den Ganga Action Plan verkündete. Als erster Schritt war geplant, die 27 Großstädte am Ganges, die vier Fünftel der Schadstoffe in den Ganges leiten, mit Abwasserreinigungsanlagen auszustatten. Doch der Plan blieb Stückwerk. Mit einem neuen milliardenschweren Säuberungsprogramm, an dem sich diesmal auch die Weltbank beteiligt, will die indische Regierung in moderne Kläranlagen und elektrisch betriebene Krematorien investieren, um die Verschmutzung des Ganges bis 2020 zu beseitigen.

Ritualpriester üben in einem Tempel in Varanasi mit brennendem Weihrauch eine zeremonielle Handlung zu Ehren von Shiva aus (oben rechts).

Die Geburt der himmlischen Ganga mata *wird in zahllosen Mythen besungen. Im Bild eine Skulptur, die im Nationalmuseum von Neu-Delhi zu bewundern ist (oben links).*

Ein Strom von Pilgern überquert während der Kumbh-Mela-Wallfahrt in Allahabad eine der weltweit größten Pontonbrücken über den Ganges (rechts).

INDIEN

GESCHICHTE

ca. 2600 v. Chr. *Anfänge der Induskultur*

ca. 1400 v. Chr. *Arier erobern Nordindien*

ca. 320–185 v. Chr. *Die Maurya vereinigen Indien unter ihrer Herrschaft*

ca. 320–500 n. Chr. *Gupta-Dynastie*

1206 *Muslime gründen das Sultanat Delhi*

1526 *Entstehung des Mogulreichs*

1600 *Gründung der Britischen Ostindien-Kompanie*

um 1770–1947 *Britische Kolonialherrschaft*

1858 *Indien wird nach Niederschlagung des Sepoy-Aufstands direkt der britischen Krone unterstellt*

1885 *Gründung des Indian National Congress (Kongresspartei)*

1906 *Gründung der Muslim-Liga*

1920 *M. Gandhi propagiert die gegen die Briten gerichtete gewaltfreie Boykott-Bewegung*

1940 *Die Muslim-Liga fordert einen separaten islamischen Staat*

1947 *Das Land wird geteilt in die Indische Union und in Pakistan – Unabhängigkeit beider Staaten*

1950 *Indien wird zur demokratischen Republik erklärt*

1965 *Krieg mit Pakistan um Kaschmir*

1980 *Gründung der rechtsgerichteten Indischen Volkspartei (BJP), die die hinduistische Gesinnung Indiens betont*

1990 *Konflikte zwischen Hindus und Muslimen spitzen sich zu*

1998–2002 *Grenzkonflikt mit Pakistan*

2004 *Ein Tsunami verwüstet am 26.12. die Küsten der Bundesstaaten Tamil Nadu und Andhra Pradesh sowie einiger Inseln der Andamanen und Nikobaren; über 15 000 Tote*

2007 *Mit deutlicher Mehrheit der Abgeordneten aus Unter- und Oberhaus wird Pratibha Patil zur Staatspräsidentin gewählt*

POLITIK

Staatsform: *Bundesrepublik*

Staatsoberhaupt: *Staatspräsident*

Legislative: *Unterhaus mit 543 für 5 Jahre gewählten Mitgliedern und Oberhaus (Staatenkammer) mit 245 Mitgliedern; zwei zusätzliche Abgeordnete des Unterhauses repräsentieren die anglo-indische Gemeinschaft und werden vom Staatspräsidenten ernannt*

Verwaltungsgliederung: *28 Bundesstaaten, 6 Unionsterritorien, Hauptstadtterritorium*

Anlässlich der 2009 durchgeführten Unterhauswahlen mussten sich die Wähler, wie hier eine Wählerin in einem Wahllokal in Varanasi, mit ihrem Fingerabdruck im Wahlregister ausweisen, bevor sie wählen durften.

Die bevölkerungsreichste Demokratie der Welt

Drei Ereignisse prägen Indiens staatliche und gesellschaftliche Struktur bis heute am nachhaltigsten: Um 1400 v. Chr. wanderten Arya (Arier) aus iranischen und afghanischen Gebieten ein und begründeten die Hindu-Kultur. Um 1200 n. Chr. konnten die Muslime nach langen Kämpfen ihre Vormacht in Nordindien sichern und gründeten ein Sultanat. Um 1770 breitete sich mit der British East India Company die britische Kolonialherrschaft über ganz Indien aus. Sie dauerte bis 1947, als der von Indern seit langem geforderte unabhängige indische Staat Bharat Wirklichkeit wurde.

GESCHICHTE UND POLITIK

Arya, die „Edlen", nannten sich die Nomaden aus dem Norden selbst. Sie kamen über den Hindukusch, gründeten um 1400 v. Chr. kleine Königreiche in der Gangesebene und brachten eine neue bis dahin unbekannte Kriegstechnik mit: den wendigen zweirädrigen Streitwagen, der mit einem Wagenlenker und einem Bogenschützen besetzt war. Zwischen 900 und 600 v. Chr. stießen die Arya in die Gangesebene vor, begannen allmählich sesshaft zu werden und Ackerbau zu treiben. In ihren konkurrierenden nordindischen Königreichen führten die Arya die gesellschaftliche Gliederung der Kasten ein, die sie ebenso genau wie ihre religiösen Vorstellungen in ihren seit etwa 1000 v. Chr. aufgezeichneten Veden (= Wissen) beschrieben.

Aus der Verschmelzung von vedischer Religion und den nicht-arischen Religionen des Industales entstand der Hinduismus, der in der Folgezeit immer wieder beeinflusst und erweitert wurde. Diese zwei Kräfte, der Hinduismus und das Kastenwesen, sind seit mehr als 3000 Jahren die Grundpfeiler des politischen und religiösen Lebens der indischen Gesellschaft.

Erste indische Großreiche

Bimbisara (um 540–490 v. Chr.) gründete das Königreich Magadha im heutigen Bundesstaat Bihar. Von Magadha aus nahm das Reich der Maurya-Dynastie seinen Ausgang. Dass es möglich war, Indien als Großreich zu beherrschen, bewies zuerst Kaiser Ashoka (274–232 v. Chr.) aus der Maurya-Dynastie. Von seiner Hauptstadt Pataliputra (Patna) drangen Ashokas Heere tief in den indischen Süden und im Westen weit über den Indus hinaus in die persischen Gebiete vor, die Alexander der Große (356–323 v. Chr.) im Jahr 326 v. Chr. erobert hatte. Zugleich breitete sich der Hinduismus zu dieser Zeit nach Südostasien aus.

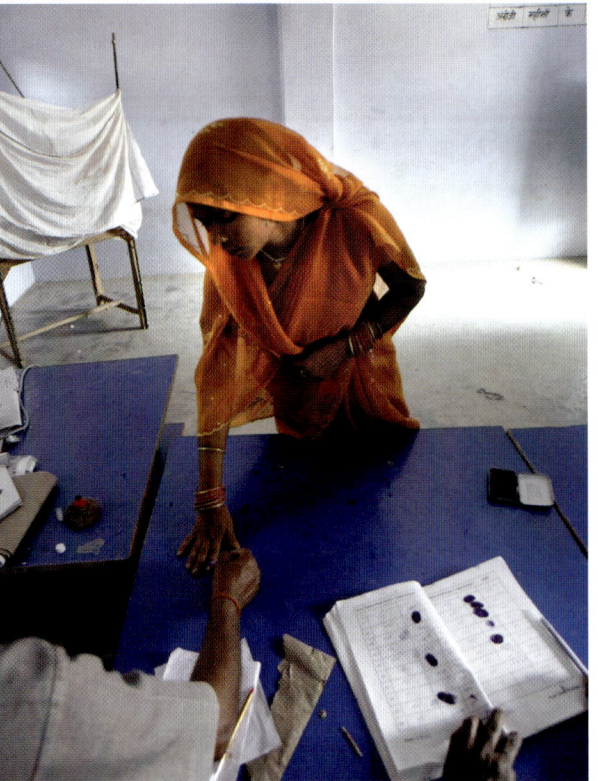

Kriegerische Übergriffe der Skythen, Parther und Kushan-Nomaden destabilisierten lange vor der muslimischen Invasion die nordindische Region. Um das Jahr 50 n. Chr. entstand das Großreich der Kushan mit den Machtzentren Peshawar (Pakistan) und Muttra (heute Mathura).

Vom Guptareich zur muslimischen Eroberung

Während der kulturell glanzvollen Gupta-Herrschaft (ca. 320 bis ca. 500), dem im 6. Jahrhundert die Hunnen ein Ende bereiteten, kam es zur Hochblüte der Sanskritliteratur. An ihrem Ende zerfiel das Reich in viele kleine, sich bekämpfende Königreiche. Als Sultan Muhammad von Ghur (1150–1206) Nordindien eroberte und 1206 das Sultanat von Delhi gegründet wurde, begann die 500-jährige Epoche muslimischer Fremdherrschaft über Nordindien und zeitweise auch über große Teile Zentral- und Südindiens.

GESCHICHTE UND POLITIK

Im Süden konnten die Sultane das Erstarken des Vijayanagar-Königreichs im heutigen Karnataka nicht verhindern (14. Jh.), im Norden machten sich die Rajputen-Fürsten von Udaipur und Jodhpur unabhängig. Die Politik von „Zuckerbrot und Peitsche" der Muslime gegenüber den Hindus – hier die Zerstörung tausender Tempel, dort Beschäftigung von Hindus in der Administration sowie Ehen zwischen Rajputen-Prinzessinnen und islamischen Herrschern – festigte jedoch die Macht der Eroberer.

Zeit der Großmoguln Die Schwäche des in viele Sultanate und Königreiche zersplitterten Indiens nutzte der Timuride Babur (1483–1530) im Jahr 1526, als er mit seinem Sieg über das Heer des Sultans den Grundstein für das Mogulreich legte, das bis 1858 bestehen sollte. Die Erinnerung an diese Dynastie mongolischer Herkunft und ihre Eroberungskriege wird märchenhaft verklärt. Die Paläste ihrer mächtigsten Herrscher, wie Akbar dem Großen (reg. 1556–1605), Shah Jahan (reg. 1628–1658), Aurangseb (reg. 1658 bis 1707), gelten als Inbegriff orientalischer Pracht.

Akbar der Große strebte die politische und geistige Einheit Indiens, einen islamisch-hinduistischen Staat an. Er ordnete die Finanzen und die Verwaltung und förderte die Künste. Unter Aurangseb erreichte der Mogulstaat seine größte Ausdehnung, wobei nur der äußerste Süden Indiens ausgespart wurde. Doch die Politik Aurangsebs, der den Islam mit Gewalt durchzusetzen versuchte, dabei aber auf den erbitterten Widerstand der Andersgläubigen stieß, bereitete den Niedergang Indiens im 18. Jahrhundert vor, der schließlich zur Entstehung Britisch-Indiens führte.

Britische Kolonialzeit Mit der Entdeckung des Seewegs nach Indien durch Vasco da Gama (um 1469–1524) kamen 1498 auch Missionare mit den Kaufleuten und Kolonialtruppen nach Indien. Portugiesen, Franzosen, Dänen und Briten konkurrierten um Handelsprivilegien. Der Britischen Ostindien-Kompanie gelang es, ihre europäischen Rivalen auszuschalten und ihr Handelsmonopol in Indien auszubauen. Der größte Teil des indischen Territoriums wurde von den Briten beherrscht. Der Rest des Landes wurde zwar weiterhin durch indische Fürsten regiert, die staatlichen Rechte in der Außen- und Verteidigungspolitik hatten sie aber an die Briten abgetreten.

In den Jahrzehnten der britischen Kolonialzeit wurde die indische Gesellschaft mit europäischen Einflüssen, technischen Neuerungen und politischen, sozialen und religiösen Ansichten und Reformen konfrontiert, die mit ihrem traditionellen Weltbild unvereinbar waren. Daher kam es 1857/58 zum ersten großen Aufstand (Sepoy-Aufstand) gegen die britische Kolonialmacht. Nach seiner Niederwerfung am 1.9.1858 wurde die Ostindien-Kompanie aufgelöst und Indien der britischen Krone unterstellt, die durch einen Vizekönig vertreten wurde.

Mahatma Gandhi – Indiens gewaltloser Held

Mahatma Gandhi (Mitte) auf dem „Salzmarsch", der ihn und seine Anhänger vom 12. März bis 6. April 1930 von seinem Zuhause bei Ahmadabad fast 400 Kilometer nach Dandi am Arabischen Meer führte.

Der Rechtsanwalt Mohandas Karamchand Gandhi, genannt Mahatma („Große Seele"), 1869 im äußersten Westen Indiens geboren und in London ausgebildet, begann seine politische Arbeit während eines zehnjährigen Aufenthalts in Südafrika. 1914 kehrte er nach Indien zurück, 1948 wurde er von einem Hindu-Fanatiker ermordet.

Mutige Symbolfigur Mit seiner Idee des „gewaltlosen Widerstands" (Ahimsa) gegen die britische Kolonialmacht veränderte er das Kräfteverhältnis im Land zugunsten der unterdrückten Inder. Durch sein eindrucksvolles Beispiel der Bedürfnislosigkeit und unbedingten Wahrhaftigkeit gewann er das Vertrauen seiner Landsleute; bereits 1920 wurde er zum Präsidenten des Indischen Nationalkongresses (INC) gewählt. Mehrmals wurde er inhaftiert, sein Salzmarsch als Protest gegen das britische Salzmonopol, seine Kampagne für die Unberührbaren, seine Hungerstreiks und viele andere Aktionen rüttelten Millionen von Indern auf.

Indien verdankt ihm unendlich viel, auch wenn Gandhi 1947 weder die Spaltung in zwei Staaten noch das anschließende Blutbad verhindern konnte. Den Friedensnobelpreis für seine Lehre des gewaltfreien Widerstands versagte ihm das Osloer Komitee.

Auf dem Weg in die Unabhängigkeit Die Gründung des Indian National Congress (INC) im Jahr 1885 markierte den Beginn der Unabhängigkeitsbewegung, elf Jahre später formierte sich die All India Muslim League. Gemeinsam traten sie für die Kampagne des „zivilen Ungehorsams" gegen die britischen Behörden ein. Die Ablehnung des Dominionstatus führte 1930 zu dem von Mahatma Gandhi (1869–1948) angestoßenen Salzmarsch. 1937 errang der INC die politische Mehrheit in den meisten Provinzparlamenten, sodass sich der Konflikt zwischen Muslimen und Hindus verschärfte.

Mohammed Ali Jinnah (1867–1948), Führer der Muslim-Liga, gelang es, die Forderung nach einem eigenen Staat für die indischen Muslime beim letzten Vizekönig Lord Mountbatten (1900 bis 1979) durchzusetzen. Die Abspaltung des muslimischen Staats Pakistan erfolgte am 14. August 1947, die Unabhängigkeit Indiens einen Tag danach. In der Folge kam es zu Zwangsumsiedlungen von zehn bis zwölf Millionen Hindus und Muslimen; mehr als eine Million Menschen kamen dabei ums Leben. Seither besteht auch der Konflikt beider Atommächte um Kaschmir.

Indische Union Nach den ersten Parlamentswahlen 1952 übernahm Jawaharlal Nehru (1889 bis 1964) als Premierminister die politische Führung Indiens. Unter Nehru und verstärkt unter seiner Tochter Indira Gandhi (1917–1984) erfolgte eine Hinwendung zum Sozialismus und zu einer säkularen Politik. Beide Politiker widmeten sich der verstärkten Industrialisierung Indiens und der Verbesserung der Ernährung der Bevölkerung (Grüne Revolution). Unter dem Premierminister Nehru wurde Indien außerdem ein führendes Mitglied der blockfreien Staaten.

Indira Gandhi regierte von 1966 bis 1977 und von 1980 bis 1984 das Land. Die Innenpolitik wurde vom militanten Separatismus der Sikhs und religiös-ethnischen Spannungen überschattet, die in der Besetzung des Goldenen Tempels von Amritsar und der kurz darauf folgenden Ermordung Indira Gandhis gipfelten. In den 1990er Jahren wurde die Öffnung Indiens für die internationale Marktwirtschaft sowie die Privatisierung von Staatsbetrieben vorangetrieben. Innenpolitisch destabilisierend wirkten sich die Kämpfe zwischen fanatischen Hindu-Fundamentalisten und Muslimen aus.

1998 wurde die nationalistische Hindupartei BJP stärkste Kraft, die die Wirtschafts- und Außenpolitik nationalistisch betont. Bei den Unterhauswahlen 2004 unterlag sie allerdings unerwartet, und die Kongresspartei kam wieder an die Macht. Sie stellt mit M. Singh (*1932) einen Wirtschaftsexperten als Premierminister.

INDIEN

Kaschmir – Bergland mit unsicherem Status

Das „glückliche Tal" sei der Himmel auf Erden und mit dem Kranz der umgebenden Schneegipfel gleiche es „in Perlen gefassten Smaragden". Gemeint ist das als Juwel unter den landschaftlichen Schönheiten Indiens verehrte und mit überschwänglichen Hymnen bedachte Tal von Kaschmir mit seiner Sommerhauptstadt Srinagar. Dort wird die Sehnsucht nach traumhafter Romantik Wirklichkeit – für Einheimische wie für Besucher, für Dichter und Touristen. Und dort lebt die Erinnerung an Glanz und Glorie der Mogulkaiser, die sich in den Gärten mit Blumenbeeten und Wiesen, künstlichen Wasserläufen und marmornen Springbrunnen ein zeitloses Denkmal gesetzt haben. Doch das einstige Fürstentum trägt auch ein anderes Gesicht: Seit 1947 umkämpft und unter Vermittlung der UN 1949 aufgeteilt, ist es ein schwelender Krisenherd zwischen den beiden Atommächten Indien und Pakistan.

Leben im Gebirgsparadies Kaschmir liegt im äußersten Norden des indischen Subkontinents und umfasst den von gewaltigen Gebirgen und Flusslandschaften geformten nordwestlichen Himalaya, den Karakorum eingeschlossen. Kernlandschaft und Hauptsiedlungsgebiet der überwiegend muslimischen Bevölkerung ist das lang gestreckte Tal von Kaschmir, eine fruchtbare Aufschüttungsebene des oberen Jhelum und seiner vielen Nebenflüsse, die hier zahlreiche Seen gebildet haben.

Die geschützte Lage des Tals sorgt für ein ausgeprägtes Beckenklima, gekennzeichnet durch lange und warme Sommer. Die umrahmenden Gebirge, die bis auf Höhen zwischen 4700 und 6000 Meter ansteigen, bedingen auch die relativ niedrigen Niederschläge, die hauptsächlich im Winter fallen und die die sonst im indischen Tiefland üblichen kräftigen Monsunregen mit hoher Luftfeuchtigkeit und großer Schwüle nicht wirksam werden lassen. Nicht zuletzt deshalb war Kaschmir über Jahrhunderte bevorzugter Sommersitz indischer Herrscher.

Schwimmende Gärten und Kaschmirwolle

Dank klimatischer Gunst und fruchtbarer Böden entwickelte sich das Tal zu einem blühenden Agrarraum. In den von Entwässerungskanälen durchzogenen Niederungen und auf bewässerten Hangterrassen wird das Hauptnahrungsmittel Reis angebaut, während an trockeneren Standorten Mais, Weizen und Gerste kultiviert werden. Für Indien einzigartig sind die schwimmenden Gemüsegärten auf den vielen Seen. In den höheren Lagen werden Viehzucht und Waldwirtschaft betrieben. Ziegen liefern den Rohstoff für das Produkt, durch das Kaschmir weltweit bekannt geworden ist: die feine Kaschmirwolle. Dank der hoch entwickelten Handwerkskunst werden daraus die weltberühmten Kaschmirtextilien und -teppiche hergestellt. Besondere Wertschätzung genießen auch die kunstvollen Silberarbeiten und die Schnitzereien aus Walnussholz.

Angeboten werden die kunsthandwerklichen Artikel unter anderem auf dem alten Basar in Srinagar, der neben den zahlreichen historischen Tempeln und Moscheen, den prächtigen Gärten und Seen der Großmogul zu den vielen Sehenswürdigkeiten der Stadt gehört. Die Berglandschaft um Srinagar bildet nicht nur ein beliebtes Skigebiet, sondern sie verfügt auch über einen Golfplatz, von dem behauptet wird, dass er der

Kaschmir umfasst eine grandiose Gebirgslandschaft mit teils schneebedeckten Gipfeln und grünen Tälern. Das Tal von Kaschmir ist das wichtigste Anbaugebiet in einer Region, in der sich nur 6 Prozent des Landes für die landwirtschaftliche Nutzung eignen.

SPEZIAL: KASCHMIR

höchstgelegene der Welt sei. Daneben ist Srinagar auch Ausgangspunkt für Touren bis in die Hochgebirgswelt des Himalaya, wo sich dem Betrachter eine faszinierende Gipfelwelt offenbart.

Am Schnittpunkt der Kulturen Die exponierte Lage im äußersten Nordwesten des indisch-pakistanischen Subkontinents machte Kaschmir in den vergangenen Jahrhunderten zu einem Siedlungs- und Durchzugsgebiet im Schnittpunkt von Zentral-, Vorder- und Südasien. Als Folge davon sind bis heute in Kaschmir starke ethnische, kulturelle und religiöse Einflüsse aus den Nachbarregionen zu spüren, die im Laufe der wechselvollen Geschichte ein unterschiedliches zeitliches und regionales Gewicht besessen und ihre Spuren hinterlassen haben.

Das ursprünglich buddhistische Kaschmir geriet dabei unter die wechselnde Herrschaft von hinduistischen und islamischen Fürsten, bis es 1586 dem Mogul-Reich angegliedert wurde. Zwischen 1756 und 1819 gehörte es zum Machtbereich von Afghanistan, dann zum Reich der Sikhs im Punjab. 1846 kam es unter britische Oberhoheit. Das Fürstentum mit überwiegend muslimischer Bevölkerung wurde jedoch weiterhin von einem hinduistischen Maharadscha regiert.

Das geteilte Kaschmir Als die Briten 1947 ihre Herrschaft in Indien aufgaben, teilten sie ihr Kolonialreich in die zwei Staaten Indien und Pakistan. Die religiösen, politischen und gesellschaftlichen Gegensätze, die zu dieser Teilung führten, waren der Ausgangspunkt für die Konflikte um Kaschmir, dem es nach Abzug der Briten freigestellt wurde, an welchen der beiden Staaten es sich anschließen wollte. Indien sowie Pakistan beanspruchten Kaschmir indes jeweils für sich. Die einen begründeten ihren Anspruch mit der jahrhundertelangen Bindung an Indien, die anderen verwiesen auf die religiöse und natürliche geografische Einheit zwischen Kaschmir und Pakistan. In dem Streit versuchte Pakistan mit militärischen Mitteln eine Entscheidung zu seinen Gunsten herbeizuführen. Daraufhin rief der regierende Maharadscha, der eigentlich ein unabhängiges Kaschmir anstrebte, indische Truppen zu Hilfe. Als Gegenleistung legte er – im Falle eines indischen Sieges – vertraglich den Anschluss Kaschmirs an Indien fest.

Anhaltende Konflikte Der sich verschärfende Konflikt um Kaschmir konnte erst durch das Einschreiten der Vereinten Nationen mit der Ausrufung des Waffenstillstands entlang des Frontverlaufs zum Jahresende 1948 gestoppt werden. Dabei gelangte der südliche Teil von Kaschmir, der rund zwei Drittel seiner gesamten Fläche umfasst und auch das Tal von Kaschmir mit einschließt, unter indische Hoheit. Der nördliche Teil fiel an Pakistan. 1957 erklärte Indien jedoch ganz Kaschmir zum 16. indischen Bundesstaat Jammu-Kaschmir. Der Bevölkerung wurde das Recht eingeräumt, in einer Volksabstimmung über die Zugehörigkeit zu Indien oder Pakistan zu entscheiden. Diese wichtige Abstimmung hat allerdings bis heute nicht stattgefunden und seither liegt zwischen Indisch-Kaschmir und Azad Kashmir, dem „Freien Kaschmir" in Pakistan, eine Demarkationslinie, an der es bis in die jüngste Vergangenheit mehrfach zu militärischen Auseinandersetzungen kam. 1965 wurde der Kaschmir-Konflikt noch durch den von China erhobenen und auch mit Waffengewalt durchgesetzten Anspruch auf Randgebiete Kaschmirs in Ladakh und einen schmalen Grenzstreifen im nördlichen Baltistan verschärft, die seitdem unter chinesischer Kontrolle stehen.

In ihren flachen Kähnen feilschen Bauern und Händler auf dem Dalsee von Srinagar um die Erzeugnisse, die die Bauern auf den „schwimmenden Gärten" ernten (oben).

Islamisten drücken mit erhobenen Händen am 24. Januar 2010 lautstark ihren Protest gegen das Vorgehen indischer Truppen aus, nachdem zuvor ein Bewohner eines islamischen Dorfs südlich von Srinagar bei einem Gefecht getötet worden war (links).

Angehörige von verschwundenen Kaschmirern protestieren im Oktober 2009 in Srinagar gegen die indische Regierung, nachdem anonyme Massengräber entdeckt worden waren. Seit Beginn des bewaffneten Konflikts 1989 werden bis zu 10 000 Menschen vermisst (unten).

Seit den 1980er Jahren häuften sich zudem im indischen Teil Kaschmirs Auseinandersetzungen zwischen – von Pakistan unterstützten – muslimischen Separatisten und indischen Armeeeinheiten. Auch wenn seit 2003 zwischen beiden Staaten Waffenstillstand herrscht, liegt eine dauerhafte und stabile Lösung, die alle Konfliktparteien zufrieden stellen könnte, noch in weiter Ferne.

INDIEN

Der indische Elefant ist erwacht

WIRTSCHAFT

Währung: *1 Indische Rupie (iR) = 100 Paise*
Bruttoinlandsprodukt: *1210 Mrd. US-$*
Bruttonationaleinkommen/Einw.: *950 US-$*
Außenhandel: *Import 251 Mrd. US-$, Export 163 Mrd. US-$*
Auslandsverschuldung: *232,5 Mrd. US-$*

Schaulustige Inder betrachten einen Tata Nano des indischen Automobilherstellers Tata Motors in einem Autosalon in Kolkata. Der viersitzige Kleinwagen mit einem Zweizylinder-Heckmotor wurde Anfang 2008 vorgestellt und als preiswertestes Auto der Welt präsentiert (ganz unten).

Ein Gewürzhändler aus Jaipur bietet auf seinem Stand eine gut sortierte Auswahl aus der Vielfalt der indischen Gewürze an (unten).

Von Herodot bis Marco Polo und noch bis weit in die Neuzeit hinein galt Indien als das Wunderland der Diamanten und Gewürze, in dem es Unmengen Gold gab und sogar „Bäume, auf denen Wolle wächst". Die British East India Company wurde mit billig aufgekaufter Rohbaumwolle und dem Textilgeschäft schwerreich, die britische Kolonie Indien selbst jedoch verarmte auf der Stufe eines abhängigen Agrarlandes.

Indien zählt heute zu den am stärksten expandierenden Wirtschaftsnationen der Welt. Besonders dynamisch entwickelt sich der Dienstleistungssektor. Dennoch fristen rund 40 Prozent der Inder ein Dasein in Armut, das heißt, sie müssen mit weniger als 1,25 US-Dollar am Tag auskommen, und das in einem Land, das weltweit die meisten Millionäre und Milliardäre beheimatet.

WIRTSCHAFT, VERKEHR UND KOMMUNIKATION

Extreme Gegensätze bestimmen das wirtschaftliche Erscheinungsbild des Landes. Da Indien enorme Defizite im Gesundheits- und Bildungswesen und auch in der öffentlichen Sicherheit hat, ist es ein Entwicklungsland, das beim Index der menschlichen Entwicklung der UN den 132. Rang unter den 177 erfassten Staaten einnimmt. Rückgrat der Wirtschaft Indiens ist uneingeschränkt die Landwirtschaft, trotz steigender Industrialisierung und wachsendem Dienstleistungsgewerbe. Sie trägt ungeachtet einer enorm gewachsenen Produktivität nur noch ein Sechstel zum Bruttoinlandsprodukt bei, beschäftigt aber über die Hälfte der Erwerbstätigen.

Selbstversorger dank Grüner Revolution

Noch immer leben über zwei Drittel der Bevölkerung auf dem Land und sind direkt abhängig von den Arbeitsmöglichkeiten, die die Landwirtschaft in den rund 500 000 Dörfern des Landes, meist kleine Siedlungen mit weniger als 1000 Einwohnern, bietet. Über die Hälfte der Gesamtfläche des Landes wird landwirtschaftlich genutzt. Dabei handelt es sich zum weitaus größten Teil um Ackerland. Fruchtbarste Region des Landes ist das Gangestiefland einschließlich des Punjab. Es wird zu 80 Prozent ackerbaulich genutzt und gilt als Kornkammer Indiens. Dort sind jährlich bis zu drei Ernten möglich.

Der überwiegende Teil der Landbevölkerung bewirtschaftet Kleinbetriebe mit weniger als 4 Hektar oder ist landlos. Ein Zehntel sind Großgrundbesitzer oder Großbauern mit zusammen über 50 Prozent der landwirtschaftlichen Nutzfläche. Im Rahmen der Grünen Revolution der 1970er Jahre wurde ein landwirtschaftliches Modernisierungs- und ländliches Entwicklungsprogramm durchgeführt. Die Ausweitung der Mechanisierung, der Anbau von Hochertragssorten, künstliche Bewässerung und der hohe Einsatz von Kunstdünger und Pflanzenschutzmitteln steigerten die Erträge enorm.

Drei Viertel der Anbaufläche dienen der Produktion von Nahrungsmitteln und damit zur Versorgung der heimischen Bevölkerung: Reis, Weizen, Hirse und Hülsenfrüchte. Auf der restlichen Nutzfläche werden Tee, Kaffee, Jute, Baumwolle, Gewürze, Cashewnüsse und Zuckerrohr für den Export angebaut. Die Jahr für Jahr unsicheren Monsunregen, die Übernutzung des Grundwassers durch Tiefbrunnen, die Absenkung des Grundwasserspiegels und Bodenversalzung in den Bewässerungsgebieten bleiben jedoch akute Probleme.

Industrie auf Wachstumskurs

Schon Jawaharlal Nehru (1889 bis 1964) wollte dem armen Agrarland Indien nach westlichem Muster durch Industrialisierung zu Wohlstand verhelfen.

WIRTSCHAFT, VERKEHR UND KOMMUNIKATION

Die indische Industrie kann sich auf große Reserven an Bodenschätzen stützen, unter anderem Eisenerz, Bauxit, Kohle, Mangan, Kupfer und Zink, dazu noch Chrom, Titan und Antimon. Außerdem verfügt das Land über die größte bekannte Lagerstätte von Thoriumoxid, das ein wichtiger Grundstoff für radioaktive Brennstoffe ist.

Früh hatten Industriekapitäne wie Jamsetji Nasarwanji Tata (1839–1904) und seine Nachfahren der Textil- und Stahlindustrie starke Impulse gegeben. Doch ab den 1970er Jahren erwiesen sich die großenteils staatlichen Betriebe auf Dauer als wenig effizient. Der staatliche Einfluss wirkte sich durch Bürokratisierung und Überregulierung zusätzlich als Produktivitätsbremse aus. Seit den 1990er Jahren verzichten die Regierungen weitgehend auf regulierende Maßnahmen und unterstützen die Privatisierung. Inzwischen kaufen sich indische Unternehmen auch in den Industriestaaten ein.

Seit Beginn der 1980er Jahre fördert Indien den Bereich der hoch entwickelten Technologie, mit besonderen Schwerpunkten in den Bereichen Elektronik, Computer-, Informations- und Nachrichtentechnik sowie Energie. Auch mit der nuklearen Forschung, der Satellitentechnik und Raumfahrtforschung ist Indien der Sprung in die Zukunft gelungen. In den Bereichen der Schwerindustrie – Eisen und Stahl, Maschinenbau, Kraftfahrzeuge, Chemie – sind noch vorwiegend staatliche Großbetriebe tätig. Der Hauptanteil der Industrie wird aber von privaten Mittel- und Kleinbetrieben geleistet. Die Textilindustrie hat dabei die größte exportwirtschaftliche Bedeutung für das Land. Zusätzlich gibt es unzählige, über das Land verteilte Heimbetriebe, die sogenannten Cottage Industries.

Wichtigste Exportgüter sind außer Textilien (petro)chemische Produkte, Edelsteine und Schmuck; Rohedelsteine, Gold und Perlen werden zur Bearbeitung meist eingeführt. Bei Importen steht Erdöl ganz oben, denn die Energielücke ist gewaltig. Weite Gebiete des Landes müssen noch immer ohne Elektrizität auskommen, da Stein- und Braunkohle als Hauptenergiequelle für die Stromerzeugung nicht ausreichen.

Eisenbahn und Flugzeug als wichtigste Verkehrsträger
Bisher ist die Eisenbahn noch immer das wichtigste Verkehrsmittel; durch die Modernisierung des Schienennetzes wird sie auch schneller. Überlandbusse ergänzen das gut ausgebaute Schienennetz von mehr als 60 000 Streckenkilometern.

Der Straßenverkehr außerhalb der Großstädte, denen mit jährlich Millionen neu zugelassener Fahrzeuge der Infarkt droht, wächst ebenfalls rasant. Ein Netz befestigter Straßen verbindet alle größeren Städte. Erste Autobahnen sind entstanden, ein weit gespanntes Netz vier- bis sechsspuriger Straßen zwischen den Metropolen Neu-Delhi, Mumbai (Bombay), Chennai (Madras) und Kolkata (Kalkutta) ist in Planung.

Hightech-Zentren in Südindien

Angestellte eines Callcenters in Bangalore arbeiten hier für ein US-amerikanisches Unternehmen, das eine repräsentative Untersuchung über Hautpflegeprodukte in Auftrag gegeben hat.

Bangalore, die Gartenstadt im Süden, machte den Anfang und wurde in aller Welt berühmt als indisches Zentrum der Software-Services. Das war in den 1990er Jahren. Jetzt konkurrieren bereits die Hauptstädte aller vier großen Bundesstaaten Südindiens um die Spitzenposition auf dem Markt der Informationstechnologie: Thiruvananthapuram in Kerala, Chennai in Tamil Nadu und Hyderabad in Andhra Pradesh folgten Bangalores Beispiel und gründeten Hightech-Industriestandorte.

Globalisierte Kommunikation
Ein Großteil der ausländischen Direktinvestitionen von jährlich mehreren Milliarden Dollar in Indien fließt in die Computertechnologie. Europäische und amerikanische Unternehmen lassen Großaufträge in Indien ausführen und schaffen damit immer weitere Arbeitsplätze für Computerfachleute. Indische IT-Spezialisten leisten hervorragende Arbeit – zu Kosten weit unter denen der westlichen Industriestaaten. Daneben gibt es eine unübersehbare Zahl von Internetcafés und Internetshops. Nicht nur die Luxushotels, auch die Hotels der Mittelklasse richten Business Centers ein, die ihre Gäste per E-Mail und Satellit mit dem Rest der Welt verbinden.

Die staatliche Fluggesellschaft Air India steht seit Mitte der 1990er Jahre im Binnenflugverkehr in Konkurrenz mit privaten Anbietern. Flugreisen sind für viele Inder selbstverständlich – schätzt man doch die zahlungskräftige Mittelschicht auf über 300 Millionen Menschen. Von den internationalen Flughäfen haben Delhi und Mumbai das größte Verkehrsaufkommen.

Mobilfunk in jedem Dorf
Indien hat sich in den letzten beiden Jahrzehnten ein beachtliches internationales Prestige erworben, das auf der effektiven Entwicklung von Software basiert. Im Land selber wird mit neuem Stolz von „Our India" gesprochen. Nicht zuletzt gelang es, die Telekommunikation zu modernisieren, trotzdem ist der Nachholbedarf an Telefonanschlüssen noch enorm. Die Lücken füllt ein boomender Mobilfunkmarkt; statistisch gesehen besitzt mehr als ein Viertel der Inder ein Handy.

Große Pressevielfalt
Indiens Presse hat einen guten Ruf, da sie auf hohem Niveau kritisch berichtet. In der Vielzahl der Zeitungen und Zeitschriften (über 60 000) spiegelt sich Indiens sprachliche und kulturelle Vielfalt wider. Die auflagenstärkste Tageszeitung (3,1 Millionen Exemplare), *The Times of India,* erscheint in Englisch. Die größten Zeitungen in der Landessprache Hindi sind *Dainik Jagran* und *Dainik Bhaskar*. Hörfunk und Fernsehen werden von den staatlichen Sendern All India Radio bzw. Doordarshan India betrieben, deren Programme in fast allen Landesteilen empfangen werden. Durch Satellitenfernsehen und private Sender ist das Angebot stark ausgeweitet worden.

Mit Hilfe eines Kleinkredits einer Hilfsorganisation konnte sich diese Schneiderin (links) in Hyderabad eine Nähmaschine kaufen und damit eine Existenz aufbauen. Sie näht Kleider, verkauft sie und bildet Schneiderinnen aus.

INDIEN

Bollywood boomt

Große Emotionen, bunte Farben, blitzende Dolche, schmachtende Schönheiten, akrobatische Tänze und Kämpfe in melodramatischen Handlungen – das ist das typische indische Kino, eine florierende „Industrie". Mit gefühlvollen Filmen, die mit viel Musik, Gesang und Tanz unterhaltsam die zentralen Themen des Lebens aufgreifen *(rechte Seite oben),* ist die indische Filmindustrie zum weltweit größten Filmproduzenten aufgestiegen. Auch im Export in die angrenzenden Länder und nach Afrika ist Indiens Filmindustrie sehr erfolgreich. In Deutschland wurden Bollywood-Filme erst spät bekannt. Auslöser war 2003 der kommerziell sehr erfolgreiche Film *Kabhi Khushi Kabhie Gham – In guten wie in schweren Tagen* mit dem Filmstar Shah Rukh Khan *(rechte Seite unten).*

Der Kinobesuch ist in Indien ein besonderes Erlebnis. In keinem anderen Land werden mehr Eintrittskarten an Kinobesucher verkauft und kein anderes Land hat so viele Vorführsäle wie Indien, insgesamt über 13 000, nicht eingerechnet noch Tausende von Wanderkinos. Neue Filme sorgen regelmäßig für lange Schlangen an den Kinokassen *(rechts unten).*

Die Filmindustrie hat in Indien eine lange Tradition. 1913 erschien der erste Spielfilm, 1931 folgte der erste Tonfilm, bis schließlich die typischen Hindi-Unterhaltungsfilme in den 1960er und 1970er Jahre boomten und zu Massenprodukten wurden. Zu dieser Zeit entstand auch der Begriff Bollywood – eine Wortschöpfung aus Bombay, dem wichtigsten Zentrum der Filmindustrie, und Hollywood. In großer Zahl entstehen dort in den Studios und Werkstätten die opulenten Hochglanz-Melodramen, wie beispielsweise die bereits international erfolgreichen Filme *Monsoon Wedding,* der 2001 in Venedig mit dem Goldenen Löwen ausgezeichnet wurde, oder das Historienepos *Lagaan,* das 2002 für den Oscar als bester fremdsprachiger Film nominiert war.

Die Branche beschäftigt mittlerweile über 2 Millionen Menschen. Neben unzähligen Schauspielern und Komparsen wird auch hinter den Kulissen eine Vielzahl an Spezialisten benötigt, die die Traumwelt filmische Wirklichkeit werden lässt. Teure Werbekampagnen sind nötig, um den wirtschaftlichen Erfolg einer Filmproduktion zu stützen. An zentralen Plätzen kündigen große Werbeplakate die Stars der neuen Filme an, wofür einst das Handwerk der Plakatmalerei entstand *(rechts oben).* Diese künstlerische Tätigkeit ist jetzt allerdings von Fotoplakaten verdrängt worden.

BOLLYWOOD

INDIEN

Pracht und Vielfalt im Land der Tempel und Paläste

Indien vereinigt wie kaum ein anderes Land der Erde eine unvorstellbare Vielfalt an kulturellen und historischen Sehenswürdigkeiten, angefangen von prähistorischen Felszeichnungen in Zentral- und Südindien über die Harappa-Kultur des 3. Jahrtausends v. Chr. bis zur Architektur des unabhängigen Indiens. Große Kunst zur Verehrung der Götter prägt den Subkontinent. Eingebettet sind die geschichtsträchtigen Monumente in eine abwechslungsreiche Landschaft, deren Spannbreite von tropischen Badestränden bis zu den eisbedeckten Gipfeln des Himalaya reicht.

INDIEN ALS REISELAND

Die Inder begegnen den Besuchern mit offener Gastfreundschaft und Toleranz. Doch nur der Tourist, der sich auf die mythenvolle Gefühlswelt der Bewohner einlässt, wird deren traditionelle Lebensgewohnheiten, Volksbräuche und religiöse Zeremonien verstehen können. Er wird die Sitten des Landes respektieren, wird sich zur Begrüßung mit auf der Brust verschränkten Händen zu seinem Gegenüber verneigen und die direkte Berührung mit den Händen vermeiden. Er wird weder mit unbedecktem Nacken, Armen oder Beinen eine religiöse Stätte betreten und auch andernorts eine allzu legere Kleidung vermeiden.

Heilige Stätten und Paläste Unter den vielen heiligen Städten und Stätten des Landes ist das Mausoleum Taj Mahal in Agra wohl das berühmteste Ziel. Zu den viel besuchten Bauwerken der islamischen Herrscher gehören auch die kolossalen Befestigungsanlagen, zum Beispiel das Rote Fort in Delhi. Gleichermaßen häufig besucht wird die heilige Stadt Varanasi am ebenso heiligen Ganges, der bedeutendste Wallfahrtsort der Hindus und Stätte vieler religiöser Feste.

In Amritsar liegt im künstlichen „See der Unsterblichkeit" das Hauptheiligtum der Sikhs aus dem 18. Jahrhundert: der Goldene Tempel. Kuppel, Türme und Fassade sind aus vergoldeten Kupferplatten (oben).

Der Parsvanath-Tempel ist einer der 24 erhaltenen Tempel im Tempelbezirk von Khajuraho. Die von Archäologen freigelegten Tempel von Khajuraho aus dem 10./11. Jahrhundert sind vor allem wegen ihres prachtvollen Skulpturenschmucks, der freizügige erotische Figurendarstellungen zeigt, weltberühmt geworden (links).

Hinduistische Tempelanlagen von einzigartigem historischen Wert sind weit über Indien verstreut, vor allem in Bhubaneswar, Khajuraho, Puri und in den hinduistischen Zentren Südindiens, wo sich der Hinduismus als Religion auch über lange Phasen der Fremdherrschaft erhalten hat. Berühmt ist der Menakshi-Tempel in Madurai. Unvergleichliche Höhlentempel mit beeindruckenden Fresken und Wandmalereien, teils auch vom Buddhismus beeinflusst, befinden sich bei Ajanta, Ellora, Aurangabad, Mahabalipuram und auf der Insel Elephanta bei Mumbai. Eine reformierte Gemeinschaft von Hindugläubigen, die Sikhs, haben ihr Zentrum in Amritsar, wo der Goldene Tempel steht.

REISELAND

Mit der Pracht der Kultbauten können indes auch viele monumentale Bauwerke der Maharadschas, der weltlichen Herrscher konkurrieren. Ihre lebendigsten Zeugen sind die rosarote Stadt Jaipur sowie Udaipur und Ajmer in Rajasthan. Faszination liegt ohnehin über den Metropolen Neu-Delhi, Mumbai, Kolkata, Chennai, Hyderabad und Bangalore – hektische Millionenstädte im Spannungsfeld zwischen jahrhundertealter Tradition, kolonialer Prägung und modernem Geschäftsleben.

Stimmungsvolle Feste Groß ist die Zahl der indischen Feste, die oft mehrere Tage dauern. Am farbenprächtigsten und turbulentesten ist das Frühlingsfest Holi im Februar/März mit ausgelassenen karnevalsähnlichen Umzügen. Man besprengt einander mit gefärbtem Wasser und bewirft sich gegenseitig mit farbigem Puder. Im Juni/Juli begeht man eines der bedeutendsten indischen Tempelfeste: Raht Yatra zu Ehren des Gottes Jagannath; besonders eindrucksvoll ist die große Wagenprozession in Puri. Sehr populär ist auch das Ram Lila oder Dusschra im Oktober mit Theateraufführungen, Musik- und Tanzveranstaltungen, Prozessionen und Paraden. Das Divali, das Fest der Lichter im November, gilt als besonders stimmungsvolles Fest mit Lichterglanz von Öllämpchen und Kerzen sowie Feuerwerk.

Bei bedeutenden Festen, wie dem Gangaur-Fest in Udaipur, kleiden sich die Frauen und Mädchen in farbenprächtige Saris, um der Göttin Gauri zu huldigen. Sie verkörpert das Idealbild der liebenden Braut, hingebungsvollen und aufopfernden Gattin (rechts).

Den Urlaub auf einem Hausboot in den Backwaters in Kerala zu verbringen, ist eine der vielen reizvollen Möglichkeiten, die der Tourismus in Indien bietet. Die Boote haben bis zu drei Kabinen und sind voll eingerichtet, mit Badezimmer und Küche (unten).

Urlaub auf dem Hausboot An Indiens rund 7000 Kilometer langer Küste locken einige der wundervollsten Badestrände der Erde, zum Beispiel in den Bundesstaaten Gujarat, Maharashtra, Goa, Karnataka, Kerala (Kovalam Beach), Tamil Nadu, Andhra Pradesh, Orissa (Chandipur, Puri) sowie bei Mumbai (Juhu Beach) und Chennai (Marina Beach). Die unter Kokospalmen angesiedelten Resorts an schönen Sandstränden sind zumeist geradezu vorbildlich gebaut worden, oft in der typischen regionalen Architektur.

Bis vor wenigen Jahren touristisch noch völlig unbedeutend, wurde Kerala in Südindien für den gemächlichen Hausboot-Tourismus erschlossen. Komfortabel umgebaute ehemalige Lastboote, so genannte Kettuvallams, führen heute ihre Gäste in das tropische Labyrinth der Backwaters, ein Netz von fast tausend Kilometern schiffbarer Flussläufe und Kanäle im Hinterland der weißen Traumstrände.

SEHENSWERT

Nationalparks:
Corbett, Dachigam, Dandeli, Dudhwa, Gir, Great Himalayan, Guindy, Hazaribagh, Indravati, Jaldapara, Jawahar (Bandipur, Nagarhole), Kanha, Kaziranga, Keoladeo, Manas, Periyar, Ranthambor, Sanjay Gandhi, Shivpuri, Sunderbans, Tadoba

Naturschönheiten:
Backwaters, Chilka-Lagune, Gebirgslandschaften von Ladakh und Sikkim, Joranda-Wasserfall, Kulutal

Städte:
Agra: *Rotes Fort, Taj Mahal*
Ajmer: *Moschee Arhai-din-kaihonpra, Shah-Jajan-Moschee mit Sufi-Schrein (Dargah)*
Amritsar: *Goldener Tempel (Hari Mandir)*
Aurangabad: *Mausoleum Bibi-ka Maqbara; nahebei Felsentempel von Ajanta und Ellora*
Bhubaneshwar: *Lingaraja-Tempel; nahebei Udayagirihöhlen*
Chennai (Madras): *Fort St. George, Nationale Kunstgalerie, Oberster Gerichtshof, Kapaleshvarar-Tempel*
Delhi: *Chattarpur-Mandir-Tempel, Craft Museum, Dariba Kalan, Freitagsmoschee Jami Masjid, Gandhi-Memorial-Museum, Hazrat-Nizamuddin-Schrein, Humayan-Mausoleum, Lakshmi-Narayan-Tempel, Nationalmuseum, Qutb Minar, Rotes Fort*
Fatehpur Sikri: *Jama-Masjid-Moschee, Mausoleum von Scheich Salim Chishti*
Jaipur: *Hawa Mahal („Palast der Winde"), Jaipur-Museum, Jal Mahal („Insel-Palast"), Palast des Maharadscha (Stadtpalast); nahebei Residenz Amber, Schlucht von Galta, Tiger Fort*
Jaisalmer: *mittelalterliche Festung mit historischem Stadtkern*
Kolkata (Kalkutta): *Kolonialbauten im historischen Regierungsviertel, Howrah-Brücke, Indische Nationalbibliothek, Indisches Nationalmuseum, Kalighat-Tempel, Maidan, Marmorpalast, Planetarium, Victoria Memorial*
Mumbai (Bombay): *Chhatrapati Shivaji Maharaj Museum, Chhatrapati Shivaji Terminus (Bahnhof), Gandhi-Museum, Gateway of India, Kolonialbauten im Stadtteil Fort, Malabar Hill mit Hängenden Gärten und Türmen des Schweigens, Moschee und Sufi-Schrein Haji Ali Dargah, Siddhivinayak-Tempel, Taj Mahal Palace Hotel; nahebei Höhlen von Elephanta*
Mysore: *Amber Vilas (Palast des Maharadscha), Chamundi Hill mit Srichamundeshvari-Tempel und Statuen, Jagan-Mohan-Palast; nahebei Somnathpur-Keshava-Tempel*
Neu-Delhi: *Connaught Place, India Gate, Jaipur-Haus (Nationalgalerie für moderne Kunst), Jantar Mantar (Sternwarte), Lodipark, Lotustempel der Bahai, Nehru Memorial, Rashtrapati Bhavan (Präsidentenpalast)*
Udaipur: *Palast des Maharana, Paläste auf Inseln im Picholasee, Volkskundemuseum*
Varanasi: *Durga-Tempel (Affentempel), Ghats am Ganges, Kashi Vishvanath (Goldener Tempel)*

Tempelstädte:
Bagh, Belur, Chidamparam, Halebid, Hampi, Kanchipuram, Khajuraho, Madurai, Mamallapuram, Pattadakal, Srirangam, Suchindram, Thanjavur, Thiruvanmiyur, Thiruvannamalai, Triplicane, Vijayanagar, Vishnupur

Wallfahrtsorte:
Bodh Gaya, Kasia, Mathura, Palitana, Puri, Pushkar, Rajgir, Rameswaram, Sanchi, Sarnath, Sravanabelgola, Varanasi

INDIEN

Ellora – ein Wunderwerk aus Vulkangestein

Kurzbeschreibung: *34 Höhlentempel (Chaityas) und -klöster (Viharas), die in eine Felswand aus Basalt gehauen wurden und sich über 2 Kilometer erstrecken: 12 buddhistische, 17 hinduistische und 5 jainistische Kultstätten; darunter der 30 Quadratkilometer große hinduistische Kailasa-Tempel; 4,60 Meter hohe Statue eines predigenden Buddha*

Lage: *Ellora, nordwestlich von Aurangabad im Dekkan*

Ernennung: *1983*

Bedeutung: *Vollendete indische Felsbaukunst und Beispiel einer über vier Jahrhunderte existierenden, im Geiste der Toleranz geführten Kultstätte dreier religiöser Strömungen Indiens*

Zur Geschichte:

um 600–800 *Buddhistische Höhlentempel, wie das große Kloster (Vihara) in Höhle Nr. 5 mit 20 Zellen*

um 900 *Hinduistische Höhlentempel wie Ravanas-Höhle (Höhle Nr. 14 mit einer Skulptur, in der Ravana den heiligen Berg Kailash erschüttert)*

um 1000 *Jainistische Höhlentempel wie Indra Sabha*

1976 *Vollständige Entdeckung des buddhistischen Höhlentempels 11*

Auf diesem Felsrelief im Dumar-Lena-Höhlentempel 29 ist Shiva mit seiner Gemahlin Parvati (in der Mitte) dargestellt. Sie thronen auf einer Nachbildung des Bergs Kailash.

Dieses fein gemeißelte Ornamentfries zeigt eine Schlachtenszene aus dem Mahabharata-*Epos.*

Buddhisten, die zuvor Ajanta verlassen hatten, meißelten im 6. Jahrhundert die ersten Tempel in die Basaltfelsen der Chandari Hills. Es folgten die Hindus und später die Jaina. Sie hinterließen Skulpturen und Reliefs, die zu den schönsten Kunstwerken Indiens gehören. Doch von den berühmtesten und berüchtigsten Bewohnern der Heiligtümer fehlt heute jede Spur.

Schweigsame Steine

Zu Anfang des 19. Jahrhunderts hatten sich in einiger Entfernung von der Stadt Aurangabad die sogenannten Thags in den Höhlen entlang dem felsigen Maharashtra-Plateau niedergelassen. Sie waren Mitglieder eines fanatischen Geheimbunds, der die blutrünstige Göttin Kali verehrte. Ihr brachten die Thags Menschenopfer dar. Fremde wurden überfallen und nach einem bis ins kleinste Detail festgelegten Ritual solange gewürgt, bis sie qualvoll starben. Anschließend wurden die Opfer verbrannt. Selbst die britischen Kolonialherren standen trotz aller militärischen Macht gegenüber dem Geheimbund lange Zeit auf verlorenem Posten. Es dauerte mehr als drei Jahrzehnte, ehe die Thags endlich ausgeräuchert werden konnten; ein Sieg, der viele Opfer kostete und erst gelang, nachdem Agenten in den Geheimbund eingeschleust worden waren.

Die steinernen Säulen, Nachbildungen des Gottes Shiva und zahlloser anderer Gottheiten, schauten jenen mörderischen Umtrieben der Thags ebenso schweigsam zu, wie sie heute zahllose Besucher an sich vorüberziehen lassen, die laut lärmend durch die Höhlen schlendern. Es macht den Eindruck, als wollten sie die unheimlichen Erinnerungen, vielleicht gar die bösen Geister, die in den halbdunklen Höhlen wohnen könnten, vertreiben.

Skulptur des Gottes Shiva als kosmischer Tänzer. Solche und andere Darstellungen von Göttern, Dämonen und Fabelwesen können an den Fassaden der Tempel von Ellora bewundert werden.

WELTERBE: HÖHLENTEMPEL ELLORA

Dabei haben die meisten Besucher von Ellora gar keine Ahnung von der blutrünstigen Geschichte aus der Neuzeit. Indische Chronisten verschweigen gerne diese Episode aus der ersten Hälfte des 19. Jahrhunderts. Stattdessen bemühen sie sich darum, das friedliche Miteinander von Buddhisten, Hindus und Jaina hervorzuheben.

Monumentaler Kailasa-Tempel In höchsten Tönen wird Ellora von vielen als das größte Felsheiligtum Indiens gepriesen. Es ist eine Wertschätzung, die sich die Höhlen vor allem wegen des Kailasa-Tempels verdient haben. Der Bau dieser Nachbildung des Götterberges Kailash im Himalaya, auf dem laut der Überlieferung der Gott Shiva thront, dauerte mehrere Jahrzehnte. 150 000 Tonnen Abraum – ein Gewicht, das etwa 1000 Mittelklasseautos entspricht – wurden in mühsamer Kleinarbeit aus dem Vulkangestein gehauen und abtransportiert. Dieser Tempel ist im eigentlichen Sinne kein Bauwerk, sondern im Grunde eine Skulptur. Die Baumeister dieses Felsentempels ließen ihre Arbeiter so lange Gestein abtragen, bis ein 60 mal 90 Meter großes und 30 Meter tiefes Viereck mit einem 30 mal 60 Meter umfassenden Felsblock in der Mitte übrig blieb. Aus diesem wurde anschließend der Tempel einschließlich aller Ornamente gemeißelt. Säulen, Schreine, Figuren entstanden alle aus diesem einen soliden Felsblock – ein massives Bauwerk, das sich äußerlich nicht von anderen südindischen Tempelanlagen unterscheidet. Drei Stockwerke ist der Tempel an der Rückwand hoch; bis zu 15 Meter hohe Pfeiler säumen die Seitengänge – ein einmaliger Höhepunkt der Felsbaukunst in Südasien, angesichts dessen die anderen Höhlen von Ellora in ihrer Ausstrahlungskraft fast zu verblassen drohen.

Leere als architektonisches Konzept Doch den Erbauern ging es nicht nur darum, ein einzigartiges Meisterwerk zu schaffen. Der Tempel war ihrer Ansicht nach nur dann des weltbeherrschenden Gottes Shiva würdig, wenn der Fels, aus dem er errichtet wurde, seit Anbeginn der Welt dort seinen Platz hatte – so wie der Götterberg Kailash im Himalaya, ein 6000 Meter hoher Gipfel, zu dem Hindus bis heute Wallfahrten unternehmen. Der Mensch sollte nicht den Bau erschaffen, er sollte nur für den leeren Raum sorgen, der den Göttersitz umgibt. Ein faszinierendes Konzept: der Mensch als Erschaffer der Leere, des Nichts. Die Erbauer von Ellora waren nicht nur große Baumeister und Handwerker, sie besaßen auch philosophischen Weitblick.

Buddha in „europäischer" Sitzhaltung, Pralambapada genannt, ist eine monumentale Steinfigur in der Kulthalle im Visvakarma-Tempel, der in Ellora die Nummer 10 hat (links).

Der Kailasa-Tempel wurde vollständig aus dem harten Basaltgestein herausgehauen (unten).

Gewaltige Höhenunterschiede kennzeichnen das kleine Land zwischen den übermächtigen Nachbarn China und Indien. Sie reichen von der gerade 70 Meter hoch gelegenen Tarai-Ebene bis hinauf zu den Achttausendern des Himalaya. Die Hauptstadt Kathmandu ist Ziel von Bergsteigern aus aller Welt. Viele von ihnen wollen den höchsten Berg der Erde, den Mount Everest (8850 m), oder einen der vielen anderen Gipfel besteigen. Nepal ist durch eine große ethnische und kulturelle Vielfalt gekennzeichnet – auch wenn sich die Mehrheit der Bevölkerung zum Hinduismus bekennt, der bis 2006 Staatsreligion war. In jenem Jahr endete in Nepal die Monarchie – nach einem langen Bürgerkrieg.

NEPAL

DAS LAND

Offizieller Name: *Demokratische Bundesrepublik Nepal*

Internationales Kfz-Kennzeichen: *NP*

Geografische Lage: *Südasien; zwischen 26° 20' und 30° 10' nördlicher Breite sowie 80° 15' und 88° 10' östlicher Länge*

Fläche: *147 181 km²*

Hauptstadt: *Kathmandu*

Klima: *Warmes wintertrockenes Klima; im Hochgebirge Eisklima; Kathmandu 18,7 °C / 1426 mm*

Zeitzone: *Mitteleuropäische Zeit +4,75 Std.*

Als mächtige Bastion ragt das über 8000 Meter hohe Annapurna-Massiv über dem breiten Pokharatal empor, das in 800 bis 1000 Meter Höhe liegt und dicht besiedelt ist.

Schmales Land unter dem Dach der Welt

Nepal gehört zu den gebirgigsten Ländern der Erde. Seine weltweite Bekanntheit verdankt es der majestätischen Bergwelt des Himalaya und dessen höchstem Berg, dem Mount Everest. Da auch noch die Mehrzahl der übrigen Achttausender an oder in den Grenzen Nepals liegen, zieht das Land die besten Bergsteiger der Erde an. Aber auch die Schönheit der übrigen Landschaften, das farbenfrohe Leben der buntgemischten Bevölkerung sowie der Reiz ihrer religiösen Bräuche locken eine steigende Zahl von Touristen nach Nepal.

GEOGRAFIE UND NATUR

Nepal ist ein kleines und vor allem schmales Land: es ist 800 Kilometer lang und zwischen 100 und 260 Kilometer breit. Über 65 Prozent seiner Fläche liegen über 1000 Meter über dem Meeresspiegel, 28 Prozent sogar über 3000 Meter. Nepals Landesnatur lässt sich als eine stockwerkartige, parallele Abfolge von naturräumlich und klimatisch ganz unterschiedlichen Landschaftsräumen beschreiben.

Imposante Gipfelketten Im Norden liegt der sogenannte Hoch-Himalaya mit seinen über 8000 Meter hohen, vom ewigen Eis und Schnee bedeckten Gipfeln. Auf nepalesischem Staatsgebiet liegen neun der höchsten Gipfel der Erde, darunter auch der Mount Everest (8850 m) an der Grenze zu Tibet.

Südlich des hohen Gebirgsmassivs schließt sich der Vordere Himalaya an, das eigentliche Kernland Nepals. Gebirgsflüsse haben tiefe Täler in die bis auf 4000 Meter ansteigenden Bergketten gegraben. Die Täler sind seit Generationen der bevorzugte Siedlungs- und Wirtschaftsraum der Nepalesen. Im Mittelpunkt der Region liegt das weite und fruchtbare Kathmandutal mit alten Kulturzentren wie Patan und Bhaktapur. Die Mahabharatkette (bis 3500 m) markiert das südliche

GEOGRAFIE, BEVÖLKERUNG

Ende des Vorderen Himalaya, die Berge erheben sich wie eine Wand über die südlich anschließenden Gipfel der schluchtenreichen Siwalik- oder Churiakette (bis 2000 m). Diese sind ein bewaldetes, malariaverseuchtes und kaum zugängliches Vorgebirge. Einziger Siedlungsraum sind die bis zu 30 Kilometer breiten Täler der Gebirgsflüsse, in denen von den Bewohnern Reis angebaut wird.

Kornkammer Tarai Sanft dacht die Siwalikkette zum Tarai ab, eine fruchtbare, 100 bis 300 Meter hohe Schwemmlandebene, die sich als 80 bis 100 Kilometer breiter Gürtel entlang der Grenze zu Indien erstreckt und den nördlichen Rand der Gangesebene darstellt. Das Wort *tarai* stammt aus dem Persischen und bedeutet „Dampf", eine Anspielung auf das heiße und feuchte tropisch-subtropische Klima dieser Region. Drei große Flüsse haben die Ebene geschaffen: der Kosi, der Narayani und der Karnali. Der einst malariaverseuchte Dschungel ist heute die Kornkammer des Landes, in der rund ein Drittel aller Nepalesen leben und über ein Fünftel der landwirtschaftlichen Anbauprodukte erzeugen. Wo die subtropischen Monsunwälder noch nicht abgeholzt wurden, sind sie zu Rückzugsgebieten für den gefährdeten Tiger und die seltenen Indischen Panzernashörner geworden, die in Nationalparks, wie dem Chitwan-Nationalpark an der Grenze zu Indien, geschützt werden.

Mehrere Klimazonen auf engstem Raum Die verschiedenen Landschaftszonen, angefangen vom Tiefland im Süden bis hin zum Hochgebirge im Norden, und die damit verbundenen Höhenunterschiede bringen in Nepal unterschiedliche Klimazonen auf engstem Raum hervor. Im Hoch-Himalaya herrscht das ganze Jahr über ein kaltes, winterliches Klima, wobei die Schneegrenze im Sommer bei über 5000 Meter liegt. Im Gegensatz dazu herrschen im Tarai und in den Tälern des Siwalik-Berglands tropische bzw. subtropische Klimaverhältnisse. Generell steht das Land unter dem Einfluss des Monsuns. Der Sommermonsun aus südöstlicher Richtung bringt dabei die Hauptniederschläge des Jahres in den Monaten Mai bis September. Der Wintermonsun aus nordwestlicher Richtung bringt dagegen trockenkalte Festlandsluft.

BEVÖLKERUNG

So wie seine Landschaft ist auch die Bevölkerung Nepals von einer bemerkenswerten Vielfalt. Immerhin leben dort über 75 verschiedene ethnische Gruppen mit gänzlich unterschiedlichen Sprachen, Religionen und Kulturen. Diese Aufsplitterung verwundert nicht, wenn man bedenkt, dass die schwer zugänglichen Gebirgsregionen über die Jahrhunderte Menschen aus dem Norden und dem Süden als Rückzugsgebiete dienten. In der Hauptstadt Kathmandu zeigt sich die Sprachen- und Völkervielfalt in eindrucksvoller Weise.

Die nur mühsam zu erreichenden Hochtäler und eine unzulängliche verkehrstechnische Infrastruktur erschweren bis heute die Alphabetisierung der Bevölkerung und den Aufbau eines funktionierenden Gesundheitswesens.

Ein Mosaik von Volksgruppen Die Bevölkerung Nepals besteht im Wesentlichen aus zwei Hauptgruppen. Die größere Gruppe ist indoarischen Ursprungs; zu ihnen zählen die Nepalesen, die Maithili, die Bhojpuri und die Tharu. Die Nepalesen, sie stellen die größte Gruppe, sind Nachfahren der aus Nordindien im 12. Jahrhundert vor den muslimischen Eroberern geflohenen Brahmanen. Sie brachten auch den Hinduismus, die heute vorherrschende Religion im Land, und das Kastenwesen nach Nepal.

Die zweite und kleinere Gruppe ist tibeto-birmanischen Ursprungs. Zu ihnen werden die Tamang, Newari, Magar sowie die Gurung und Limbu gerechnet. Man kennt sie eher unter dem Namen Gurkha. Auch die weltweit als Bergträger bekannten Sherpas gehören zu dieser Volksgruppe, die aus Tibet eingewandert ist. Die meisten der tibeto-birmanischen Stämme bezeichnen sich als Buddhisten oder Lamaisten.

Entsprechend den natürlichen Voraussetzungen verteilt sich die Bevölkerung sehr ungleichmäßig. Am dichtesten sind das Kathmandutal, einige Gebiete westlich davon und Teile der Tarai-Region besiedelt, wo allein fast 50 Prozent der Bevölkerung leben.

Die höchstgelegenen Dörfer ab 2500 Meter und die Sommerweidegebiete im Hochgebirge werden vor allem von den Völkern tibetischer Herkunft besiedelt beziehungsweise genutzt.

BEVÖLKERUNG

Einwohnerzahl: *29,0 Millionen*

Bevölkerungsdichte: *197 Ew./km²*

Bevölkerungsverteilung: *17 % Stadt, 83 % Land*

Jährliches Bevölkerungswachstum: *2,0 %*

Lebenserwartung: *Frauen 61 Jahre, Männer 61 Jahre*

Religionen: *Hindus (Staatsreligion), Buddhisten, Muslime*

Sprachen: *Nepalesisch (Amtssprache); Maithili, Bhojpuri, tibeto-birmanische Sprachen*

Analphabetenrate: *51 %*

Eine Nepalesin transportiert Brennholz in einem geflochtenen Gestell. Eine große Zahl von Haushalten in den ländlichen Regionen nutzt Holz zum Kochen und zum Heizen.

NEPAL

Kurzbeschreibung: *Der Geburtsort des historischen Buddha: Prinz Siddhartha Gautama aus dem Fürstengeschlecht der Shakyas; archäologische Funde aus dem 3. bis 15. Jahrhundert: Stupas, Grundmauern von Klöstern und eines Tempels*

Lage: *Lumbini, 100 Kilometer südwestlich von Kathmandu*

Ernennung: *1997*

Bedeutung: *Der Geburtsort Buddhas als eine zentrale Pilgerstätte des Buddhismus*

Zur Geschichte:

um 560 v. Chr. *Geburt von Siddhartha Gautama*

533 v. Chr. *Siddhartha Gautama verlässt den Hof des Vaters und wird Mönch*

527 v. Chr. *Siddhartha Gautama gewinnt die Erkenntnis. Er nennt sich von nun an Buddha, der Erleuchtete*

um 480 v. Chr. *Tod von Siddhartha Gautama Buddha und Eingang ins sogenannte Parinirwana, das „vollkommene Verlöschen"*

245 v. Chr. *Am Geburtsort Buddhas auf Befehl Kaiser Ashokas Errichtung einer Steinsäule*

7. Jh. *Beschreibung von Lumbini durch den chinesischen Pilger Xuanzang*

1895/96 *Wiederentdeckung*

1933–1939 *Ausgrabungen unter General Khadga Shamsher J. B. Rana*

1970/71 und 1977/78 *Grabungen japanischer Archäologen*

Inschrift in altindischer Brahmischrift aus dem 3. Jahrhundert v. Chr. an der berühmten Ashoka-Säule in Lumbini.

Die Wiege des Erleuchteten

Girlandenartig schmücken Gebetsfahnen diesen Bodhi-Baum an der Geburtsstätte des Buddha.

Keine lärmenden Pilgerscharen, keine mit Kitsch gefüllten Devotionalienstände, kein Glockengeläut, keine dröhnenden Busmotoren auf überfüllten Parkplätzen – statt dessen Vogelgezwitscher, das Rauschen des Windes in uralten Bodhi-Bäumen und hin und wieder das leuchtende, orangefarbene Gewand eines Mönchs als farbiger Tupfer in üppig-grüner Landschaft, die ihr Gesicht seit Jahrhunderten kaum verändert hat. Das ist Lumbini – gewiss kein Ziel, das mit monumentaler Baukunst eine der großen Weltreligionen feiert.

Legendäre Stätte der Geburt Einige Bäume, die spärlichen Reste eines Tempels, ein paar Grundmauern – mehr darf der Besucher nicht erwarten. Dennoch – oder gerade deshalb – vermag der heilige Hain mit seiner Ruhe und Friedfertigkeit den Besucher in ganz besonderer Weise zu verzaubern. Dort erblickte Siddhartha Gautama, einer der großen Religionsstifter der Menschheit, um 560 v. Chr. das Licht der Welt, geboren von Maya Devi, der Frau des Gouverneurs der Shakya-Republik des Königreichs Kapilavastu. Zur Stunde der Geburt, so die Legende, weilte Maya im Hain von Lumbini. Als sie die Arme nach einem Salbaum ausstreckte, trat der kleine Siddhartha Gautama aus ihrer rechten Seite. Nach seiner Geburt tat er sieben Schritte in die vier Himmelsrichtungen, und dort, wo er die Erde berührte, erblühte eine Lotosblume. Bereits sieben Tage nach der Geburt verstarb seine Mutter.

Der Weg zur Erleuchtung Siddhartha Gautama wuchs in Wohlstand auf, sechzehnjährig heiratete er eine Cousine, mit der er einen Sohn hatte.

Die Begegnungen mit einem Greis, einem Kranken, einem Leichnam und einem Asketen führten ihm die Vergänglichkeit und das Leiden des irdischen Daseins vor Augen und ließen ihn die Sinnlosigkeit seines bisherigen Lebens spüren. Mit 29 Jahren verließ er über Nacht seine Familie, um in der Fremde sein Leben zu verändern. Sechs Jahre übte er als Schüler verschiedener Meister harte körperliche Askese. Er versagte sich allen sinnlichen Genüssen, aß und schlief fast nicht mehr und befasste sich mit geistigen Dingen. Als er erkannte, dass Askese nicht der richtige Weg zur Überwindung des Leidens ist, wandte er sich der inneren Meditation zu. Mit ihr gelang ihm die Erkenntnis, dass das Leiden aus den Grundübeln Begierde nach sinnlichen Vergnügen, Hass und Unwissenheit entsteht und wie es zu überwinden sei. Wer die Begierde bezwingt, kann die Leiden besiegen. Seine Erleuchtung (Bodhi) wurde ihm in Bodh Gaya unter einem Feigenbaum zuteil. Von nun war er *buddha,* „der Erwachte, der Wissende" und begann in Nordindien die Lehre von der Überwindung des Leidens zu verbreiten: „Aufgehoben ist die Wiedergeburt, vollendet der heilige Wandel, getan ist, was zu tun war, nach diesem Leben gibt es kein anderes." Mit seinem „vollkommenen Verlöschen" trat er am Ende des fünften vorchristlichen Jahrhunderts aus dem ewigen Kreislauf der Wiedergeburten in das erlösende Nichts ein.

Zu Zeiten, als sich der Buddhismus in Indien und den angrenzenden Ländern verbreitete, insbesondere im dritten vorchristlichen Jahrhundert unter Kaiser Ashoka, dem eifrigsten Missionar des neuen Glaubens, war Lumbini als Pilgerziel in der Welt des Buddhismus fest verwurzelt.

WELTERBE: LUMBINI (GEBURTSORT BUDDHAS)

Ashoka ließ zur Erinnerung an seinen Besuch eine Steinsäule errichten. Durch den Niedergang der Religion in ihrer angestammten Heimat und die Eroberung Indiens durch den Islam geriet der heilige Hain jedoch allmählich in Vergessenheit.

Modernes Pilgerziel Im 19. Jahrhundert begannen die in Indien herrschenden Briten mit der Suche nach der historischen Stätte. Doch erst am Ende jenes Jahrhunderts stießen General Khadga Shamsher Rana und der für den Survey of India arbeitende Archäologe Dr. Alois Anton Führer (1853–1930) bei einem Jagdausflug durch Zufall auf das Kapitell der vom Schutt bedeckten 6,50 Meter hohen Ashoka-Säule, deren Inschrift in der altindischen Brahmischrift das Ende aller Spekulationen bedeutete: „Ich habe veranlasst, dass eine Säule errichtet wird, in dem Gedanken: Hier ist Buddha Shakyamuni geboren worden." Eines weiteren Beweises bedurfte es nicht mehr – Lumbini war wiederentdeckt worden.

Einige Jahre später ergab die genaue Untersuchung eines stark verwitterten, noch immer verehrten Reliefs, dass es sich um die Darstellung der Geburt Buddhas handelte. Auch die letzten Zweifel waren nun ausgeräumt. Bald setzten erste, wenig sachgemäße Restaurierungsarbeiten ein, darunter am Wasserbecken, in dem Maya nach der Geburt Buddhas gebadet haben soll. Auf den Ruinen des angrenzenden Maya-Tempels wurde ein Schrein errichtet, der die dort gefundenen Reliefs aufnahm.

Vor allem Japan, wo der Buddhismus nach wie vor eine zentrale Rolle spielt, hat sich dem Geburtsort Buddhas mit besonderer Hingabe angenommen. Nach den Vorstellungen des 2005 verstorbenen berühmten japanischen Architekten Kenzo Tange (1913–2005) entsteht dort ein modernes Pilger- und Touristendorf, gestaltet als weitläufiger Landschaftspark mit einem Kulturzentrum und Museen, die sich dem Lebensweg Buddhas und der buddhistischen Lehre widmen. Buddhistische Klöster aus vielen Ländern auf dem Gelände bezeugen, dass es sich bei Lumbini um eine zentrale religiöse Stätte handelt.

Dieses Relief aus dem 7. Jahrhundert stellt die Geburt des Siddhartha Gautama dar: Der Legende nach suchte Maya Devi Halt an den Zweigen eines Sal-Baumes, der sich schützend über die Gebärende beugte. Die Geburt soll schmerzfrei gewesen sein: Buddha trat aus der rechten Hüfte Mayas (rechts).

Fromme Pilger entzünden vor dem Maya-Devi-Tempel und der Steinsäule des Ashoka Kerzen und Opferfeuer (unten).

NEPAL

GESCHICHTE

ca. 700 v. Chr. *Dynastie der Kirata mit vermutlich tibeto-birmanischer Sprache*

um 400 *Herrschaft der indischen Licchavi-Dynastie*

um 1200 *Herrschaft der indischen Mala-Dynastie*

1482 *Aufteilung des Mala-Reichs in die Königreiche Kathmandu, Patan und Bhatgaon*

ab 1768 *Prithoi Narayan Schah unterwirft in mehrjährigen Kriegen die Fürstentümer im Kathmandutal*

1816 *Vertrag von Segauli zwischen der Britischen Ostindien-Kompanie und Nepal; Nepal wird britisches Schutzgebiet*

1846 *Jung Bahadur aus der Rana-Dynastie erlangt die Macht und führt das Amt des erblichen Premierministers ein*

1923 *Großbritannien erkennt Unabhängigkeit von Nepal an*

1950 *Gründung der Kongresspartei (NC)*

1951 *Entmachtung der Rana, Wiederherstellung der Monarchie; Öffnung des Landes für ausländische Besucher*

1960 *Verfassung wird außer Kraft gesetzt, Verbot der politischen Parteien*

1962 *Einführung des autoritären Panchayat-Systems, das dem König die alleinige Macht sichert*

1980 *Volksabstimmung nach blutigen Unruhen: eine knappe Mehrheit stimmt für Beibehaltung des Panchayat-Systems*

1990 *Nach Massendemonstrationen stimmt der König einer neuen Verfassung zu, die seine politischen Rechte beschneidet; Nepal wird parlamentarische Monarchie mit Mehrparteiensystem*

1991 *Bei den ersten freien Parlamentswahlen gewinnt die liberale Kongresspartei*

2001 *König Birendra und ein Großteil der königlichen Familie werden ermordet; Gyanendra, der einzige überlebende Bruder, besteigt den Thron*

2006 *Wiedereinsetzung des Parlaments, das 2002 vom König aufgelöst worden war; Ende des Bürgerkriegs*

2007 *Durch Parlamentsbeschluss wird König Gyanendra abgesetzt und die Königswürde abgeschafft*

2008 *Die Verfassunggebende Versammlung Nepals beendet mit der Ausrufung der Demokratischen Bundesrepublik Nepal am 28. Mai die Monarchie*

POLITIK

Staatsform: *Parlamentarische Republik*

Staatsoberhaupt: *Präsident*

Legislative: *Verfassunggebende Versammlung mit 601 Mitgliedern*

Verwaltungsgliederung: *5 Entwicklungsregionen, unterteilt in 14 Verwaltungszonen*

Eine lange Tradition von Konflikten

Die wechselvolle Geschichte Nepals ist nicht nur die Geschichte des Staates selbst, sondern zugleich auch die einer ganzen Region, die einen Einblick in die Vielfalt asiatischer Völker bietet. Bereits im 1. Jahrtausend v. Chr. lag der Südrand des Himalaya im Einflussgebiet bedeutender politischer wie kultureller Zentren Indiens. Die gebirgige Natur mit abgelegenen Tälern, umrahmt von gewaltigen Bergmassiven, förderte die politische Zersplitterung der Region in zahlreiche Fürstentümer, die sich fast ständig befehdeten. Auch heute stellt die innenpolitische Situation das Land und seine Menschen auf eine harte Probe.

GESCHICHTE UND POLITIK

Die bislang ältesten schriftlichen Zeugnisse über das Leben in Nepal stammen aus der spätvedischen Epoche (6. Jh. v. Chr.). Zu dieser Zeit war die Region am Nordrand der Gangesebene in verschiedene Adelsrepubliken aufgeteilt, die der Oberhoheit der indischen Herrscher von Kosala einerseits und von Magadha andererseits unterstanden.

Ab dem 4. Jahrhundert v. Chr. wurde das Land von verschiedenen indischen Dynastien beherrscht. Die Dynastie der Licchavi aus Bihar gründete um 400 n. Chr. einen über die Grenzen des Kathmandutals hinausgehenden Staat. Unter der Herrschaft der Thakur seit 750 n. Chr. folgten Zeiten ständiger Unruhen und des Verfalls. Zwischen 1200 und 1768 folgte dann mit der indischen Dynastie der Mala eine lange Periode des Friedens und des Wohlstands.

Gründung des Königreichs Nepal Die Geschichte Nepals als Staat reicht erst gut 240 Jahre zurück. Sie beginnt 1768 mit der Unterwerfung der seit 1482 bestehenden und untereinander rivalisierenden Königsstädte Kathmandu, Patan und Bhaktapur (heute Bhatgaon) im Kathmandutal durch den Gurkha-Fürsten Prithvi Narayan Schah (1723–1775) und der Gründung des hinduistischen Königreichs Nepal. Innerhalb weniger Jahre dehnten der Fürst und seine Nachfolger das Reich nach Kaschmir, Sikkim und Darjeeling sowie Richtung Süden zur Gangesebene aus. Die in Indien herrschenden Briten betrachteten die politische Entwicklung mit Argwohn. In einem

Unter großer Beteiligung der Bevölkerung werden am 2. Juni 2001 die Leichname von König Birendra und seiner Frau Aishwarya zur Einäscherung ans Ufer des Bagmatiflusses getragen.

GESCHICHTE UND POLITIK

Die Gurkhas – mutige Fremdenlegionäre

Ein Trupp Gurkha-Infanteristen, bewaffnet mit Gewehr und dem Kampfmesser Kukri, legt unter einem Bodhi-Baum eine Rast ein; Foto aus dem Jahr 1876

Seit ihrem Krieg gegen die Britischen Ostindien-Kompanie 1814 bis 1816 hatten sich die nepalesischen Gurkhas bei den britischen Offizieren als tapfere, unerschrockene Kämpfer einen legendären Ruf erworben. Noch während der Kämpfe boten sich viele Gurkhas der britischen Armee als Söldner an. So wurde bereits 1815 das erste Gurkha-Regiment, das Sirmoor-Bataillon, gegründet.

Viele Gurkhas haben in ihrem Leben lieber die Alternative gewählt, in der indischen oder britischen Armee Soldat zu sein, als das karge Leben eines Bauern in der Heimat zu führen. Nach ihrem Dienst in der Armee bestand für sie die Aussicht, mit Ersparnissen, Abfindungen, einer Rente und hohem Ansehen in ihr Dorf zurückzukehren und dort einen geachteten gesellschaftlichen Rang einzunehmen.

Kämpfer mit Herz Seit 200 Jahren ziehen nunmehr Soldaten aus dem nepalesischen Gurkha-Volk für das Vereinigte Königreich in den Krieg. Mit ihren Kampfmessern, den Kukris, sind sie von den Gegnern immer als Nahkämpfer gefürchtet gewesen. In all den Jahren hat ihre Loyalität gegenüber den britischen Offizieren nie geschwankt, und sie sind ihrem Ruf in zahlreichen Kämpfen ruhmreich gerecht geworden: von der indischen Meuterei 1857, dem Sepoy-Aufstand, bis zum Falklandkrieg 1982, von der klirrenden Kälte in den Schützengräben der Westfront im Ersten Weltkrieg bis hin zu den vor Hitze dampfenden Dschungeln Malaysias und Birmas im Zweiten Weltkrieg.

Nach der Unabhängigkeit Indiens wurden die Gurkha-Regimente zwischen Großbritannien und Indien aufgeteilt. Nach wie vor bewerben sich zahlreiche Gurkhas für den militärischen Dienst, auch wenn die Aufgabe weniger im Gefecht liegt, als vielmehr in Patrouillen und Paraden. Es sind jedes Jahr immer weitaus mehr Freiwillige als nach eingehender medizinischer Untersuchung und körperlichen und psychischen Tauglichkeitstests aufgenommen werden können. Derzeit dienen bis zu 40 000 Gurkha in der indischen und etwa 3500 in der britischen Armee, mit denen sie hauptsächlich an UN-Missionen teilnehmen.

Krieg (1814–1816) drängten sie die Gurkhas zurück. Im Vertrag von Segauli, 1816 von der Britischen Ostindien-Kompanie und Nepal unterzeichnet, wurden die Grenzen von Nepal festgelegt, die bis heute weitgehend so geblieben sind.

Innenpolitische Machtkämpfe Im Jahr 1846 kam es zur Ermordung vieler Mitglieder der Königsfamilie. Das Adelsgeschlecht der Rana entmachtete den König und führte für sich das Amt des erblichen Premierministers ein. Die Aufgaben des Königs wurden auf repräsentative Pflichten degradiert.

Nach 1945 spitzte sich der innenpolitische Machtkampf zu. Wegen seiner drohenden Absetzung floh König Tribhuvan Bir Bikram Schah (1906–1955) im Jahr 1951 nach Indien, das den Sturz des autoritären Regimes unterstützte. Im gleichen Jahr konnte die Gewaltherrschaft des Adels beendet und die Macht des Königs wiederhergestellt werden. Seitdem wurde das Land bis 2008 als eine parlamentarische Monarchie geführt.

Nachdem in Nepal 1959 erstmals ein Parlament gewählt wurde, hob König Mahendra Bir Bikram Schah (1920–1972) nur ein Jahr später das parlamentarische System auf. Erst 1990 stimmte König Birendra Bir Bikram Schah (1945 bis 2001) einer Rückkehr zur konstitutionellen Monarchie und einem Mehrparteiensystem zu. Das Attentat auf ihn am 1. Juni 2001, bei dem fast die gesamte Königsfamilie den Tod fand, ist bis heute ungeklärt. In einem offiziellen Bericht wurde der Kronprinz Dipendra als Alleintäter genannt. Nachfolger wurde des Königs Bruder Gyanendra (*1947), der aber nicht wie sein Vorgänger die Unterstützung des Volkes genoss.

Sieg der Maoisten nach langem Bürgerkrieg Seit 1995 stand die Regierung in Konflikt mit der maoistischen Guerillabewegung Jana Yudha („Volkskrieg"), die die Umwandlung Nepals in eine kommunistische Volksrepublik anstrebte. Im Februar 1996 begannen die Maoisten den bewaffneten Kampf gegen das etablierte Regime. Nachdem Generalstreiks und tägliche Demonstrationen das Land lähmten, gab König Gyanendra im April 2006 dem Willen des Volkes nach und setzte wieder das Parlament ein. Premierminister Girija Prasad Koirala konnte sich mit den Maoisten einigen, so dass der Bürgerkrieg für beendet erklärt werden konnte.

Anfang Januar 2007 wurde ein Übergangsparlament eingesetzt mit Beteiligung der Maoisten. Nachdem sich Ende Dezember 2007 eine Mehrheit der Abgeordneten für eine föderale demokratische Republik als Staatsform ausgesprochen hatte, war der Weg zur Abschaffung der Monarchie frei. Die Demokratische Bundesrepublik Nepal wurde dann nach den Wahlen zur Verfassunggebenden Versammlung, die mehrheitlich von den Maoisten besetzt war, am 28. Mai 2008 ausgerufen. Sie wählte auch den ersten Staatspräsidenten in der Geschichte des Landes, wobei sich kein Kandidat der Maoisten durchsetzen konnte, sondern Ram Baran Yadav (*1948) von der Kongresspartei. Die Regierungsverantwortung wurde aber von der Verfassunggebenden Versammlung in die Hände der Maoisten sowie der marxistisch-leninistischen Partei gelegt, die auch die wichtigsten politischen Ressorts besetzten.

Neue Konflikte brachen aus, nachdem sich der nepalesische Armeechef weigerte, ehemalige Guerillakämpfer in die reguläre Armee aufzunehmen, wie es der Friedensvertrag vorsah. Im Streit um die geplante Landreform entschied der Oberste Gerichtshof des Landes gegen die Maoisten und verlangte die Rückgabe von besetztem bzw. enteignetem Eigentum während des Bürgerkriegs. In der Tarai-Region sorgt eine separatistische Bewegung der Madhesi für Unruhe. Eine innenpolitische Stabilisierung liegt noch in weiter Ferne.

Eine militärische Einheit maoistischer Widerstandskämpfer durchstreift die Wälder nahe Jajarkot im Westen Nepals. 2008 wurden die Maoisten zu den Parlamentswahlen zugelassen.

NEPAL

WIRTSCHAFT

Währung: *1 Nepalesische Rupie (NR) = 100 Paisa*

Bruttoinlandsprodukt: *12,7 Mrd. US-$*

Bruttonationaleinkommen/Einw.: *350 US-$*

Außenhandel: *Import 3,1 Mrd. US-$, Export 966 Mio. US-$*

Auslandsverschuldung: *4,5 Mrd. US-$*

SEHENSWERT

Nationalparks:
Khaptad, Langtang, Makalu-Barun, Rara, Royal Bardia, Chitwan, Sagarmatha, Shey Phoksundo

Naturschönheiten:
Bergregionen von Jaljale Himal und Khumbu Himal, Devi-Wasserfälle, Heilige Seen von Gosaikund, Kathmandu-Tal, Phewasee

Städte:
Bhatgaon (Bhaktapur): *Bhairavnath-Tempel, Bhaktapur-Museum, Dattatraya-Tempel, Goldenes Tor, Königspalast, Löwentor, Nyatapola-Pagode, Pashupatinath-Pagode, Taleju-Bhavani-Tempel, Vatsala-Tempel*
Kathmandu: *Alter Königspalast (Hanuman Dhoka), Bhimsen-Turm, Bodhnath-Stupa, Kumari Bahal, Nepalmuseum, Neuer Königspalast, Shvetakali-Naradevi-Pagode, Svayambhunath-Stupa, Tempel Akash Bhairav, Annapurna, Guhyeshwori, Machhendranath, Mahadera, Mahakala, Parvati und Taleju, Tempelstadt Töpferviertel, Wasserpark Balaju, Zoologischer Garten; nahebei Buddhanilkantha, Lumbini, Panaoti, Pashupatinath mit Shiva-Tempelanlage*
Kirtipur: *historisches Ortsbild, Pagodentempel, alter Palast der Fürsten von Kirtipur*
Lalitpur (Patan): *Klöster Hiranya Varna Mahavihar, Kwa Bahal und Rudra Varna Mahavihar, Königspalast, Minanatha-Pagode, Statuen des Göttervogels Garuda und des Königs Yoga Narendra Malas, Tempel Jagannarayan, Krishna, Kumbeshawar, Mahaboudha und Maschhendranath, Zoologischer Garten*
Lo Manthang: *festungsartige Altstadt, buddhistische Tempelanlagen, Königspalast*
Pokhara: *malerische Altstadt mit Handelshäusern (Purano-Basar), Weltfriedens-Stupa; nahebei Muktinath*

Bescheidenes Auskommen durch Landwirtschaft und Tourismus

Gemessen am Pro-Kopf-Einkommen zählt Nepal im internationalen Vergleich zu den ärmsten Staaten der Welt. Die Gründe sind vielfältig: Das Land ist arm an natürlichen Ressourcen, es liegt geografisch isoliert, die Siedlungsräume sind nur schwer zu erreichen, das Bevölkerungswachstum ist hoch und die Politik sorgt bislang nicht für stabile Verhältnisse. Über eine Million Nepalesen arbeiten im Ausland, vor allem im Nahen Osten sowie in Indien und Malaysia.

WIRTSCHAFT, VERKEHR UND KOMMUNIKATION

Nepal ist vom Agrarsektor bestimmt. Mindestens drei Viertel aller Erwerbstätigen sind in der Landwirtschaft beschäftigt, die in erster Linie zur Selbstversorgung betrieben wird. Sie trägt aber nur ein Drittel zur Wirtschaftsleistung des Landes bei. Angebaut werden Reis, Weizen, Gerste, Mais und Kartoffeln als Grundnahrungsmittel, dazu kommt Baumwolle als Grundlage für die Textilindustrie. Trotz Bewässerung und der Erschließung zusätzlicher Ackerflächen ist eine ausreichende Versorgung der Bevölkerung mit Nahrungsmitteln nicht gesichert. Eine wichtige Rolle spielt in den Gebirgsregionen die Viehwirtschaft. Außer Agrarprodukten exportiert Nepal Textilien, Teppiche und kunsthandwerkliche Waren. Wichtigster Handelspartner ist das Nachbarland Indien.

Umweltschäden durch Tourismus Ein bedeutender Wirtschaftsfaktor und Arbeitgeber ist der Fremdenverkehr, der sich vor allem auf den Trekkingtourismus konzentriert. Allerdings bedrohen Alpinismus und der zunehmende Bau von Hotelanlagen die empfindliche Ökologie des Hochgebirges, dessen Böden ohnehin schon durch Erosion stark in Mitleidenschaft gezogen wurden; dafür verantwortlich sind die ungezügelte Abholzung des Bergwaldes und die Überweidung der Almen durch Ziegen und Rinder. Dem Raubbau begegnet die Regierung inzwischen mit Wiederaufforstungsprogrammen, die bislang aber die Verluste nicht ausgleichen konnten. Da bis heute die Möglichkeiten zur Energienutzung aus Wasserkraft noch ungenutzt bleiben, versorgt sich die Bevölkerung weiterhin mit Brennholz aus den Wäldern.

Maultierpfade statt Straßen Noch vor 50 Jahren gab es keine Straßen in Nepal, alle Güter wurden auf Lasttieren über Saumpfade transportiert. Heute sind mehr als die Hälfte der Straßen asphaltiert. Vor allem in den ländlichen und bergigen Regionen muss der Güterverkehr noch heute mit Trägern und Lasttieren über Maultierpfade abgewickelt werden. Vom internationalen Flughafen in Kathmandu sind einige Städte im Land auch mit dem Flugzeug erreichbar.

Mit Medien schlecht versorgt Die Medien erscheinen in den Sprachen Nepali, Hindi, und Englisch. Obwohl in der derzeit gültigen Verfassung die Meinungs-, Informations- und Pressefreiheit festgeschrieben ist, übt der Staat einen großen Einfluss aus. Das Radio ist für die Bergbewohner die wichtigste Informationsquelle. We-

Groß ist das Angebot an Krügen und Schalen im Töpferviertel von Bhatgaon. Der Lehm zur Herstellung der Tonwaren wird von den Töpfern von den abgeernteten Reisfeldern gewonnen.

WIRTSCHAFT, REISELAND

Der landschaftlich wundervoll gelegene Phewasee bei Pokhara hat sich zu einem Touristenmagnet entwickelt. Farbige Boote laden die Hotelgäste zu einem Ausflug ein.

gen der Gebirgsnatur ist der Empfang von Fernsehsendungen meist schwierig, und Zeitungen kommen in der Regel erst nach mehreren Tagen in den entlegenen Bergdörfern an. Es gibt im Land Hunderte von Zeitungen und Zeitschriften mit kleiner Auflage, bedeutendste Tageszeitung ist die unabhängige *Kantipur*. Im Rundfunk sind sowohl ein staatlicher als auch mehrere private Sender tätig.

NEPAL ALS REISELAND

Bei einer Reise nach Nepal denkt wohl jeder zunächst an den Mount Everest, den die Nepalesen Sagarmatha nennen. Durch seine Lage in atemberaubender Gipfelszenerie von Sieben- und Achttausendern wurde Nepal zu einem der beliebtesten Ziele des weltweiten Trekkingtourismus. In den Ausbau der touristischen Infrastruktur wird ständig investiert. In der Regel sind Kathmandu oder Pokhara die Ausgangsorte für Touren in das Hochgebirge. Der Staat erlaubt den Aufstieg zu über 320 Gipfeln. Zahlreiche offizielle Trekkingagenturen in Kathmandu organisieren solche Bergwanderungen einschließlich Führer, Träger, Verpflegung und Unterbringung.

Heilige Stätten in Königsstädten Das Kathmandutal mit seinen alten Königsstädten Kathmandu, Patan (heute: Lalitpur) und Bhaktapur (heute: Bhatgaon) fasziniert durch seine zahllosen Tempelanlagen und prunkvollen Paläste vor der Kulisse des Himalaya. Neben den Königsstädten lohnen die religiösen Zentren des Hinduismus und des Buddhismus einen Besuch.

Der Königspalast in Lalitpur aus dem 17. Jahrhundert ist ein Muss für jeden Besucher des Landes. Er wird von einem vierstöckigen Tempelturm beherrscht. Der Mahabuddha-Tempel ist fast 400 Jahre alt und wird als „Tempel der eine Million Buddhas" bezeichnet. Bhatgaon ist eine schöne, ruhige Stadt, in deren Seitenstraßen man noch stärker als in Kathmandu das Gefühl hat, dem 21. Jahrhundert entronnen zu sein. Der Königspalast, 1427 unter König Yaksha Mala erbaut, wird wegen der holzgeschnitzten Balkonfenster auch „Palast mit den 55 Fenstern" genannt. Auf dem „Platz der Töpfer" arbeiten täglich ganze Familien zusammen und formen und lackieren ihre Tonwaren unter freiem Himmel.

Der hinduistische Tempel Changu Narayan liegt sechs Kilometer nördlich von Bhatgaon und beherbergt eine der ältesten Pagoden Nepals. Der Tempel Pashupatinath unweit von Kathmandu ist einer der heiligsten Hindutempel der Welt. In einer zweistöckigen Pagode befindet sich ein heiliger Lingam. Rund drei Kilometer westlich von Kathmandu liegt auf einem bewaldeten Hügel einer der ältesten und bedeutendsten buddhistischen Tempel des Landes: Svayambhunath, eine heilige Stätte, die seit Jahrhunderten von Buddhisten und Hinduisten gleichermaßen verehrt wird.

Bezaubernde Natur Pokhara ist eines der wunderschönsten Täler Nepals. Mit seinen vergleichsweise wenigen Einwohnern ist der Ort von unvergleichlicher natürlicher Schönheit. Die Stille des Phewasees und der oft mit einem Fischschwanz verglichene Gipfel des Machhapuchhare im Hintergrund erzeugen eine fast schon magische Stimmung.

Einen ganz anderen Charakter hat der Chitwan-Nationalpark im feuchten, dem Himalaya vorgelagerten Bergland im Süden Nepals. In seinen Auwäldern und Grasländern leben mehr als 700 Tierarten. Für den Bengalischen Tiger und das Indische Panzernashorn ist der rund 900 Quadratkilometer große Park ein wichtiges Schutzgebiet, das seit 1984 zum Weltnaturerbe gehört.

Kathmandu – Treffpunkt für Alpinisten und Pilger

In der dichtbebauten Altstadt Kathmandus ist der Shiva geweihte Schrein Pashupati das religiöse Zentrum der Hindus. Der heutige Bau stammt weitgehend aus dem 17. Jahrhundert, dem jedoch erst 1888 das vergoldete Dach aufgesetzt wurde.

Fast alle Besucher Nepals kommen in Kathmandu an. Die Hauptstadt ist gleichzeitig auch wirtschaftliches und kulturelles Zentrum des Himalaya-Staates. Kathmandu spielt als Versorgungszentrum für Trekkingtouristen eine große Rolle. Es zieht auch hinduistische und buddhistische Pilger in großer Zahl an.

Betriebsames Zentrum Im historischen Stadtkern hat der Verkehr mittlerweile chaotische Ausmaße erreicht. Um in den häufig verstopften Straßen vorwärts zu kommen, sind Rikschas ein geeignetes Transportmittel. Im Straßenbild der lebhaften Metropole fallen die zahllosen Marktstände und Läden auf, in denen Verkäufer die gesamte Vielfalt des Kunsthandwerks aus dem Himalaya.

Im Mittelpunkt des Geschehens steht der Durbar-Platz mit dem beeindruckenden Königspalast. Tempel drängt sich dort an Tempel, einige von ihnen sind mehrstöckig und haben vergoldete Dächer. Der weiße, mit Gebetsfahnen behängte Stupa in Bodnath zählt zu den bedeutendsten Sakralbauwerken in Südasien und ist ein beliebtes Pilgerziel für Buddhisten. Nahebei, am heiligen Bagmati-Fluss, liegt die große Tempelstadt der Hindus: Pashupatinath.

NEPAL

Kurzbeschreibung: *1976 gegründeter Nationalpark mit einer Fläche von 1148 Quadratkilometer, erstreckt sich über ein Höhenprofil von 2845 bis 8850 Meter, dem Gipfel des Mount Everest, der nach Sir George Everest benannt ist, der von 1823 bis 1843 die trigonometrische Vermessung Indiens leitete; sieben Gipfel über 7000 Meter, der Ngozumpa-Gletscher ist mit 20 Kilometer der längste im Park; 61 Dörfer der Sherpas liegen innerhalb des Nationalparks*

Lage: *Im Nordosten Nepals, an der Grenze zur Autonomen Region Tibet (China)*

Ernennung: *1979*

Bedeutung: *Eine außergewöhnliche Hochgebirgslandschaft mit dem höchsten Gipfel der Erde, dem Mount Everest, und Lebensräumen für überaus seltene Tierarten*

Flora und Fauna: *69 Prozent der Fläche ist nackter, von Schnee und Eis bedeckter Fels über 5000 Meter Höhe, 28 Prozent Weidefläche, etwa 3 Prozent sind bewaldet; Vegetation besteht in der unteren subalpinen Zone (3000 bis 3600 m) überwiegend aus Tränenkiefer, Himalaya-Tanne, Himalaya-Hemlocktanne und einer Wacholderart (Juniperus recurva), in der oberen subalpinen Zone (3600–3800 m) und alpinen Zone (über 3800 m) aus Rhododendronarten; über 4500 Meter Grasland und Zwergsträucher, zwischen 5500 und 6000 Meter u. a. Rhododendron nivale, darüber Flechten und Moose; 28 Säugetierarten wie Schneeleopard (Irbis), der zu den Schlankaffen zählende Hulman, Katzenbär, Kragenbär, Gelbkehlmarder, Yak, Moschushirsch, die Schleichkatze Larvenroller, Muntjak, Pfeifhase, die mit den Gämsen verwandten Goral und Serau, der mit Schafen und Ziegen gleichermaßen verwandte Himalaya-Tahr; 152 Vogelarten wie Himalaya-Glanzfasan, Himalaya-Schneehuhn, Blutfasan, Streifengans, Alpenkrähe; 6 Amphibien- und 7 Reptilienarten*

Schutz für die höchsten Gipfel der Erde

Ein buddhistischer Mönch im fast 4000 Meter hoch gelegenen Kloster Tengboche bei einer meditativen Handlung.

Die Schlagzeilen der Medien im Mai des Jahres 1996 waren erschütternd: zwölf Tote am Mount Everest, erfroren im Todeskampf am höchsten Berg der Erde. Es waren schwarze Tage in der schon immer verlustreichen Geschichte der Besteigung des höchsten Achttausenders. Die Diskussion um Sinn und Unsinn von kommerziellen Expeditionen auf die höchsten Gipfel der Erde für zahlungskräftige Kunden schlug hohe Wellen. Sie hat aber bis heute nicht zu einem Umdenken geführt, sondern mittlerweile sorgen hotelähnliche Luxuslodges dafür, dass die Zahl der Bergtouristen noch weiter zunimmt.

Das Bergvolk der Sherpas Dabei war das Gebiet südlich des 8850 Meter hohen Mount Everest bis zur Mitte des 20. Jahrhunderts noch ein vergessener Winkel und nur in eingeweihten Bergsteigerkreisen bekannt, die davon träumten, einmal in dem gewaltigsten Bergmassiv der Erde einen Aufstieg zu wagen. Das kleine Bergvolk der Sherpas, dessen Vorfahren aus Osttibet über den Nangpapass eingewandert waren, fand dort vor etwa fünfhundert Jahren eine neue Heimat. Sie siedelten bis in eine Höhe von 3800 Meter und bestellten ihre Felder mit Mais, Gerste, Hirse, Buchweizen und Kartoffeln. Ihr Vieh verbrachte den kurzen Sommer auf noch höher gelegenen Weiden.

Die Sherpas nannten die neubesiedelte Region Khumbu und den riesigen Berg im Talschluss Chomolungma („Muttergöttin der Erde") und Sagarmatha („Himmelskönig"). Aus Tibet brachten sie den buddhistischen Glauben mit, dem sie in einigen bis heute existierenden Klöstern ebenfalls eine neue Bleibe schufen. Das schönste und bedeutendste dieser Klöster, Tengboche, brannte im Januar 1989 vollständig nieder. Es wurde aber mit ausländischer Finanzhilfe größer und prächtiger wiederaufgebaut.

Rückzugsgebiet für bedrohte Tiere Der buddhistische Glaube der Sherpas erwartet von seinen Anhängern, dass sie keine Lebewesen töten. Deshalb finden Tiere wie Katzen- und Kragenbären, Moschushirsche, Himalaya-Tahre, Blauschafe, Schneeleoparden oder Blut- und Glanzfasane noch einen nahezu intakten Lebensraum. Besonders die Wälder in der Umgebung der Klöster bieten den seltenen Hochgebirgstieren eine schützende Zuflucht.

Bis in die höchsten Schneeregionen soll sich auch der Lebensraum des Yeti, des wilden Schneemenschen, erstrecken. Außer großen Fußspuren im Schnee fehlt bislang jeglicher Nachweis für die Existenz eines solchen Wesens mit menschenaffenähnlichem Aussehen. Helmartig verformte Fellstücke, aufbewahrt in den Tempeln von Pangpoche oder Khumjung, erwiesen sich als von Menschen erschaffen. Für die Sherpas ist der Yeti indessen ein Dämonenwesen, das sich nur demjenigen zeigt, der an Dämonen glaubt.

WELTERBE: NATIONALPARK SAGARMATHA / MOUNT EVEREST

Erstbesteigung des Mount Everest Ursprünglich waren die Bewohner der grauen Steinhäuser nahe dem Mount Everest Bergbauern, Viehzüchter und Händler. Mit dem Beginn der Expeditionen zu den hohen Gipfeln entdeckte man dann ihre hervorragenden Fähigkeiten als Bergführer. Der berühmteste unter ihnen war Tenzing Norgay (1914–1986). Am 29. Mai 1953, pünktlich zur Krönung von Königin Elizabeth II. von England, erreichten er und der Neuseeländer Sir Edmund Hillary (1919–2008) als erste Menschen den Gipfel des Mount Everest. 25 Jahre später gelang es den Extrembergsteigern Reinhold Messner (*1944) und Peter Habeler (*1942) den Gipfel erstmals ohne zusätzlichen Sauerstoff zu besteigen. Mit dem Aufkommen des Trekkingtourismus sind die erfahrenen Sherpas als Bergführer, Lastenträger und Köche äußerst gefragt, um auch unerfahrene Bergsteigergruppen auf gefahrloseren Wegen in extreme Höhen zu führen.

Die Gründung des Nationalparks Da mit dem zu erwartenden Touristenansturm auf die sensible Bergwelt viele Probleme, insbesondere durch Abholzen und Müll, vorauszusehen waren, wurde 1976 der Nationalpark Sagarmatha eingerichtet. In dieser Schutzzone liegen neben dem Mount Everest auch der Lhotse und der Cho Oyu. Man versucht dort nun, die Erhaltung der ursprünglichen Naturlandschaft mit der traditionellen Kulturlandschaft der Bergbewohner in Einklang zu bringen. Da der karge Landstrich von Abwanderung bedroht ist, wird der Tourismus als zusätzliche Einkommensquelle gern gesehen. Die frühzeitige Unterschutzstellung erwies sich zudem als vorausschauend, denn die Belastungen durch die ständig zunehmenden Touristenströme konnten so über Auflagen besser kontrolliert werden.

Und man kann die Reisesehnsucht in die Welt der höchsten Berg sogar verstehen, wenn man vor dem fast 4000 Meter hoch gelegenen Kloster Tengboche über die Wipfel der Tannen und Rhododendren auf die majestätischen Sieben- und Achttausender blickt, während aus dem Inneren des Klosters die dumpfen Klänge der Pauken und Langhörner erklingen.

Bergsteiger am Mount Everest kurz vor dem Hillary-Step in 8790 Meter Höhe (oben).

Auf der Suche nach Beutetieren durchstreift der Schneeleopard große Gebiete (links).

Von der Panoramaterrasse des Everest View Hotels, das in 3880 Meter Höhe liegt, überblickt man die imposante Gipfelregion des Mount-Everest-Massivs (unten).

Bhutan

DAS LAND

Offizieller Name: *Königreich Bhutan*

Internationales Kfz-Kennzeichen: *BHT*

Geografische Lage: *Südasien; zwischen 26° 50' und 28° 20' nördlicher Breite sowie 88° 50' und 92° 05' östlicher Länge*

Fläche: *38 394 km²*

Hauptstadt: *Thimphu*

Klima: *Warmes wintertrockenes Klima; im Hochgebirge Eisklima Thimphu 7,9 °C / 876 mm*

Zeitzone: *Mitteleuropäische Zeit +5 Std.*

BEVÖLKERUNG

Einwohnerzahl: *684 000*

Bevölkerungsdichte: *18 Ew./km²*

Bevölkerungsverteilung: *35 % Stadt, 65 % Land*

Jährliches Bevölkerungswachstum: *1,3 %*

Lebenserwartung: *Frauen 67 Jahre, Männer 65 Jahre*

Religion: *Buddhisten, Hindus*

Sprachen: *Dzonghka (Amtssprache), Nepalesisch, Englisch*

Analphabetenrate: *44 %*

Eine typische bäuerliche Siedlung im Tal von Punakha. In einer Höhe von etwa 1400 Meter über NN herrscht ein subtropisches Klima, das den Anbau von Bergreis auf terrassierten Feldern zulässt.

Drachenreich im Himalaya

In Asien steht der Drache für himmlische und weltliche Macht, aber auch für Kraft und Weisheit. Deshalb nennen die Bürger des Königreichs Bhutan ihr Land Druk Yul – „Land des Donnerdrachens". Bhutan galt noch 1960 als das verschlossenste Land der Welt, erst der dritte „Drachenkönig" begann mit der schrittweisen Öffnung.

GEOGRAFIE UND NATUR

An der Südabdachung des Himalaya gelegen, grenzt Bhutan im Norden an Tibet, im Westen, Süden und Osten an Indien. Die einzelnen, sich stufenförmig abdachenden Landschaften staffeln sich alle parallel zueinander, die Nord-Süd-Erstreckung beträgt nur gut 200 Kilometer. Im Norden liegt die schnee- und eisbedeckte Hauptkette des Himalaya, höchster Berg des Landes ist der Kula Kangri (7554 m). Das Zentrum des Landes wird vom Vorderen Himalaya mit Höhen zwischen 2000 und 5000 Metern eingenommen. In die Berge eingebettet verlaufen sieben Nord-Süd ausgerichtete Täler, die Hauptsiedlungsräume des Landes. An den Talhängen erstrecken sich mit großem Aufwand angelegte Reisterrassen und üppig-grüne Wälder. Auf die mit tropischem Regenwald bedeckten Siwalikketten (bis 1500 m) folgt nach Süden die schmale Duar-Ebene, die zum Ganges-Brahmaputra-Tiefland abfällt. An den Gebirgshängen können in der Monsunzeit bis zu 5000 Millimeter Niederschlag fallen, in den Tälern sind es dagegen unter 1000 Millimeter.

BEVÖLKERUNG

Rund 60 Prozent der Bevölkerung sind Bhutija. Sie sind mongolischen Ursprungs und ursprünglich aus dem tibetischen Raum eingewandert. Sie sprechen Dzonghka, eine sino-tibetische Sprache, die aus der klösterlichen Liturgiesprache hervorgegangen ist. Neben den Bhutija gehört ein Viertel der Bevölkerung nepalesischen Volksgruppen an, die, wie auch die indischstämmigen Bhutaner, hauptsächlich im Süden des Landes leben. Sie verdienen ihren Lebensunterhalt meist als Arbeiter und Händler.

Die Mehrheit der Bhutaner sind Anhänger des tibetischen Buddhismus, der zugleich Staatsreligion ist. Ein Teil der Bevölkerung bekennt sich zum hinduistischen Glauben (25 %). Bhutan hat eine überwiegend stark bäuerlich geprägte Gesellschaft, in der das Leben in hohem Maße von der Religion und der Pflege der Traditionen bestimmt wird. Man ist sehr bemüht, Altüberliefertes von Generation zu Generation weiterzugeben.

DAS LAND

GESCHICHTE UND POLITIK

Der historische Ursprung Bhutans ist unbekannt. Ende des 16. Jahrhunderts rivalisierten verschiedene Fürstentümer um die Macht in den Berggebieten. So verwundert es nicht, dass das Land damals mit befestigten Klöstern (Dzongs) übersät war. Die endgültige Staatsbildung im modernen Sinne erfolgte im 17. Jahrhundert, als eine theokratische Königsherrschaft errichtet wurde, gestützt auf die Klosterburgen, die die Ländereien verwalteten, und den Mahayana-Buddhismus als Staatsreligion. Die Macht im Land war geteilt – zwischen einem geistlichen und einem weltlichen Herrscher. Da sie immer wieder Machtkämpfe untereinander austrugen, gab es für Bhutan keine friedlichen Zeiten. Erst 1907 wurde das theokratische Machtsystem durch eine erbliche Monarchie abgelöst, und der Fürst von Tongsa, Ugyen Wangchuck (1861–1926), kam an die Macht. Seine Dynastie herrscht noch heute.

Behutsame Modernisierung Bhutan wurde 1949 unabhängig, wenngleich Indien noch die außenpolitischen Interessen des Landes vertritt. Es ist seit 1952 eine konstitutionelle Monarchie und hat seit 2008 auch eine geschriebene Verfassung. Die Souveränität Bhutans ist unangefochten und wird sowohl von Indien als auch von China respektiert. Bis 1974 wurde aus Angst vor einer Überfremdung eine nahezu perfekte Abschottung gegen die Außenwelt praktiziert.

Seit 2006 ist Jigme Khesar Namgyal Wangchuck (*1980) der fünfte Druk Gyalpo („Drachenkönig") des Landes. Unterstützt von einem königlichen Rat, fühlt er sich der Wahrung der Tradition verpflichtet, bemüht sich aber auch um eine vorsichtige Modernisierung seines Landes. Im Jahr 1998 wurden demokratische Reformen umgesetzt, die die Macht des Königs einschränkten. Aber es dauerte noch etwa zehn Jahre, bevor das Volk die Abgeordneten der zwei neu eingesetzten Kammern des Parlaments wählen durfte.

WIRTSCHAFT UND VERKEHR

Im internationalen Vergleich zählt Bhutan zu den ärmeren Entwicklungsländern, doch sind Armut und Hunger eher selten anzutreffen. Die Land- und Forstwirtschaft Bhutans, die lediglich auf 15 Prozent der Staatsfläche betrieben werden kann, ist sehr auf die Selbstversorgung ausgerichtet. Auf den Feldern, die häufig in den Flusstälern liegen und in höheren Lagen meist an Hängen in Terrassenform angelegt sind, werden in Abhängigkeit von der Höhe und dem Klima Reis, Mais, Hülsenfrüchte, Kartoffeln, Weizen, Gerste und Obst angebaut. Die Bevölkerung der Hochgebirgszonen im Norden Bhutans lebt traditionsgemäß halbnomadisch und betreibt in erster Linie Yakzucht.

Die Industrie beschränkt sich auf die Herstellung von Zement, Textilien, Holzprodukten, Konserven und Getränken. Zum traditionellen Handwerk gehören die Weberei, die Silberschmiedekunst und die Verarbeitung von Holz. Der Energiebedarf wird noch überwiegend durch Brennholz gedeckt. Um die Holzreserven zu schützen, müssen laut Verfassung wenigstens 60 Prozent der Landesfläche immer bewaldet sein. Der in Wasserkraftwerken produzierte Strom wird größtenteils nach Indien exportiert, das auch der wichtigste Handelspartner von Bhutan ist.

Der Tourismus hat seit der politischen Öffnung des Landes an wirtschaftlicher Bedeutung gewonnen. Die für Touristen zugänglichen Gebiete und Städte sind über meist befestigte Straßen zu erreichen. Die Bewohner entlegener Siedlungen gelangen häufig erst nach langen Fußmärschen in größere Orte. Für sie sind Yaks, Maultiere und Ponys die Haupttransportmittel.

BHUTAN ALS REISELAND

Um Bhutan bereisen zu können, verlangt die Regierung des Landes ein Visum, die Buchung bei einem registrierten Reiseunternehmen sowie eine teure Aufenthaltspauschale pro Tag. Da alle Reisen im Land von Reiseunternehmen in Bhutan organisiert werden, ist die Bewegungsfreiheit begrenzt. Den Besucher erwarten dafür gastfreundliche Menschen mit einer unverfälschten Kultur in einer majestätischen Bergwelt.

Land der Klöster Eine der schönsten Tallandschaften Bhutans ist Paro, wo sich auch der internationale Flughafen des Landes befindet. Die Hauptstadt Thimphu liegt 2400 Meter hoch im fruchtbaren Tal des Wang Chu. Die Klosterburg Tashi Chho Dzong ist das wichtigste Verwaltungs- und Religionszentrum des Landes. Dort befinden sich alle Ministerien, der Nationalversammlungssaal, der Thronsaal des Königs und das größte Kloster des Landes.

Auf einer Fahrt von Thimphu zum nordöstlich gelegenen Punakha überquert man in etwa 3100 Meter Höhe den Dochu-La-Pass, von wo sich ein spektakulärer Blick auf den östlichen Himalaya bietet. Punakha war einst die Hauptstadt des Landes, im dortigen Kloster kann man den Machin-Lhakhang-Tempel besichtigen.

Im Zentrum des Landes liegt in etwa 2800 Meter Höhe die Kleinstadt Tongsa; dieser Ort ist Sitz der königlichen Familie. Vom Kloster aus öffnet sich dem Besucher ein herrlicher Panoramablick über das Flusstal des Tongsa.

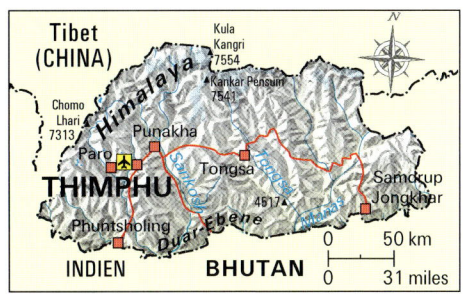

GESCHICHTE

17. Jh. *Unter Shabdrung Ngawang Namgyal Vereinigung der unabhängigen Fürstentümer zum theokratischen Staat Druk Yul; Mahayana-Buddhismus wird Staatsreligion*

1907 *Inthronisierung von Ugyen Wangchuck*

1910 *Bhutan unterstellt sich dem Schutz Britisch-Indiens*

1949 *Ablösung des Protektoratsvertrags durch einen Freundschaftsvertrag mit Indien, das Bhutan seitdem außenpolitisch vertritt*

1952–1972 *Regierungszeit von Jigme Dorji Wangchuck mit politischen Reformen*

1971 *Bhutan wird Mitglied der UN*

1972–2006 *Regierungszeit von Jigme Singye Wangchuck*

1980 *Grenzvertrag zwischen China und Bhutan*

1990 *Unruhen im Süden Bhutans*

1998 *Per Edikt werden die Kompetenzen des Parlaments gegenüber König und Regierung erweitert*

1999 *Einführung von Fernsehen und Internet*

2006 *Kronprinz Jigme Khesar Namgyal Wangchuck übernimmt das politische Amt seines Vaters und wird als künftiger Regent eingesetzt*

2008 *Verfassung tritt in Kraft; Krönung von Jigme Khesar Namgyal Wangchuck*

POLITIK

Staatsform: *Konstitutionelle Monarchie*

Staatsoberhaupt: *König*

Legislative: *Zweikammerparlament mit Nationalrat (25 Mitglieder) und Nationalversammlung (47 Mitglieder)*

Verwaltungsgliederung: *20 Bezirke*

WIRTSCHAFT

Währung: *1 Ngultrum (NU) = 100 Chhetrum*

Bruttoinlandsprodukt: *1,4 Mrd. US-$*

Bruttonationaleinkommen/Einw.: *1770 US-$*

Außenhandel: *Import 459,8 Mio. US-$, Export 589,1 Mio. US-$*

Auslandsverschuldung: *680 Mio. US-$*

SEHENSWERT

Nationalparks: *Jigme Dorji, Jigme Singye Wangchuck, Royal Manas, Trumshingla*

Naturschönheiten: *Bomdeling-Wildreservat, Dochu-La-Pass, Phobjikha-Tal*

Städte:
Paro: *Klosterfestung Drukgyel Dzong, Tempel Dungtse Lhakhang und Kyichu Lhakhang; nahebei Felsenklöster Taktsang und Rinpung Dzong*
Phuntsholing: *Kloster Karbandi*
Punakha: *Kloster Punakha Dzong*
Thimphu: *Kloster und Regierungssitz Tashi Chho Dzong, Nationalbibliothek, Königspalast, Simtokha Dzong; nahebei Phajoding-Kloster*
Tongsa: *Klosterfestung Tongsa Dzong*

BHUTAN

Ein Leben für Buddha

Bhutan ist das einzige Land der Welt, in dem der tibetische Buddhismus Staatsreligion ist. Von zentraler Bedeutung ist die sogenannte Drukpa-Kagyü-Schule, die dort seit dem 17. Jahrhundert dominiert. Seine Anhänger sind der Überzeugung, dass der Wortlaut der heiligen Schriften so von Buddha selbst gelehrt worden ist. In der bhutanischen Gesellschaft genießen die Mönche eine herausragende Stellung. Es sind etwa 3700, die vom Staat unterhalten oder von der Bevölkerung unterstützt werden. Viele von ihnen wohnen in großen, festungsartigen Klöstern, Dzongs genannt, wo aber nicht nur der Abt mit seinen Mönchen lebt, sondern auch der Gouverneur eines Verwaltungsbezirks mit seinen Verwaltungsbeamten residiert.

Im Kloster selbst praktizieren die Mönche mehr als 10 Stunden am Tag Gebet und Meditation, unterbrochen von Tee- und Essenspausen. Im Altarraum versammeln sie sich mehrmals täglich und vollziehen im Schneidersitz sitzend andächtig die altüberlieferten Rituale *(rechte Seite, oben rechts)*. Beim Beten rezitieren sie Verse aus den heiligen Schriften, vor allem die religiösen Vorschriften und kurzen Lehrtexte, die in einprägsamer Versform geschrieben sind. Viele Eltern, für die es eine Ehre ist, Buddha ein Kind zu widmen, schicken wenigstens einen ihrer Söhne im jungen Alter ins Kloster. Dort werden sie mit großer Disziplin auf das Leben als Mönch vorbereitet und mit den magisch-religiösen Ritualen der buddhistischen Lehre vertraut gemacht. Lesen, Schreiben und das Einprägen der schwierigen Rituale sind ihre Hauptfächer *(rechte Seite, oben links)*.

Die einzige willkommene Abwechslung zum gleichförmigen Mönchsalltag bringt alljährlich das große religiöse Fest, das in jeder Klosterburg einmal im Jahr veranstaltet wird, in Paro im April. Über fünf Tage wird dann der Geburtstag von Padmasambhava (Guru Rinpoche) gefeiert, der im 8. Jahrhundert den Buddhismus von Indien über Tibet nach Bhutan brachte. Der Legende nach soll Padmasambhava auf einer fliegenden Tigerin an jenem Ort gelandet sein, wo sich das Felsenkloster Taktsang („Tigernest") befindet, 900 Meter über dem Paro-Tal gelegen *(rechts)*. Zum Klosterfest im Paro-Dzong versammelt sich eine große Zuschauerschar, um die heilige Zeremonie aus magisch-religiösen, pantomimischen Tänzen, dargeboten von den Mönchen, zu bewundern. Zur Musik der Trommelwirbel, Paukenschläge und alphornähnlichen Töne aus den dunkel vibrierenden Tempeltrompeten, den Radongs, bewegen sich die Tänzer mit symbolhaften Gesten in farbenprächtigen Seiden- und Brokatgewändern *(rechte Seite unten)*. Sie wollen den Besuchern die Lehren und Legenden aus den buddhistischen Schriften nahebringen, um sie vor dem Unglück zu bewahren und von allem Bösen zu befreien.

BUDDHISMUS

Indischer Ozean

Indischer Ozean – das kleinste der drei Weltmeere

Im Unterschied zum Atlantik und Pazifik waren die Gestade des Indischen Ozeans und seiner Randmeere schon in frühen historischen Zeiten bekannt. Küstenschifffahrt fand bereits vor etwa 8000 Jahren im Roten Meer statt, und ab dem 1. Jahrhundert n. Chr. fuhren griechische Schiffe mit dem Südwestmonsun aus dem Golf von Aden nach Indien und weiter bis nach Java; den Nordostmonsun nutzten sie für die Rückfahrt. Später folgten die Handelsflotten der Araber und Chinesen. Ab dem 16. Jahrhundert spielte der Indische Ozean eine bedeutende Rolle im Handelsverkehr zwischen Asien und Europa.

Ein Ozean der Südhalbkugel Mit einer Fläche von rund 74 Millionen Quadratkilometern ist der Indische Ozean der kleinste Ozean. Er erstreckt sich überwiegend auf der Südhalbkugel und bedeckt über 14 Prozent der Erdoberfläche, was der Gesamtfläche von Asien und Afrika entspricht. Die durchschnittliche Tiefe des Ozeans beträgt 3840 Meter, die größte Tiefe wird im Südostindischen Becken mit der Diamantinatiefe erreicht: – 8047 Meter.

Im Norden besitzt der Ozean mit Asien, im Westen mit Afrika, im Osten mit Australien und im Süden mit Antarktika eindeutige Grenzen. Die genauen Abgrenzungen zum Atlantischen und Pazifischen Ozean sind hingegen festgelegt worden. Im Südwesten wird vom Kap Agulhas aus der 20. Längengrad Ost als Grenze zum Atlantik angesehen. Die Grenze zum Pazifik ist dagegen komplizierter: vom Südostende der Malaiischen Halbinsel (Singapur) nach Sumatra, von den Kleinen Sundainseln bis zum Kap Londonderry an der Nordwestküste Australiens sowie vom Westausgang der Bassstraße und dem Südostkap Tasmaniens verläuft sie den 147. östlichen Längengrad entlang.

Untermeerische Gebirge Einen Rückschluss auf die Entstehung des Indischen Ozeans lässt der Verlauf der mittelozeanischen Rücken und die Lage der Tiefseebecken zu. Sie weisen auf die Drift der Kontinente hin. Der Indische Ozean entstand vor rund 140 Millionen Jahren beim Zerfall des Großkontinents Gondwana. Afrika und insbesondere Indien drifteten von Antarktika weg nach Norden, Australien etwas später nach Osten. Der Ostindische Rücken zeichnet die Driftbahn der indischen Kontinentalplatte nach Norden nach. Im Golf von Aden beginnt der Arabisch-Indische Rücken, setzt sich im Zentralindischen Rücken nach Süden fort und verzweigt sich in Höhe des südlichen Wendekreises nach Südwesten in den Westlichen Indischen Rücken und nach Südosten in den Indisch-Antarktischen Rücken. An diesen lang gestreckten untermeerischen Gebirgsketten, den Trennlinien der Erdkrustenschollen, wird in der Tiefe ständig neuer Meeresboden gebildet.

Der Monsun gestaltet das Klima Ein charakteristisches Merkmal des Klimas nördlich vom 10. Grad südlicher Breite ist der regelmäßige Wechsel der Jahreszeiten. Die Luftzirkulation des Monsun beeinflusst dabei das Klima maßgeblich: Von Oktober/November bis März/April herrscht der Wintermonsun mit nordöstlichen Winden nördlich des Äquators und nordwestlichen Winden südlich des Äquators. Von Mai/Juni bis September/Oktober weht der Sommermonsun mit südöstlichen Winden südlich des Äquators und mit südwestlichen Winden nördlich des Äquators. Außerhalb des Monsungürtels wirkt auf der Südhalbkugel zunächst der Südostpassat mit seinen beständigen Winden. Es folgt die Zone der Rossbreiten mit schwachen östlichen Winden und schließlich die Westwindzone. In dieser Region zwischen dem 45. und 55. Grad südlicher Breite erreichen die Winde der Roaring Forties Sturmstärke.

Über dem warmen Wasser südlich des 5. Grades südlicher Breite entwickeln sich zwischen November und April tropische Wirbelstürme, die vorwiegend das Seegebiet von Mauritius bedrohen und deshalb Mauritius-Orkane genannt wer-

Eine gebänderte Gelblippen-Seeschlange verfolgt ihre Beute in einem Korallenstock der Andamanensee. Seeschlangen gehören zur artenreichen Fauna der Korallenriffe in den warmen Nebenmeeren des Indischen Ozeans.

GEOGRAFIE UND NATUR

den. Die Wirbelstürme im Arabischen Golf und im Golf von Bengalen sind auf die Zeit des Monsunwechsels beschränkt. Im ausgedehnten Ganges-Brahmaputra-Delta kann es dann zu verheerenden Überschwemmungen kommen.

Im Norden warm, im Süden eiskalt
Im nördlichen Indischen Ozean schwankt die Wassertemperatur nahe dem Äquator zwischen 28 °C im Sommer und 22 °C bis 25 °C im Winter. Weithin ist die Wassertemperatur ein Grad höher als die Lufttemperatur. Ausnahmen bilden der Somalistrom mit einer durchschnittlichen Temperatur von 22 °C, die durch den Auftrieb kalten Wassers zustande kommt, und der extrem warme Persische Golf mit 32 °C.

Im südlichen Indischen Ozean treffen um den 50. Grad südlicher Breite die Wasser der gemäßigten Breiten und die des Südpolarmeers aufeinander. Das kalte, salzarme antarktische Wasser mit Temperaturen von maximal –1,5 °C breitet sich in einer Tiefe von 500 bis 1000 Metern in den Längsmulden weit über den Äquator hinaus nach Norden aus. Es erreicht das Arabische Meer und den Sundagraben. Während im Arabischen Meer aufgrund der hohen Verdunstung ein Salzgehalt von 36 Promille gemessen wird, hat das Wasser im Golf von Bengalen wegen der starken Zuflüsse nur einen Gehalt von unter 33 Promille, in der Westwinddrift und in den antarktischen Gewässern 34 Promille. Weit im Süden des Ozeans tritt Meereis als Treib- und Packeis auf.

Das Meer folgt dem Monsun
Das Strömungssystem des Indischen Ozeans nördlich des Äquators wird als Monsundrift bezeichnet, weil sich die Richtung der Meeresströmungen im Wechsel der Jahreszeiten mit der Richtung des Monsuns ändert. Im Sommerhalbjahr versetzt der Südwestmonsun das Wasser im nördlichen Indischen Ozean im Uhrzeigersinn in Bewegung. Im Winter verursacht der Nordostmonsun eine Strömung in genau entgegengesetzter Richtung. Südlich des Äquators verlaufen die Meeresströmungen das ganze Jahr über gegen den Uhrzeigersinn. Südlich des 10. Breitengrads geht der Ost-West-gerichtete Südäquatorialstrom in den Mosambikstrom zwischen Afrika und Madagaskar und schließlich in den nach Süden fließenden Agulhasstrom über. In der Westwindzone wird er kräftig, wodurch sich ein heftiger Seegang entwickelt. Der schwache Westaustralstrom fließt nach Norden und schließt den Kreis.

Ziemlich regelmäßig treten im Indischen Ozean zweimal täglich die Gezeiten auf. Der mittlere Tidenhub erreicht im offenen Ozean etwa einen Meter, an der Küste Nordsumatras und bei Perth unter 20 Zentimeter, bei den Komoren und in der Straße von Mosambik etwas über drei Meter. In trichterförmigen Buchten auf breiten Kontinentalschelfen steigert sich der Tidenhub zu großen Höhen: über vier Meter an der Gangesmündung, sieben Meter im Golf von Martaban (bei Rangun) in der Andamanensee, nahezu neun Meter vor der Nordwestküste Australiens und bis zwölf Meter im Golf von Khambhat an der nördlichen Westküste Indiens.

Eigentümliche Meeresfauna
Viele Arten der reichen Tierwelt im Indischen Ozean kommen auch in den tropischen Zonen des Pazifischen Ozeans vor. Es gibt jedoch erhebliche Abweichungen zum Atlantischen Ozean. Auch die Fauna zwischen dem Roten Meer und dem Mittelmeer zeigt große Unterschiede. Die tropischen Korallenriffe im Indischen Ozean und seinen Randmeeren gehören zu den beliebtesten Tauchgebieten der Erde. Als Taucher trifft man dort auf eine Fülle farbenprächtiger Korallenfische, aber auch auf eigentümliche Tiere wie den Dornenkronenseestern, den Nautilus und die Riesenmuschel. In den warmen Gewässern treten häufig Giftiere wie Seeschlangen und Kegelschnecken auf. Sie besitzen ein hochwirksames Gift, das auf das Nervensystem wirkt und auch für den Menschen lebensgefährlich ist. Von den Säugetieren sind in den flachen Küstengewässern die Seekuh oder Dugong, im südlichen Indischen Ozean auch einige Wale vertreten, zum Beispiel Pottwal, Grindwal und True-Wal.

Sundagraben – eine Schwächezone der Erdkruste

Mit zerstörerischer Wucht brach am 26. Dezember 2004 die Flutwelle eines Tsunami über die touristisch belebte Küste von Phuket und Phi Phi in Thailand herein.

Am nordöstlichen Rand des Indischen Ozeans befindet sich vor dem indonesischen Inselbogen der langgestreckte Sundagraben mit einer Meerestiefe von – 7455 Meter. Diese Tiefseerinne ist als tektonisch instabiles Gebiet bekannt, da dort zwei Platten der Erdkruste – die Australisch-Indische und die Eurasische Platte – aufeinandertreffen. Dieser Bereich gehört zu den tektonisch aktiven Zonen der Erde. Viele aktive Vulkane ziehen sich wie an einer Kette aufgereiht durch die indonesischen Inseln Sumatra, Java, Bali, Lombok und Sumbawa. Wiederholt kommt es zu dort zu Vulkanausbrüchen mit katastrophalen Folgen. Besonders schlimm war der historische Ausbruch des Krakatau von 1883, als über 36 000 Menschen getötet wurden.

Verheerender Tsunami
An der Nahtstelle der beiden Kontinentalplatten schiebt sich die eine Platte unter die andere, sodass die Gesteinskruste der abtauchenden Platte aufgeschmolzen wird. Solche tektonischen Prozesse können an der Oberfläche gewaltige Auswirkungen haben, wie der Tsunami vom 26. Dezember 2004 deutlich machte. Die aufgestauten Spannungen in der Erdkruste entluden sich auf einer Länge von etwa 1200 Kilometern. Der Meeresboden hob und senkte sich rasch um mehrere Dezimeter. Innerhalb von Sekunden wurden riesige Energiemengen freigesetzt und gigantische Wassermassen um rund zehn Meter nach oben gedrückt. Eine flache, nur wenige Dezimeter hohe Welle raste mit einer Geschwindigkeit von 700 bis 950 Stundenkilometern über das offene Meer. Wo die Welle auf flache Ufer stieß, wurde sie zwar langsamer, dafür nahm aber die Wellenhöhe abrupt zu. Weit über zehn Meter hoch, warfen sich die Wellen mit Wucht auf die Küste und richteten ein Werk der Zerstörung an. Zu den größten Schäden kam es dort, wo die Tsunamiwellen direkt auf die Küste auftrafen, so an der Nordspitze Sumatras, im Süden Thailands, bei den Inselgruppen der Andamanen und Nikobaren und an den Ostküsten von Sri Lanka und Indien. Insgesamt waren etwa 230 000 Opfer zu beklagen.

Seekühe, auch Dugong genannt, sind friedliche Pflanzenfresser. Dieses Exemplar schwimmt im Küstenbereich des Persischen Golfs über einen Teppich aus Seegras, das in zwei bis fünf Meter Tiefe wächst.

INDISCHER OZEAN

Randmeere und Inseln des Indischen Ozeans

Im Unterschied zu Atlantik und Pazifik sind die Randbereiche des Indischen Ozeans kaum durch Inselketten oder Halbinseln gegliedert. Deshalb gibt es zwar weite Buchten, die zum Ozean hin offen sind, jedoch keine großen Randmeere. Als Teilgebiete des Indischen Ozeans gelten das Arabische Meer mit dem Golf von Aden und dem Golf von Oman, der Golf von Bengalen mit der Andamanensee und die Große Australische Bucht.

Rotes Meer Zwischen der Arabischen Halbinsel und der afrikanischen Somalihalbinsel erstreckt sich der Golf von Aden. Das Meer ist zwischen 1000 und 3000 Meter tief, erreicht aber an der tiefsten Stelle den Maximalwert von 5143 Metern. Vom Golf von Aden erreicht man über die Meerenge Bab al-Mandab das Rote Meer, das seinen Namen von der Bakterie *Trichodesmium erythraeum* bekommen hat, dessen Farbpigmente das Wasser in einigen Buchten des Roten Meers gelegentlich rötlich färbt. Zumeist ist das Wasser des Roten Meers allerdings blaugrün, in der Nähe von Untiefen grün gefärbt.

Als schmales, langgestrecktes Meer trennt es die Kontinente Asien und Afrika voneinander. Es ist 440 000 Quadratkilometer groß und durchschnittlich 180 Kilometer im Norden und 360 Kilometer im Süden breit. Die mittlere Tiefe beträgt 538 Meter, die maximale Tiefe 2920 Meter. Die Halbinsel Sinai teilt das nördliche Rote Meer in den Golf von Aqaba und den Golf von Suez, der über den 162 Kilometer langen Suezkanal mit dem Mittelmeer verbunden ist.

Der Meeresboden des Roten Meers ist aufgespalten. Dort verläuft die Nahtstelle, an der die Arabische und die Afrikanische Platte auseinanderdriften. In dieser zentralen Erdspalte wurde 1964 eine bodennahe Wasserschicht mit Temperaturen bis 60 °C und einem Salzgehalt bis 330 Promille (!) entdeckt. Die Sole tritt mit über 100 °C aus dem Meeresboden und ist reich an gelösten Erzmineralien, die im Bodenschlamm abgelagert werden.

Wie auf den benachbarten Landmassen, so herrscht auch über dem Roten Meer trocken-heißes Wüstenklima mit überaus hoher Verdunstung: Weniger als 100 Millimeter Niederschlag fallen dort im Jahr. Die Lufttemperatur beträgt zwischen 28 °C und 35 °C. Zwischen Februar und Mai kann es zu böigen Sand- und Staubstürmen über dem Meer kommen.

Die Wasserzirkulation und die zugehörige Temperatur- und Salzgehaltsverteilung hängen von den klimatischen Bedingungen ab. Infolge einer hohen Verdunstung strömt in der Tiefe salzreiches Wasser vom Roten Meer in den Golf von Aden und zum Ausgleich salzärmeres Wasser als Oberflächenströmung aus dem Indischen Ozean in das Rote Meer. 37 bis 41 Promille beträgt der durchschnittliche Salzgehalt des Wassers an der Oberfläche des Meeres.

Seit Fertigstellung des schleusenlosen Suezkanals 1869 bekam das Rote Meer auch wirtschaftliche Bedeutung für den Seeverkehr zwischen Europa und Indien, Ostasien und Australien.

Erdöllagerstätte Persischer Golf Zwischen der Arabischen Halbinsel und iranischen Küste erstreckt sich ein flaches Meer, das als Persischer Golf oder Arabischer Golf bezeichnet wird. Über die 60 bis 100 Kilometer breite Straße von Hormus ist dieses Meeresgebiet mit dem Golf von Oman verbunden. Es ist maximal 170 Meter, durchschnittlich aber nur 25 Meter tief und nimmt eine Fläche von 240 000 Quadratkilometern ein. Früher reichte der Persische Golf weiter nach Nordwesten, er wurde jedoch später durch die

Der Ölverladehafen von Shariqah, das im südlichen Teil des Persischen Golfs liegt. Im Bereich des Persischen Golfs befinden sich die bedeutendsten Erdölvorkommen der Erde. Die überaus ergiebigen Lagerstätten sind besonders kostengünstig auszubeuten.

GEOGRAFIE UND NATUR

In einem traditionellen Auslegerboot geht ein Bewohner der Lakkadiven auf Fischfang.

Schwebstoffe der Zuflüsse, vor allem des Euphrat und des Tigris, zunehmend aufgefüllt. Noch heute schiebt sich die Deltamündung des Schatt el-Arab weiter in den Golf vor.

Der flache Golf wird im August von der Sonne auf 32 °C bis über 35 °C erhitzt. Im Winter liegt die Temperatur der Wasseroberfläche bei 15 °C bis 22 °C. Mit weniger als 100 Millimeter Jahresniederschlag gehört der Persische Golf zu den extrem regenarmen Gebieten im Nordwesten des Indischen Ozeans. Wegen der hohen Verdunstung und der Regenarmut ist die Salzkonzentration mit 37 Promille sehr hoch; sie steigert sich an der arabischen Küste auf bis zu 70 Promille. Durch die Straße von Hormus bewegt sich an der Oberfläche ein Wasserstrom in den Persischen Golf und treibt dort eine schwache Meeresströmung gegen den Uhrzeigersinn an. In der Tiefe strömt nur relativ salzarmes Wasser zurück in den Golf von Oman.

Das langgestreckte Becken des Golfs wird seit rund 20 000 Jahren vom Meer überflutet. Dort haben sich an der südwestlichen Seite des Persischen Golfs ergiebige Erdöl- und Erdgaslagerstätten gebildet. Es sind die bedeutendsten Erdölvorkommen der Erde – weit über die Hälfte der Welterdölvorräte lagert dort im Untergrund. Von den insgesamt 15 Erdölfeldern der Erde mit jeweils mehr als 1,5 Milliarden Tonnen sicheren Reserven liegen 13 im Bereich des Persischen Golfs. Alle Erdölfelder sind mit einem umfassenden Netz von Pipelines an Verladehäfen angeschlossen, die am flachen Ufer oft kilometerweit in den Golf hinaus gebaut worden sind.

Golf von Bengalen und Andamanensee

Nördlich vom 10. Grad nördlicher Breite erstreckt sich zwischen Indien im Westen mit dem vorgelagerten Inselstaat Sri Lanka und den Inselgruppen der Andamanen und Nikobaren im Osten der große Golf von Bengalen. Er bedeckt eine Fläche von 2,17 Millionen Quadratkilometern. Im Durchschnitt ist er 2586 Meter tief, an seiner tiefsten Stelle 5257 Meter. Östlich der Inselketten der Andamanen und Nikobaren reicht die 800 000 Quadratkilometer große und bis zu 4267 Meter tiefe Andamanensee bis zur Malaiischen Halbinsel. Durch die Malakkastraße ist sie mit dem Südchinesischen Meer verbunden.

Mit den Jahreszeiten wechselt die Richtung der Monsunwinde und mit diesen auch die der Meeresströmungen. Jedes Jahr treten zudem tropische Wirbelstürme auf, die an den Küsten häufig verheerende Folgen haben. Wegen der Mündungen großer Flüsse – Godavari, Mahanadi, Ganges, Brahmaputra, Irrawaddy, Salween – ist der Salzgehalt der Meere im Norden mit 20 bis 25 Promille wesentlich niedriger als im Süden (32 Promille).

Mehr als nur Meer

Größte Insel im Indischen Ozean und viertgrößte Insel der Erde ist Madagaskar vor der Ostküste Afrikas. Ansonsten wird die tiefblaue Unendlichkeit des Indischen Ozeans an einigen Stellen von winzigen Inseln in Atollen und Archipelen unterbrochen. Neben den Komoren, Seychellen, Malediven und der Gruppe der Maskarenen mit Mauritius und Réunion gibt es unzählige Inseln, die touristisch eher unbekannt sind. Beispielsweise die Andamanen und Nikobaren sowie die Lakkadiven und Amindiven, die von Indien verwaltet werden. Berühmt für ihren Reichtum an endemischen Tier- und Pflanzenarten ist die zu Jemen gehörende Insel Sokotra nordöstlich des Horns von Afrika. Südlich der Malediven bilden das Chagos-Archipel mit Diego Garcia als Hauptinsel ein britisches Überseegebiet, das von den USA als militärischer Stützpunkt genutzt wird. Südlich von Java erhebt sich am Rand des Sundagrabens die Vulkaninsel Christmas Island. In westlicher Richtung trifft man auf die Atolle der Kokosinseln, die untermeerischen Vulkanen aufsitzen. Sie sind Außengebiete Australiens, das auch die Gruppe der Heard- und McDonaldinseln nahe der Antarktis verwaltet, unbewohnte Vulkaninseln mit einer geschützten Pinguinpopulation. Auch Frankreich unterhält im südlichen Indischen Ozean einige abgelegene Außenposten, wie die unbewohnten Crozetinseln, Nouvelle-Amsterdam und Saint Paul sowie die Kerguelen. Dort gibt es die Forschungsstation Port-aux-Français für naturwissenschaftliche Untersuchungen und eine Basis der französischen Raumfahrtagentur.

Diego Garcia – strategischer Stützpunkt in der Weite des Ozeans

Luftaufnahme der Insel Diego Garcia im gleichnamigen Atoll. Mitten im Indischen Ozean gelegen, sitzt sie dem Chagosrücken auf und erhebt sich nur wenige Meter über der Meeresoberfläche.

Das Britische Territorium im Indischen Ozean wurde 1965 aus einigen Inseln im Indischen Ozean geschaffen, die zuvor zum Teil von Mauritius aus verwaltet wurden. Nach der 1976 erfolgten Angliederung einiger Atolle an die unabhängig gewordenen Seychellen umfasst das britische Außengebiet nur noch das Chagos-Archipel mit der Hauptinsel Diego Garcia (36 km²) und einige andere unbewohnte Atolle. Es sind Korallenbauten, die sich über ein Seegebiet von 54 400 Quadratkilometer verteilen. Sie sitzen dem Chagosrücken auf und liegen etwa 500 Kilometer südlich der Malediven. Die Atolle besitzen insgesamt nur eine Landfläche von 60 Quadratkilometer, auf der Kokospalmen wachsen.

Militär vertreibt Insulaner

Die etwa 1200 Insulaner, Ilois oder Chagossianer genannt, wurden ab 1966 nach Mauritius zwangsumgesiedelt. Sie kämpfen seit 1998 um ihr Recht auf Rückkehr. Nach Erfolgen und Rückschlägen vor britischen Gerichten warten sie nun auf den Richterspruch des Europäischen Gerichtshofs für Menschenrechte. Die Briten haben ihr Außengebiet bis 2016 an die USA verpachtet, die ab 1971 auf Diego Garcia einen großen Militärstützpunkt errichteten. Von dort aus beobachten sie die Routen der großen Erdöltanker und kontrollieren die Entwicklung in den politisch brisanten Zonen des Nahen und Mittleren Ostens. In jüngster Zeit wurde bekannt, dass die Amerikaner dort auch ein Gefangenenlager unterhalten.

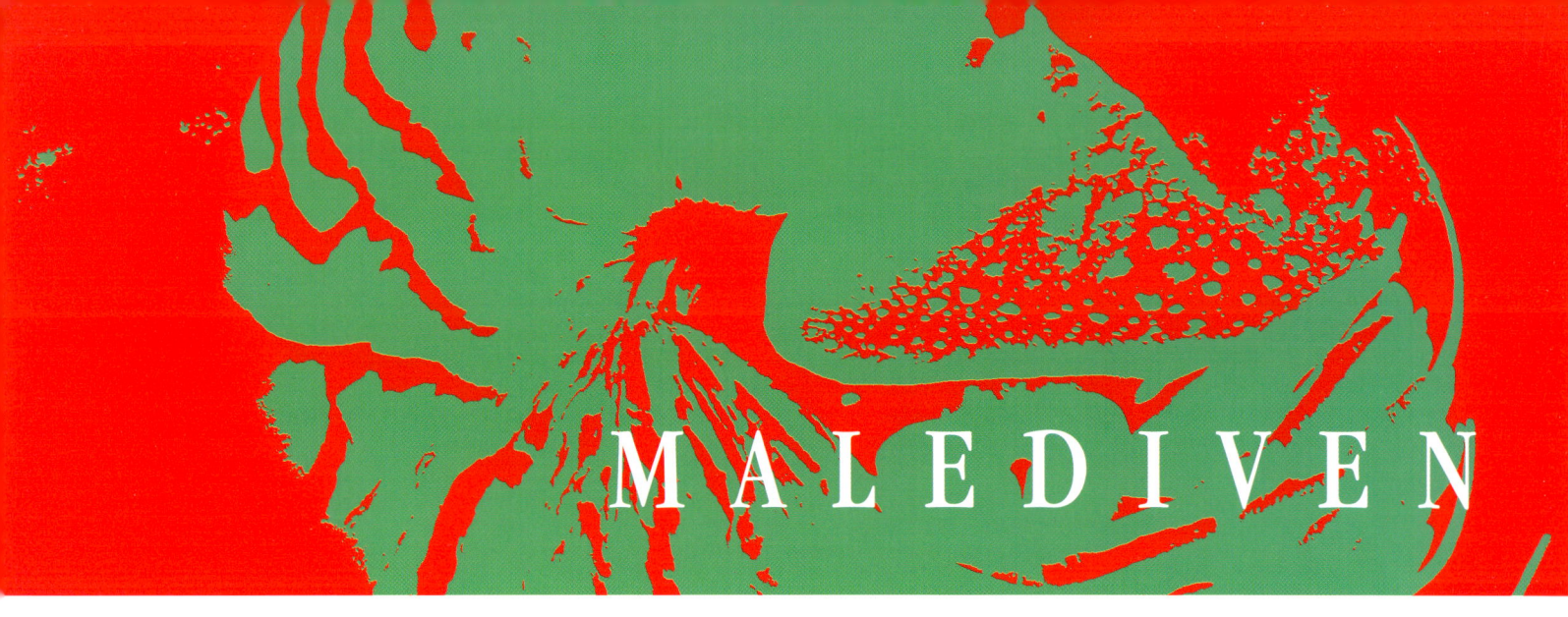

MALEDIVEN

Inselparadiese im Indischen Ozean

DAS LAND

Offizieller Name: *Republik Malediven*

Internationales Kfz-Kennzeichen: *MV*

Geografische Lage: *Südasien; zwischen 7° 06' nördlicher Breite und 0° 42' südlicher Breite sowie 72° 33' und 73° 44' östlicher Länge*

Fläche: *298 km²*

Hauptstadt: *Male*

Klima: *Feuchtheißes Monsunklima; Male 30 °C / 1870 mm*

Zeitzone: *Mitteleuropäische Zeit +4 Std.*

BEVÖLKERUNG

Einwohnerzahl: *310 000*

Bevölkerungsdichte: *1040 Ew./km²*

Bevölkerungsverteilung: *37 % Stadt, 63 % Land*

Jährliches Bevölkerungswachstum: *1,3 %*

Lebenserwartung: *Frauen 67 Jahre, Männer 64 Jahre*

Religion: *Muslime (Sunniten)*

Sprachen: *Divehi (Amtssprache); Englisch*

Analphabetenrate: *3 %*

Die flachen Atolle der Malediven reihen sich wie Perlen an einer Kette aneinander. Die kreisförmigen Korallenriffe sitzen auf einer untermeerischen Gebirgskette vulkanischer Entstehung.

„In diesem Paradies ist der Mensch nur Gast, und so sollte er sich verhalten", riet Jacques Cousteau (1910–1997), der bekannte Meeresforscher und Ökologe. Die rund 1200, meist winzigen Koralleninseln der Malediven liegen im Indischen Ozean südwestlich vom Kap Comorin, der Südspitze Indiens, von dem sie 500 bis 1000 Kilometer entfernt sind. Nur etwa 200 Inseln sind bewohnt. Andere, einst unbewohnte Inseln sind exklusiv für den Tourismus reserviert.

GEOGRAFIE UND NATUR

Aus zahllosen winzigen Hohltieren, den Kalk abscheidenden Korallen, sind die riesigen Korallenbänke gewachsen, die den Archipel der Malediven bilden. Er besteht aus 19 Atollgruppen, die sich von Nord nach Süd über 800 Kilometer aufreihen. Die Korallenbänke sitzen einem untermeerischen Gebirgszug auf, dem Maledivenrücken. Die Inseln erheben sich häufig nur bis maximal ein Meter über dem Meeresspiegel. Vorgelagerte Saumriffe schützen sie vor dem heftigen Wellengang zur Zeit des Südwestmonsuns. Gegen die verheerenden Flutwellen des Tsunami am 26. Dezember 2004 waren aber auch sie machtlos, sodass die Hauptinsel Male und viele andere Atolle größtenteils überflutet wurden.

Das tropische Monsunklima bringt ganzjährig mittlere Tagestemperaturen von 27 °C bis 29 °C und von Juni bis Ende August teils heftige Regenfälle, vor allem für den Norden (jährlich bis zu 3000 mm, im Süden durchschnittlich 1900 mm). Die Luftfeuchtigkeit ist relativ hoch. Dichte Kokospalmenhaine, Banyanbäume mit ihren Luftwurzeln, Mango- und Papayabäume, Bambus und Mangroven bilden die tropische Inselflora.

BEVÖLKERUNG

Noch vor 100 Jahren lebten auf den Atollen nur rund 30 000 Menschen, seither hat sich die Bevölkerung mehr als verzehnfacht. Ihre Herkunft ist größtenteils arabisch und singhalesisch, auch der Anteil von Bewohnern malaiischer Abstammung ist beträchtlich, kleiner die Zahl der Nachkommen von Sklaven aus Afrika. Ein starker Bevölkerungszuwachs hat eine gleichfalls außerordentlich hohe Einwohnerdichte zur Folge, die allerdings von Insel zu Insel variiert. Auf der Hauptstadtinsel Male, die etwas mehr als 2 Quadratkilometer misst, lebten um 1920 gut 6000 Menschen, heute sind es über 100 000; man will deshalb bis 2020 mittels Auf-

DAS LAND

schüttung die Inselfläche des Atolls auf fast 10 Quadratkilometer vergrößern. Die künstliche Insel Hulhumale, nordöstlich von Male, wird seit 2004 besiedelt. Eine andere künstliche Insel, Thilafushi, dient der Ansiedlung von Industriebetrieben und als Deponie für den Müll von Male. Der Inselwelt droht die Überflutung infolge des Meeresspiegelanstiegs. Daher gibt es seit 2008 Regierungspläne, Siedlungsland in Asien oder Australien anzukaufen. Die Malediver gehören dem sunnitischen Islam an, der Staatsreligion ist. Ihre Sprache Divehi ist mit dem Singhalesischen in Sri Lanka verwandt. Geschrieben wird sie mit der Thaana-Schrift, die sich von der arabischen Schrift ableitet. Durch die verstreute Lage der Inseln haben sich viele Dialekte gebildet.

GESCHICHTE UND POLITIK

Vor der Ära des Ferntourismus lagen die Malediven lange Zeit im Abseits. Über ihre frühe Geschichte ist wenig bekannt. Vermutlich trafen die Siedler, die im 5. Jahrhundert v. Chr. aus Indien kamen, auf eine Urbevölkerung. Archäologische Funde bezeugen hinduistische und buddhistische Einflüsse. Zur Zeit des Römischen Reichs wurden die Malediven als Zwischenstation im Seehandel zwischen Rotem Meer, Südindien und China genutzt. Damals nahm die Zuwanderung von buddhistischen Singhalesen von der Insel Ceylon (heute Sri Lanka) noch zu.

Seit etwa dem 9. Jahrhundert bestimmten mehr und mehr arabische Kaufleute das Inselleben. Um 1150 entstand ein Sultanat, dessen Herrscher ab dem 14. Jahrhundert von einer Dynastie gestellt wurden. Seit dem 16. Jahrhundert lösten sich europäische Kolonialmächte in der Vorherrschaft über die Atolle ab. Zuerst versuchten es die Portugiesen, sie waren jedoch weniger erfolgreich als die Niederländer, die auf Ceylon residierten und seit dem 17. Jahrhundert Tribute einzogen. Ein französisches Intermezzo folgte um die Mitte des 18. Jahrhunderts. Ab 1796 standen die Malediven zusammen mit Ceylon unter britischer Herrschaft. 1887 unterzeichnete der Sultan der Malediven einen Protektoratsvertrag mit Großbritannien. Auch als Ceylon 1948 unabhängig wurde, blieben die Malediven ein britisches Protektorat; erst 1965 gelang der Schritt in die Unabhängigkeit. 1968 wurde das Sultanat abgeschafft und die Republik Malediven eine Präsidialdemokratie. Bei der Präsidentenwahl 2008 konnten die Bewohner der Malediven ihr Staatsoberhaupt erstmals aus mehreren Kandidaten wählen.

WIRTSCHAFT UND VERKEHR

Noch in den 1990er Jahren zählten die Malediven zu den 25 ärmsten Entwicklungsländern. Erst mit dem Tourismus, der knapp ein Drittel des Bruttoinlandsprodukts trägt und etwa 60 Prozent der Deviseneinnahmen erbringt, kam ein Aufschwung der Wirtschaft. Er ist auch der bedeutendste Ar-

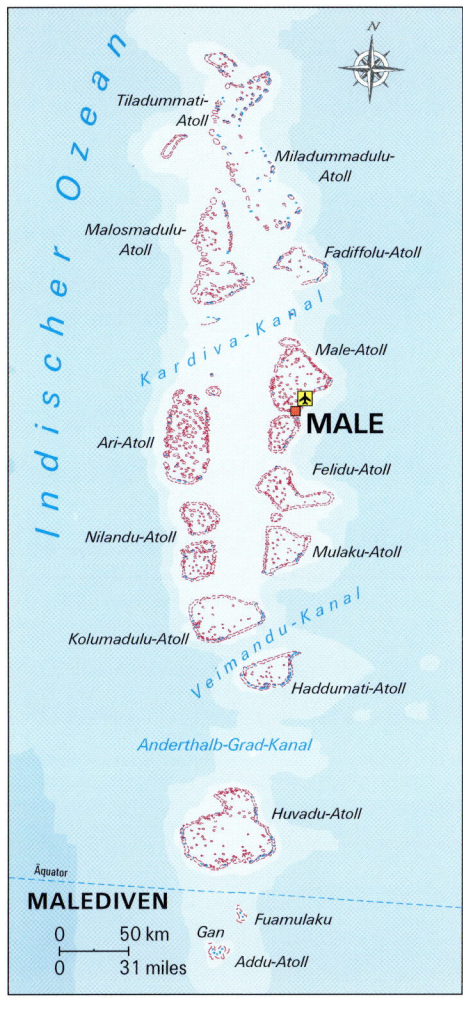

beitgeber. Der Staat muss fast alle Nahrungsmittel einführen. Einzige Nutzpflanze, deren verarbeiteten Produkte exportiert werden, ist die Kokospalme. Nach dem Tourismus ist die Fischerei der zweitwichtigste Wirtschaftszweig. Über 80 Prozent der Fangerträge entfallen auf Thunfisch.

Für den Inselarchipel ist die Schifffahrt von zentraler Bedeutung. Kleine einheimische Boote, die Dhonies, Motorboote und Wasserflugzeuge transportieren Menschen und Waren von Insel zu Insel. Der internationale Flughafen Hulule liegt im Male-Atoll.

MALEDIVEN ALS REISELAND

Die ersten europäischen Malediven-Touristen 1972 waren in Wohnhäusern der Hauptstadt Male untergebracht; man reiste damals in Maschinen der Sri Lanka Air Force von Colombo an, der Hauptstadt Sri Lankas. Heute beträgt die jährliche Zahl der Touristen fast 700 000, davon kommen etwa 10 Prozent aus Deutschland. Sie bleiben meist länger als eine Woche, um sich an der Schönheit blauer Lagunen und weißer Strände zu erfreuen, sich mit Wellnessbehandlungen verwöhnen zu lassen und – vor allem – auf Tauchexpeditionen zu gehen oder mit dem Schnorchel die Unterwasserwelt der Korallenriffe zu entdecken.

GESCHICHTE

ca. 5. Jh. v. Chr. *Buddhistische Siedler aus Ceylon und Südindien landen auf den Inseln*

1150 *Gründung eines Sultanats*

1645–1796 *Niederländisches Protektorat*

1887–1965 *Britisches Protektorat*

1942 *Großbritannien errichtet auf der Insel Gan im Addu-Atoll einen Militärflughafen*

1956 *Vereinbarung über britische Luftwaffen-, Marine- und Funkstützpunkte auf den Malediven*

1959–1963 *Unruhen führen zur Abspaltung einiger südlich gelegener Inseln als Republik der Vereinigten Suvadiva-Inseln*

1965 *Malediven werden unabhängig*

1968 *Neue Verfassung tritt in Kraft; nach einer Volksabstimmung wird die Staatsform vom Sultanat zur Republik geändert*

1978 *Übernahme der Staats- und Regierungsgeschäfte durch M. A. Gayoom*

1982 *Die Malediven treten dem Commonwealth bei*

2003 *Staatspräsident M. A. Gayoom tritt seine sechste Amtszeit an*

2004 *Tsunami-Katastrophe fordert über 100 Menschenleben, neun Inseln werden unbewohnbar, starke Schäden an sechs Inseln*

2008 *Verfassunggebende Versammlung verabschiedet eine neue Verfassung*

2009 *Präsident M. Nasheed und seine Kabinettsmitglieder unterzeichnen in einer spektakulären Aktion unter Wasser eine Erklärung zum globalen Klimaschutz*

POLITIK

Staatsform: *Präsidiale Republik*

Staatsoberhaupt: *Staatspräsident*

Legislative: *Einkammerparlament mit 77 gewählten Abgeordneten*

Verwaltungsgliederung: *20 Bezirke und Hauptstadt*

WIRTSCHAFT

Währung: *1 Rufiyaa (Rf) = 100 Laari*

Bruttoinlandsprodukt: *1,3 Mrd. US-$*

Bruttonationaleinkommen/Einw.: *3190 US-$*

Außenhandel: *Import 1,3 Mrd. US-$, Export 228 Mio. US-$*

Auslandsverschuldung: *477 Mio. US-$*

SEHENSWERT

Naturschönheiten: *Korallenriffe*

Male: *Moscheen Hukuru Miskiiy und Thakurufaanu, Muleeaage-Palast, Nationalmuseum, Präsidentenpalast, Sultanspark, Waterfront mit Fischmarkt, Ziyaarath-Schrein*

MALEDIVEN

Paradies für Taucher: das Korallenriff

Wo immer von den schönsten Korallenriffen und -atollen die Rede ist, werden auch die Malediven genannt. Biologen bezeichnen Korallenriffe als eines der extrem vielgestaltigen und der biologisch produktivsten, zugleich aber auch empfindlichsten Ökosysteme unserer Erde – eine maritime Entsprechung zu den tropischen Regenwäldern. Unzählige Lebewesen finden darin ihre ökologische Nische. Taucher begeistert die Unterwasserwelt mit nie gesehenen Farben und Formen, vom zarten Tentakelgespinst der Korallentiere bis zu metergroßen Meeresschildkröten.

Wie entsteht ein Korallenriff? Lange war umstritten, wie Korallenriffe entstehen. Man wusste nur, dass die Wärme tropischer Meere und reines Wasser notwendig sind. Für die meisten der vielen Korallenarten sollte die Wassertemperatur nicht unter 18 °C sinken, allerdings auch nicht über 29 °C steigen. Zumeist entstehen Korallenriffe in flachen Küstengewässern, in maximaler Tiefe von 40 bis 50 Metern. Dagegen bildeten sich die Atolle der Malediven inmitten des Indischen Ozeans an den Gipfeln untermeerischer Gebirge und speziell von Vulkanen. Als die Gipfel durch Vulkanausbrüche weggerissen wurden oder allmählich im Meer absanken, blieben kreisförmige Saumriffe übrig, denn die Korallentierchen pflanzten sich über Jahrtausende weiter fort.

Die Fortpflanzung der Korallen ebenso wie ihr Stoffwechsel in enger Symbiose mit den Zooxanthellen – und damit insgesamt die Riff- und Atollbildung – sind besonders interessante biologische Vorgänge. Tatsächlich haben die zentimeterkleinen Korallen in ihren Lebensräumen Strukturen hervorgebracht, die mit den mächtigsten Bauten menschlicher Zivilisation verglichen werden können.

Faszinierende Unterwasserwelt Es scheint schon sehr lange her zu sein, aber die schwer zu handhabenden Taucheranzüge, Taucherhelme und Atemschläuche sind erst um die Mitte des 20. Jahrhunderts für das Tauchen in geringer Tiefe entbehrlich geworden. Den weitaus wichtigsten Fortschritt brachte die Erfindung der Sauerstoff- und Pressluftflaschen, auch SCUBA genannt (Self-Contained Underwater Breathing Apparatus). Mit SCUBA, einer einwandfrei abdichtenden Tauchmaske, und Flossen ist der Malediven-Taucher hervorragend ausgerüstet. Bei komfortablen Wassertemperaturen von 28 °C bis 30 °C legt man einen Taucheranzug allenfalls zum Schutz vor den scharfen Kanten der Korallen an, oder um Nesseltierchen von der Haut fernzuhalten. Außer Steinkorallen prägen vor allem Schwämme, Gorgonien, Muscheln, Moostiere, Seeanemonen, filigrane Röhrenwürmer und die verschiedensten Algenarten das Aussehen eines Riffs. Krebse, Seeigel und Seesterne zeigen sich in ihnen als wandelnde Festungen.

Dem Taucher präsentieren sich die Bewohner der Unterwasserwelt als eine fantastisch bunt gemischte Gesellschaft. Sich mit Atemmaske und Flossen in dieser märchenhaften Umgebung zu bewegen und ihre Eigenarten zu erkunden, ist ein unerschöpfliches, weil immer wieder neues Erlebnis, eines der großartigsten, das unser Planet dem Menschen zu bieten hat.

Nur einige Zahlen seien genannt, um die grandiose Artenvielfalt in diesem prachtvollen Unterwasser-Kosmos zu begreifen: Über 2200 Arten von Fischen sind bekannt, die sich in den maledivischen Korallenriffen heimisch fühlen,

Das Gemeine Perlboot (Nautilus pompilius) *ist die am weitesten verbreitete Art der Perlboote, die zu den urtümlichen Kopffüßern gehören.*

SPEZIAL: KORALLENRIFF

*Drei typische Fischarten der Korallenriffe, die in der Unterwasserwelt der Malediven häufig vorkommen: Orientalische Süßlippe (*Plectorhinchus vittatus*; rechts), Clarks Anemonenfisch (*Amphiprion clarkii*; Mitte) und eine Art aus der Familie der Soldatenfische:* Holocentridae; *links (links).*

*Ein Schwarm Weißkehl-Doktorfische (*Acanthurus leucusternon*) im Ari-Atoll (unten)*

Der Minister für Fischerei und Landwirtschaft unterzeichnet 2009 wie seine Kabinettskollegen in drei Meter Tiefe mit wasserfestem Stift auf einer Tafel eine Erklärung der Regierung zum Klimaschutz (ganz unten).

entweder vorzugsweise im Wellengang an der Riffkrone der Atolle, am sandigen Lagunenboden oder in dunklen Höhlen. Allein von den Fischen mit dem hübschen Namen Süßlippen gibt es dort rund 175 Arten, darunter die Orientalische Süßlippe mit ihren leuchtend gelben Flossen. Noch größer als bei den Fischen ist die Artenzahl der Weichtiere: von den Schnecken, die in den tropischen Meeren oft von exquisiter Schönheit sind, bis zu Tintenfischen und Riesenmuscheln. Zu den Stachelhäutern zählen Seesterne, Seeigel und Seegurken – allein von der Seegurke existieren weit über 100 Arten. Nicht zuletzt sind die Korallen, die die Riffe bilden, selbst extrem artenreich: Ozeanologen kennen 700 Arten. Wunderbar farbenreich sind viele Weichkorallen.

Keine Angst vor Haien Diese Artenvielfalt wurde durch eine biologische Spezialisierung auf die verschiedenen Lebensmöglichkeiten in Korallenriffen hervorgebracht. Von manchen Riffbewohnern ist bekannt, dass sie Riff und Lagune nie verlassen. Andere kommen auf Nahrungssuche vom offenen Ozean zum Riff, manche Haie zum Beispiel. Vor Haien braucht sich der Taucher aber nicht zu fürchten, sie weichen dem Menschen eher aus, wird den Touristen auf den Malediven versichert. Das stimmt in der Regel auch, denn die Haie sind auf der Jagd nach Fischen und Krebsen und nicht nach einer Beute, die annähernd so groß ist wie sie selber. Bei den Malediven-Atollen sind der Graue Riffhai und der Weißspitzenhai heimisch. Viele Jahre haben Touristen auf Tauchgang diese Haie sogar aus der Hand gefüttert, ebenso wie die imposanten Stachelrochen, Zackenbarsche und Muränen. Das kann die Fische von der Fütterung abhängig machen und stört das biologische Gleichgewicht der Arten. Wenn Taucher hungrige Fische enttäuschten, weil sie vom Füttern nichts wussten und nichts anzubieten hatten, sind sie manchmal verfolgt und sogar gebissen worden. Heute versucht man, den Touristen das Füttern von Fischen abzugewöhnen.

Gefahren durch Erderwärmung Die Koralleninseln der Malediven sind vom Anstieg des Meeresspiegels infolge zunehmender Erderwärmung besonders betroffen. Schon 18 bis 59 Zentimeter würden ausreichen, um viele Inseln unbewohnbar zu machen. In einer medienwirksamen, spektakulären Aktion des Präsidenten Mohamed Nasheed und seiner 13 Kabinettsmitglieder wurde die Weltöffentlichkeit auf die Bedrohung der Malediven durch den Meeresspiegelanstieg infolge der Klimaerwärmung aufmerksam gemacht. Sie unterschrieben in der Lagune von Girifushi am 17. Oktober 2009 im Vorfeld des Weltklimagipfels in Kopenhagen eine Erklärung zum Klimaschutz, in der sie die internationale Gemeinschaft zur weiteren Reduzierung des CO_2-Ausstoßes aufriefen. Das Besondere an dieser Aktion war: Sie fand unter Wasser statt.

SRI LANKA

Der bis 1972 Ceylon genannte Inselstaat ist heute ein beliebtes Reiseland. Mit seinen tropischen Naturlandschaften, kulturhistorischen Sehenswürdigkeiten, ausgedehnten Stränden und einer artenreichen Tier- und Pflanzenwelt verfügt Sri Lanka über ein großes touristisches Potenzial. Die wirtschaftliche Entwicklung wird jedoch durch die politische Instabilität behindert. Ihre Ursache liegt in den Spannungen zwischen überwiegend sich zum Hinduismus bekennenden Tamilen und buddhistischen Singhalesen, der mit Abstand größten Bevölkerungsgruppe.

SRI LANKA

DAS LAND

Offizieller Name: *Demokratische Sozialistische Republik Sri Lanka*

Internationales Kfz-Kennzeichen: *CL*

Geografische Lage: *Südasien; zwischen 5° 55' und 9° 50' nördlicher Breite sowie 79° 42' und 81° 52' östlicher Länge*

Fläche: *65 610 km²*

Hauptstadt: *Colombo*

Klima: *Tropisches, feucht-heißes Monsunklima; Colombo 26,9 °C / 2368 mm*

Zeitzone: *Mitteleuropäische Zeit +4,5 Std.*

BEVÖLKERUNG

Einwohnerzahl: *20,5 Millionen*

Bevölkerungsdichte: *312 Ew./km²*

Bevölkerungsverteilung: *15 % Stadt, 85 % Land*

Jährliches Bevölkerungswachstum: *0,8 %*

Lebenserwartung: *Frauen 77 Jahre, Männer 73 Jahre*

Religionen: *Buddhisten; Hindus, Christen, Muslime*

Sprachen: *Singhalesisch (Sinhala), Tamil (Amtssprachen); Malaiisch, Englisch*

Analphabetenrate: *8 %*

Strahlend schöne Perle im Indischen Ozean

Sri Lankas Hauptinsel ähnelt einer Perle, einem Tropfen gleich, der sich von Indiens Südspitze gelöst hat. Die Landschaft variiert vom hochgebirgsartigen Bergland im Landesinneren bis zu den Mangrovensümpfen und Sandstränden an der Küste, wo sich Lagunen, Nehrungen und Strandseen ausbreiten. Das Klima bietet Abwechslung zwischen Regenzeiten und niederschlagsarmen Zeiten. Flora und Fauna zeichnen sich durch einen beeindruckenden Artenreichtum aus. Und nicht zuletzt herrscht in der Bevölkerung mit Singhalesen, Tamilen, Mauren, Wedda und Burgher große Vielfalt, aber nicht immer Eintracht.

GEOGRAFIE UND NATUR

Der Staat Sri Lanka umfasst die Insel Ceylon, die in tropischen Breiten südöstlich des indischen Subkontinents liegt, und 23 kleinere Inseln. Indien und Sri Lanka sind durch den Golf von Mannar und die 50 Kilometer breite Palkstraße getrennt, in der aber eine ganze Reihe von Riffen und kleinen Inseln liegen, die darauf schließen lassen, dass dort einmal eine Landbrücke aus Korallenriffen bestanden hat. Die Ausdehnung der Insel im Indik beträgt von Norden nach Süden etwa 430 Kilometer und von Westen nach Osten etwa 220 Kilometer. Das Innere der Insel wird bestimmt vom zentralen Hochland, dessen höchster Berg der Pidurutalagala (2524 m) ist; weitaus bekannter ist jedoch der 2243 Meter hohe Adam's Peak. Er wird als heiliger Berg verehrt und gleichermaßen von Hindus, Buddhisten und Muslimen als Wallfahrtsort besucht.

Im Zeichen des Monsuns In Sri Lanka herrscht ein feucht-heißes Tropenklima. Der ganzjährig feuchte Südwesten weist hohe Jahresniederschlagsmengen von bis zu 2500 Millimeter auf. Den Großteil des Niederschlags bringt der Südwestmonsun zwischen Mai und August. Das zentrale Hochland wirkt dabei als Wetterscheide, sodass der im Windschatten gelegene Nordosten bzw. Osten während des Südwestmonsuns nur wenig Regen bekommt. Der trockenere Osten steht von November bis Februar unter dem Einfluss des Nordostmonsuns. Die durchschnittlichen jährlichen Niederschlagsmengen betragen dort 1000 bis 1500 Millimeter.

Von dichtem tropischem Regenwald sind die Bergregionen rund um den Adam's Peak bedeckt. Auf der Bergspitze befindet sich ein kleines buddhistisches Kloster, das die heilige Fußspur Buddhas, Shivas, Adams oder des Apostels Thomas bewahrt.

GEOGRAFIE, BEVÖLKERUNG

Die Temperaturen im Hochland sind mild, in den höchsten Lagen können dennoch mitunter Nachtfröste auftreten. Jahreszeitliche Schwankungen der Temperaturen gibt es kaum, dagegen sind die Unterschiede zwischen Tag und Nacht gravierender. Im Tiefland herrscht aufgrund der extrem hohen Luftfeuchtigkeit von 80 bis 90 Prozent eine drückende Schwüle, die das Klima dort schwer erträglich macht. Das Meer hat Wassertemperaturen von 25 °C bis 27 °C. Doch gerade diese relativ hohen Wassertemperaturen bergen Potenzial für die Entstehung von Wirbelstürmen, die meist in den Golf von Bengalen ziehen.

Wälder als Vogelparadies

Die Flora der Insel ist außerordentlich artenreich. Ein großer Teil der Insel ist von laubabwerfenden Monsunwäldern bedeckt, die jedoch bis auf das Naturschutzgebiet Sinharaja Forest Reserve im Landesinnern nicht mehr aus den ursprünglichen Pflanzengesellschaften bestehen. In den höchsten Lagen gibt es noch Reste von Nebelwäldern mit reichem Pflanzenwuchs im Unterholz, wie Bambus und Rhododendren, Moosen und Flechten. Allerdings wurden sie weitgehend für Teeplantagen abgeholzt. Auf den Hochflächen um 2000 Meter sind auch savannenähnliche Grasfluren verbreitet, die sogenannte feuchte Patana. An den Küsten und entlang der Flussmündungen gibt es Mangroven, deren Stelzwurzeln Flussschlamm festhalten und somit Boden für weitere Pflanzen schaffen. Der wohl typischste Baum Sri Lankas ist die Kokospalme, deren Früchte auf vielerlei Arten Verwendung finden. Weitere wichtige Tropenbäume sind der Eisenbaum, der Pagodenbaum (Frangipani), der Tulpenbaum und der Kapokbaum.

Die Tierwelt der Insel ist heute in ihrer ursprünglichen Fülle nur noch in Nationalparks wie Yala und Wilpattu vertreten. Zu den Großsäugern gehören der Asiatische Elefant, der Lippenbär und einige Raubkatzen, unter anderem Zibetkatzen und Leopard, der jedoch vom Aussterben bedroht ist. Daneben gibt es noch größere Bestände von Rotwild und verschiedenen Affenarten. In Sri Lanka gibt es etwa 80 Schlangenarten, von denen einige sehr giftig sind, wie Königskobra und Krait. Ein Paradies ist Sri Lanka für Vögel: Neben zahlreichen einheimischen Arten, von denen einige wie der Ceylon-Star endemisch sind, machen auch viele Zugvögel auf der Insel Rast.

BEVÖLKERUNG

In Sri Lanka sind die Singhalesen und die Tamilen die vorherrschenden Völker, von denen keines ursprünglich auf der Insel ansässig war. Das Verhältnis zwischen beiden ist äußerst gespannt, da sich die Tamilen von den Singhalesen als „Bürger zweiter Klasse" behandelt fühlen.

Singhalesen – das Hauptvolk

Die Singhalesen, die knapp drei Viertel der Bevölkerung ausmachen, wanderten im 5. Jahrhundert v. Chr. aus Nordindien nach Sri Lanka ein. Mehr als 2000 Jahre lang, bis die Briten ins Land kamen, hatten sie die Königsmacht inne. Die meisten Singhalesen sind zwar Buddhisten, dennoch besitzen sie ein Kastensystem, das stark am Hinduismus orientiert ist. Die Kasten sind durch Berufsgruppen bestimmt, etwa Bauern, Fischer oder Priester.

Ein Kind gehört automatisch der Kaste seiner Eltern an; Ehen zwischen Angehörigen verschiedener Kasten sind auch heute noch eher die Ausnahme. Die Singhalesen gliedern sich in zwei große Gruppen: die Kandy-Singhalesen im Bergland, die noch stark den überlieferten Traditionen anhängen, und die Singhalesen im Tiefland, die dem Fortschritt aufgeschlossen gegenüberstehen.

Indien- und Sri-Lanka-Tamilen

Die Tamilen stellen mit etwa 18 Prozent die zweitgrößte Bevölkerungsgruppe. Die Mehrheit der Tamilen kann ihre Herkunft auf Einwanderer zurückführen, die kurz nach der Zeitenwende aus Südindien einwanderten. Diese sogenannten Sri-Lanka-Tamilen leben vorwiegend an der Nord- und Nordostküste. In der Nordprovinz stellen sie 95 Prozent der Bevölkerung. Die Indien-Tamilen sind mit etwa 5 Prozent der kleinere Teil dieser Volksgruppe. Sie sind Nachfahren der Plantagenarbeiter, die im 19. Jahrhundert von den Briten angeworben wurden. Sie haben ihre Dörfer und

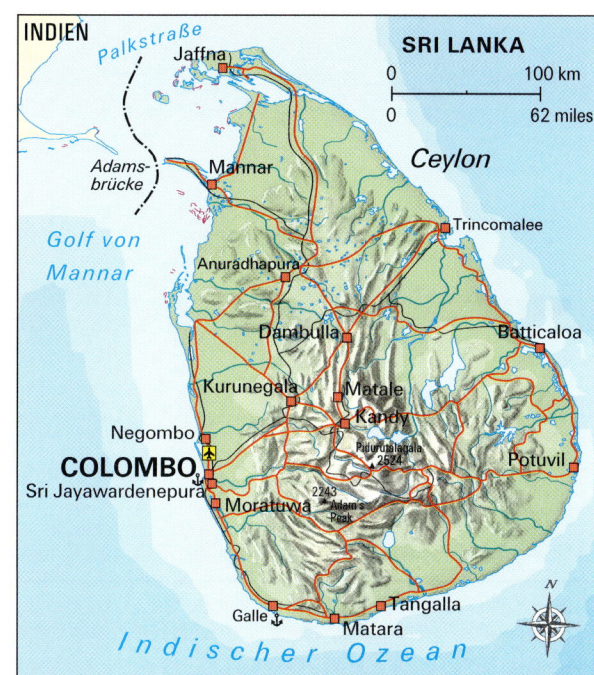

Ein Holzschnitzer bemalt ein Standbild von Ganesha, einem Hindugott, der von den Tamilen verehrt wird. Er beseitigt alle Hindernisse und beschützt die Gelehrsamkeit.

Städte vorwiegend im zentralen Hochland, wo sie auch mit Kandy-Singhalesen zusammenleben. Als mehrheitlich gläubige Hindus besitzen sie ein striktes Kastensystem.

Mauren, Burgher und Wedda

Die Mauren oder Moors (7 %) sind die Nachfahren arabischer Seefahrer und Händler, die um das Jahr 1000 den Handel in den Häfen des Südwestens dominierten. Eine weitere, sehr kleine Bevölkerungsgruppe von etwa 34 000 Menschen sind die Burgher. Die Bezeichnung stammt aus dem Niederländischen und wird für alle hellhäutigen Nachfahren der Kolonialherren mit tamilischen bzw. singhalesischen Frauen verwendet.

Die Ureinwohner Sri Lankas, die Wedda, sind heute nur noch mit etwa 1000 Menschen vertreten. Durch die fortschreitende Rodung des Dschungels wird ihnen ihr angestammter Lebensraum genommen, und sie werden in abgelegene Bergregionen zurückgedrängt.

Tolerante Buddhisten

Knapp 70 Prozent aller Bürger des Landes bekennen sich zum Buddhismus, und zwar dem Theravada- bzw. Hinayana-Buddhismus. Diese ursprünglichste Form des Buddhismus lehrt, dass jeder aus eigener Erkenntnis, ohne fremde Hilfe, zum Nirwana gelangen muss. Es entspricht dem Wesen dieser Religion und ihrer Anhänger, Toleranz gegenüber Andersgläubigen zu üben. Unter dem Schutz der Religionsfreiheit konnten die Tamilen den Hinduismus, die Mauren den Islam und die Europäer das Christentum pflegen. Die tiefe Verehrung, die allen Religionen zuteil wird, zeigt sich eindrucksvoll bei der Teilnahme von Andersgläubigen an den großen religiösen Festen, wie beim Esala-Perahera in Kandy, einem buddhistischen Fest, an dem Hindus vertreten sind.

SRI LANKA

Unter den Augen Buddhas

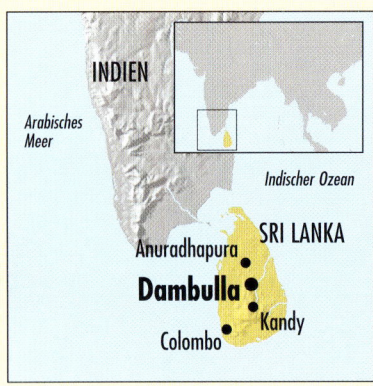

Kurzbeschreibung: *Fünf Höhlentempel mit buddhistischen Wandmalereien in einem Gneisfels auf einer Fläche von 2326 Quadratmeter sowie 157 Buddhastatuen, unter anderem in der Götterkönigshöhle (Devaraja Vihara) einem liegenden, die Höhle ausfüllenden Buddha und in der 48 Meter langen und 15 Meter breiten Höhle der großen Könige (Maharaja Vihara) einem segnenden Buddha, hölzernen Figuren der Bodhisattvas Maitreya und Avalokiteshvara und Bildnissen der Könige Vattagamini Abhaya und Nissankamalla sowie im „Neuen Großen Tempel" (Maha Alut Vihara) die Statue des letzten Kandy-Königs Kirti Sri Rajasinghe*

Lage: *Dambulla, zwischen Kandy und Anuradhapura*

Ernennung: *1991*

Bedeutung: *Seit mehr als 2000 Jahren eine wichtige Pilgerstätte und der auf Sri Lanka am besten erhaltene Höhlentempelkomplex mit buddhistischen Wandmalereien*

Zur Geschichte:

103 v. Chr. *Einfall der südindischen Panca-Drawiden*

100 v. Chr. *Nachweisliche Entstehung*

11./12. Jh. *Erste Phase der Ausgestaltung*

1187–1196 *König Kirti Sri Nissankamalla*

15.–18. Jh. *Zweite Phase der Ausgestaltung an den Wänden und Decken im Devaraja Vihara*

1747–1781 *Restaurierung durch Kandy-König Kirti Sri Rajasingha, den Erneuerer des Buddhismus*

Die weiß strahlenden Vorbauten sind jüngeren Datums. Sie schaffen einen repräsentativen Zugang zu den Höhlentempeln.

Im Höhlenraum von Maharaja Vihara befinden sich über 150 Buddhastatuen in unterschiedlichen Positionen. Die Bemalungen wurden im 18. Jahrhundert von Künstlern der Kandy-Schule aufgetragen.

Ein paar Sekunden dauert es, bis sich die Augen an die Dunkelheit gewöhnt haben und mattes Gold im Schein schwacher Lichtquellen sichtbar wird. Die Haut signalisiert angenehme Kühle, die Nase nimmt leicht modrige Höhlenluft wahr: erste flüchtige Eindrücke beim Betreten des Felsentempels. Sekunden später tauchen sie dann in ganzer Pracht wie mystische Grüße aus vergangenen Zeiten auf: ein überlebensgroßer, friedlich darniederliegender Buddha, goldglänzende Buddhastatuen im Lotossitz und kunstvoll mit Temperamalereien überzogene Felsengewölbe. Es scheint, als ob man unversehens durch eine Geheimtür die Schatzkammer eines Palastes betreten hat.

Ein Geschenk des Königs Dambulla ist die größte und besterhaltene Tempelanlage des Landes. Sie umfasst fünf buddhistische Höhlentempel mit zahlreichen Statuen und Wandmalereien. In den Felsenhöhlen suchte einst der Singhalesenkönig Valangamu Bahu aus Anuradhapura Zuflucht vor den eingefallenen südindischen Panca-Drawiden, die schon weite Teile der Insel besetzt hielten. 14 Jahre lang blieb er bei den Mönchen von Dambulla, bevor er 103 v. Chr. von dort aus mit der Wiedereroberung seiner Residenz begann. Nachdem er auf seinen Thron zurückkehren konnte, stiftete er als Dank einen prachtvollen Buddhatempel. Man nimmt an, dass es König Nissankamalla im 12. Jahrhundert war, der Reste des Tempels restaurieren und zu heutiger Schönheit umgestalten ließ. In kriegerischen Zeiten sollen dort immer wieder Könige Zuflucht gefunden haben. Der Überlieferung zufolge wurden in den Höhlen von Dambulla sogar Krönungszeremonien abgehalten.

Eine touristische Attraktion Ehe man im Goldenen Felsentempel seine innere Ruhe suchen kann, steigt man die langgezogene Treppe auf rund 122 Meter Höhe hinauf. Besonders aufdringlich sind zahlreiche Äffchen, die an der Treppe zum Tempeleingang herumtollen und berüchtigt dafür sind, alles zu stehlen, was klein und handlich ist oder auch nahrhaft sein könnte. Außerhalb des Heiligtums haben sich Händler und Schlangenbeschwörer eingefunden, die tagtäglich aufs Neue auf zahlungskräftige Kunden hoffen, denn Dambulla zählt zu den touristischen Höhepunkten einer Reise nach Sri Lanka.

Auf das angemessene Auftreten der Besucher wird streng geachtet: keine unbedeckten Schultern, keine in kurze Hosen gezwängten Touristenbeine. Doch für den Fall der Fälle ist man vorbereitet, da die gestrengen Tempelwächter togaartige Stoffbahnen in dezenten Farbtönen zum Bedecken unschicklicher Blöße bereithalten.

WELTERBE: GOLDENER FELSENTEMPEL VON DAMBULLA

Buddha in dekorativer Umgebung Auf die mit 15 Metern Länge größte Buddhastatue der Tempelanlage stößt man gleich in der ersten Höhle. Der Religionsstifter ruht hier unter den wachsamen Augen seines Bruders und Schülers Ananda mit geschlossenen Augen. Über dem Kopfende Buddhas erhebt sich die Statue Vishnus.

Die sich anschließende Höhle, Maharaja Vihara, gehört zu den beeindruckendsten Heiligtümern Dambullas. Sie birgt über 150 stehende und sitzende Buddhastatuen, lebensgroße Standbilder von Hindugottheiten wie Saman und Upulvan (Vishnu) sowie von singhalesischen Königen. Die Felshöhle ist so geräumig, dass selbst für einen Stupa Platz ist. Die etwa sieben Meter hohe Decke ist über und über mit Buddhabildern verziert. In einer großen Schale wird Wasser gesammelt, das hier von der Höhlendecke tropft – angeblich das kühle Nass eines unterirdischen, der Legende nach bergauf fließenden Flusses, der auch in der Trockenzeit nicht versiegt.

Die Gewölbe der Höhlen sind mit Fresken und Steingravuren bedeckt, die auch Szenen aus dem Leben Buddhas zeigen – vom Traum des Mahamaya bis zur Versuchung durch den Dämonen Mara sowie die erste Predigt Buddhas. Die meisten Temperamalereien an den Decken und Wänden sind vermutlich in ihrem heutigen Erscheinungsbild etwa 1000 Jahre alt. Die Meinungen der Fachwelt zum Alter gehen gleichwohl weit auseinander. Einzelne Experten unterstellen, dass die leuchtenden Farbtöne erst zu Beginn des 20. Jahrhunderts aufgetragen wurden. Dennoch datieren auch sie die ältesten erhaltenen Fresken zumindest ein halbes Jahrtausend weit in die Vergangenheit zurück. Die dekorativen Motive der Malereien sind so beliebt, dass man sie häufig in Batikstoffen wiederfindet. Sie wurden in neuerer Zeit restauriert.

Wandgemälde mit der Darstellung hinduistischer Gottheiten. Sie wurden im 18. Jahrhundert von Künstlern der Kandy-Schule übermalt, wobei sie einen roten Grundton mit einem leuchtenden Gelb bevorzugten, um den dekorativen Charakter hervorzuheben (rechts).

Mit seinen 15 Metern Länge füllt der liegende Buddha die Götterkönigshöhle aus. An seinem Kopfende sitzt Vishnu, die neunte Inkarnation Buddhas. Er wird als Schutzgottheit verehrt. Über den Statuen schmücken farbige Deckengemälde mit dem sitzenden Buddha als wiederkehrendes Motiv den Raum (unten).

SRI LANKA

GESCHICHTE

483 v. Chr.–1017 n. Chr. *Singhalesische Herrschaft: Anuradhapura-Periode*

13.–15. Jh. *Bürgerkriege spalten das singhalesische Reich*

ab 1505 *Portugal wird die erste europäische Kolonialmacht auf der Insel*

1655 *Niederländer lösen die Portugiesen als Kolonialherren ab*

1815 *Die Insel wird britische Kronkolonie*

1948 *Unabhängigkeit*

1972 *Ceylon wird Republik und ändert seinen Namen in Sri Lanka*

1983–2009 *Tamilische Guerillaverbände (LTTE) versuchen mit Waffengewalt einen eigenen Tamilenstaat zu errichten*

1995 *Regierungstruppen erobern die LTTE-Hochburg Jaffna*

1998 *Nach Scheitern der Friedenspläne brechen schwere Kämpfe aus*

2002 *Regierung und tamilische Guerillaorganisation LTTE schließen Waffenstillstandsabkommen (gültig bis 2008)*

2004 *Der Tsunami eines Seebebens verwüstet am 26. 12. den Südwesten der Insel und fordert über 38 000 Menschenleben*

2005 *Zum neuen Staatsoberhaupt wird der bisherige Premierminister Mahinda Rajapakse gewählt (erneut 2010)*

2009 *Regierungstruppen beenden mit der Zerschlagung der LTTE und Eroberung des von ihr beherrschten Gebiets den Bürgerkrieg*

POLITIK

Staatsform: *Präsidiale Republik*

Staatsoberhaupt: *Staatspräsident*

Legislative: *Nationalversammlung mit 225 Abgeordneten*

Verwaltungsgliederung: *9 Provinzen*

WIRTSCHAFT

Währung: *1 Sri-Lanka-Rupie (S.L.Re.) = 100 Sri-Lanka-Cents*

Bruttoinlandsprodukt: *39,6 Mrd. US-$*

Bruttonationaleinkommen/Einw.: *1540 US-$*

Außenhandel: *Import 12,5 Mrd. US-$, Export 8,5 Mrd. US-$*

Auslandsverschuldung: *19,5 Mrd. US-$*

Nach der erfolgreichen Militäroffensive der Regierungstruppen gegen die Rebellengruppe Tamil Tigers wurden die erbeuteten Waffen ausgestellt und den interessierten Besuchern von Soldaten erklärt.

Ein langer Konflikt entzweit das Land

Die Geschichte Sri Lankas ist über Jahrhunderte von Auseinandersetzungen zwischen seinen beiden größten Bevölkerungsgruppen, den Singhalesen und Tamilen, bestimmt gewesen. Auch die vergangenen Jahrzehnte waren von einem blutigen Bürgerkrieg beherrscht, der erst 2009 beendet wurde. Sri Lanka gehört zu den armen Ländern der Welt, obwohl es einige Exportprodukte von Weltgeltung hat. Edelsteine aus Sri Lanka können es jederzeit mit ihrer südafrikanischen Konkurrenz aufnehmen, und Ceylon-Tee ist weltweit für seine hohe Qualität bekannt.

GESCHICHTE UND POLITIK

Sri Lanka hat im Verlauf seiner Geschichte verschiedene Namen getragen. In der Antike war die Insel unter dem Namen Taprobane bekannt. Arabische Reisende nannten es Serendib. Lange Zeit trug es den Namen Ceylon, unter dem noch immer sein weltbekannter Tee gehandelt wird. Die heute offizielle Bezeichnung Sri Lanka bekam das Land erst im Jahr der Unabhängigkeit. Damit sollte die Abkehr von der feudalistischen und kolonialen Vergangenheit signalisiert werden.

Frühe Besiedlung durch Singhalesen und Tamilen

Die dokumentierte Geschichte Sri Lankas beginnt mit dem Jahr 483 v. Chr., als Prinz Vijaya, der von seinem Vater aus Nordindien ver-

trieben worden war, mit seinen Gefolgsleuten auf der Insel an Land ging. Dies ist auch der Beginn der singhalesischen Herrschaft auf Sri Lanka. In der Mitte des 3. Jahrhunderts v. Chr. fallen die Angriffe südindischer Tamilenherrscher, die Hauptstadt des Singhalesen-Reichs, Anuradhapura, zeitweise besetzten.

Heftige Kämpfe folgten ab 477 n. Chr., als Kassapa I. seinen Vater ermordete und auf der Flucht vor der Rache seines Bruders Moggallana die Bergfestung Sigiriya erbaute. Moggallana holte tamilische Söldner aus Indien gegen seinen Bruder zu Hilfe. Die Tamilen besiedelten den Norden des Landes und verteidigten mit der Unterstützung indischer Tamilen ihre Unabhängigkeit. Im 10. Jahrhundert wurde Anuradhapura zerstört.

In den zweieinhalb Jahrhunderten bis zur Ankunft der Europäer entstand ein stabiles tamilisches Königreich im Norden mit der Hauptstadt Jaffna. Das singhalesische Reich war zerstritten und hatte zeitweilig zwei Hauptstädte: Kotte und Kandy. Bürgerkriege waren vom 13. bis 15. Jahrhundert an der Tagesordnung.

450 Jahre Kolonialherrschaft

Als die Portugiesen 1505 nach Sri Lanka kamen, fanden sie eine Insel mit drei zerstrittenen Königreichen vor. Sie hatten daher ein relativ leichtes Spiel, die Herrschaft über die Insel zu erlangen. Nur das singhalesische Königreich um Kandy konnten sie nicht erobern.

Die Niederländische Ostindien-Kompanie kam zu Beginn des 17. Jahrhunderts auf die Insel. Bis 1655 verdrängten die Niederländer die Portugiesen, doch das Königreich um Kandy konnten auch sie nicht unterwerfen. Das gelang erst den Briten, die 1796 erstmals ihren Fuß auf die Insel setzten und sie 1815 unter dem Namen Ceylon zur britischen Kronkolonie erklärten. Der wirtschaftliche Nutzen bestand für die Kolonialherren im Kaffee- und Tee-Anbau.

Zu Beginn des 20. Jahrhunderts bildete sich eine singhalesische nationalistische Bewegung. Damit begann der Weg zur Unabhängigkeit, der schließlich am 4. Februar 1948 zum Ziel führte.

Bruderkrieg und Blutvergießen

Die von den Briten ausgebaute Plantagenwirtschaft offenbarte nach der Unabhängigkeit den Klassengegensatz zwischen singhalesischen bzw. ausländischen Großgrundbesitzern und Millionen von armen Landarbeitern, vor allem Tamilen. Sie waren von den Briten seit 1840 in Südindien angeworben worden und bildeten nun neben den alteingesessenen Sri Lanka-Tamilen ein neues Minderheitenproblem. Die Politik des Sozialisten Solomon

GESCHICHTE, WIRTSCHAFT

Bandaranaike (1899–1959) bevorzugte die singhalesische Mehrheit und benachteiligte die Tamilen. Aus dem 1956 erlassenen Sprachengesetz, das Singhalesisch anstelle von Englisch zur offiziellen Sprache erhob, erwuchsen die bis heute ungelösten Spannungen zwischen den Singhalesen und Tamilen, die sich alsbald gewaltsam entluden. Im Juli 1983 begingen tamilische Terroristen ein Attentat, das von den Singhalesen mit Pogromen an der tamilischen Bevölkerung beantwortet wurde. Ein großer Teil der Tamilen floh in den von Tamilen besiedelten Norden der Insel um Jaffna. Die Guerillaorganisation LTTE (Liberation Tigers of Tamil Eelam) versuchte, mit Waffengewalt einen eigenen tamilischen Staat im Norden der Insel zu erzwingen. Sie wurden dabei von Indien unterstützt.

Die LTTE bekämpfte nicht nur die Singhalesen, sondern terrorisierte auch die tamilische Bevölkerung, mit der Folge, dass einige hunderttausend Flüchtlinge ihre Heimat verließen. Nachdem der Bürgerkrieg bereits fast 40 000 Menschenleben gefordert und die immensen Militärausgaben zu einer Verarmung des Landes geführt hatten, fanden 1995 Verhandlungen statt, die aber scheiterten. Das führte zu einem erneuten Aufflammen des Bürgerkriegs, sodass weitere Zehntausende von Menschen ums Leben kamen.

Erst im Februar 2002 führten Unterredungen zu einem Waffenstillstand. Da aus den Parlamentswahlen 2004 die antitamilische Gruppierung gestärkt hervorging, waren weitere Schritte der Annäherung erschwert. Nach der Kündigung des Waffenstillstands gingen Regierungstruppen in die militärische Offensive, zerschlugen die LTTE und besetzten bis Mai 2009 das von den „Befreiungstigern" beherrschte Gebiet. Einige tausend Rebellen flohen in den Dschungel im Nordosten der Insel. Erst mit einer politischen Lösung, die die gesellschaftliche Diskriminierung der Tamilen unterbindet, wird das Land einen friedlichen Weg in die Zukunft finden.

WIRTSCHAFT, VERKEHR UND KOMMUNIKATION

Der größte Teil der Agrarprodukte Sri Lankas wird auch heute noch auf riesigen Plantagen erzeugt, eine Hinterlassenschaft der Kolonialzeit; die Portugiesen schufen die Grundlagen der Plantagenwirtschaft, und die Briten bauten sie in großem Stil aus. Die einst dominierende Landwirtschaft hat heute noch einen Anteil von 12 Prozent am Bruttoinlandsprodukt. In den letzten Jahren hat sich die Industrie stark entwickelt. Von Bedeutung sind vor allem die Textil- und Elektroindustrie sowie die Feinmechanik. Textilien haben einen Anteil von mehr als 40 Prozent am Exportwert. Ratnapura, südöstlich von Colombo gelegen, ist das Zentrum des Edelsteinabbaus. Die Edelsteinminen (unter anderem Diamanten, Rubine, Saphire) Sri Lankas sind nach Ansicht von Geologen noch kaum ausgebeutet.

Tee, Kautschuk und Kokospalmen Das international wohl bekannteste Agrarprodukt ist der Tee. Sri Lanka liefert vorwiegend schwarzen Tee. Zusammen mit Kenia und China gehört der Inselstaat zu den größten Tee-Exporteuren der Welt. Der zweitwichtigste Exportartikel der Landwirtschaft ist Kautschuk; die Hauptanbaugebiete liegen im Südwesten der Insel. Neben Reis als Grundnahrungsmittel ist die Kokospalme eine wichtige Kulturpflanze, aus deren Teilen zahlreiche Produkte hergestellt werden. Zur Fülle der landwirtschaftlichen Produkte gehören auch Zuckerrohr, Früchte und Gewürze. Noch immer große Bedeutung hat die Fischerei, die küstennah sowohl mit Netzen vom Strand aus als auch von Booten aus betrieben wird.

Das Verkehrsnetz – Erbe der Kolonialzeit

Die Verkehrsinfrastruktur Sri Lankas entstand in der Kolonialzeit und ist gut ausgebaut. Das Straßennetz ist vor allem im Südwesten relativ dicht. Allerdings sind viele Straßen für den heutigen Verkehr zu schmal. Das Eisenbahnnetz hat nur eine geringe Streckenlänge, doch sind fast alle Teile des Landes mit der Hauptstadt Colombo verbunden. Neben einigen schiffbaren Flüssen gibt es Kanäle, die noch von den Niederländern angelegt wurden. Über die Seehäfen Colombo, Trincomalee und Galle wird ein Großteil der Seetransporte abgewickelt. Nördlich von Colombo befindet sich der internationale Flughafen Bandaranaike Airport.

Staatlich gelenkte Medien Seit 1995 wird die Inlandspresse von einer Zensurbehörde kontrolliert. Führende Zeitungsgruppe ist die staatliche Lake-House-Gruppe, die unter anderem die Tageszeitungen *Dinamina* (Singhalesisch), *Daily News* (Englisch) und *Thinakaran* (Tamil) herausgibt. Auflagenstärkste Tageszeitung ist die unabhängige *Lankadeepa,* die in Englisch und Singhalesisch erscheint. Auch die zahlreichen privaten Hörfunk- und Fernsehsender benötigen zur Verbreitung ihrer Programme eine staatliche Lizenz. Landesweit können Programme der staatlichen Sender empfangen werden.

Sri Lanka ist einer der weltgrößten Produzenten von Naturkautschuk. Der Kautschukbaum kann ab dem sechsten Jahr „angezapft" werden. Aus der eingeschnittenen Rinde tropft weiße Latexmilch, die in Kokosnussschalen gesammelt wird (rechts).

In dieser Produktionsstätte lagern in großen Behältern Kräuter in ihrem Sud. Aus ihnen wird mit einer hydraulischen Presse ein Extrakt gewonnen, der in der Ayurveda-Heilbehandlung eingesetzt wird (unten).

SRI LANKA

Aromatisches Exportgut: der Ceylon-Tee

Tee ist das wichtigste landwirtschaftliche Exportprodukt Sri Lankas. Tee aus Sri Lanka wird wegen seines zarten Geschmacks und milden Aromas geschätzt. Im deutschen Fachhandel wird er häufig auch unter der Bezeichnung Ceylon-Tee geführt – nach Ceylon, dem bis 1972 offiziellen Namen Sri Lankas. Tee von dort ist schon seit der Kolonialzeit in Europa als Qualitätsprodukt bekannt. Mitte des 19. Jahrhunderts lösten Teeplantagen die bis dahin vorherrschenden Kaffeepflanzungen ab, da die Kaffeepest von 1867 die Pflanzen vernichtete.

Die ertragreichsten Anbaugebiete befinden sich in Hanglagen des zentralen Hochlands: Nuwara Eliya, Uva, Dimbula und Kandy. Die beste Qualität bieten Pflanzen aus Höhenlagen zwischen etwa 800 und 1200 Metern – dort sind die klimatischen Bedingungen sowie die Beschaffenheit der Böden ideal. Der schnellwüchsige Teestrauch wird alle ein bis zwei Wochen abgeerntet, das heißt die Teeblätter werden nach wie vor noch weitgehend von Hand gepflückt *(linke Seite oben)*. Jede Pflückerin schüttet die von ihr mühevoll gepflückten Blätter zum Wiegen in Jutesäcke *(unten)*. Für die gewogene Menge wird sie entlohnt.

Um die noch harten, grünen Teeblätter weich zu bekommen, werden sie gewelkt, das heißt sie werden einige Stunden auf Trockengestellen ausgebreitet oder auf ein Fließband gelegt, welches einen sogenannten Welktunnel durchläuft. Die Teeblätter verlieren dabei bis zu 40 Prozent ihres Frischgewichts an Wasser. Beim anschließenden Rollen werden die Blattzellen mit rotierenden Zylindern aufgebrochen. Dabei wird Flüssigkeit freigesetzt, die mit Luftsauerstoff in Berührung kommt, wodurch die Fermentation einsetzt. Sie dauert nur etwa zwei bis drei Stunden. In dieser Zeit sind die Blätter auf Tischen oder in großen Wannen ausgebreitet und werden gelegentlich befeuchtet. Der Stand der Fermentation wird ständig geprüft, da von ihr letztendlich die Qualität des Tees abhängt.

Nach der Fermentation wird der Tee in einer Heißluftkammer getrocknet, wobei er eine dunklere Farbe annimmt. Zuletzt werden die Teeblätter noch nach Blattgraden gesiebt, um die verschiedenen Blattgrößen, wie Blattknospen, oberstes Blatt, zerbrochene Blätter usw., voneinander zu trennen. Bevor der Tee den Weg in ferne Länder antritt, wird er noch in verschiedene Portionsgrößen verpackt – als loser Tee oder in Teebeuteln *(linke Seite unten)*.

SRI LANKA

Urlaubsfreuden auf einer tropischen Insel

Sri Lanka hat Touristen mit den unterschiedlichsten Interessen etwas zu bieten. Alte Kulturstätten wie Anuradhapura oder Polonnaruwa geben ebenso wie Zeugnisse der Kolonialzeit lebendige Einblicke in die Geschichte des Landes. Naturliebhaber können in den Nationalparks eine artenreiche Tier- und Pflanzenwelt kennen lernen. Wer nur entspannen möchte, findet herrliche Sandstrände mit ganzjährig warmem Klima und angenehmen Wassertemperaturen. Besonders beliebt sind dort Wellness-Hotels mit Anwendungen und Ernährung auf Ayurveda-Basis.

SRI LANKA ALS REISELAND

Mit einer vielfältigen Landschaft, ausgedehnten Stränden für den Badeurlaub, einer artenreichen Tier- und Pflanzenwelt sowie Kunst und Kultur von Weltrang verfügt Sri Lanka über ein großes Potenzial als Reiseland.

Buddha scheint allgegenwärtig: Man spürt dies zum Beispiel auf kurzen Taxitouren über die Insel. Immer wieder sieht man Autos mit laufendem Motor vor Tempeln halten. Geschwind springen die Fahrer aus ihrem Wagen und verharren, wenn auch nur für ein paar Sekunden, in Andacht, opfern eine Kokosnuss oder spenden ein paar Rupien, um sich alsbald wieder auf den Weg zu machen. „Ein Gebet muss sein", hört man den Taxifahrer sagen, „schließlich möchte jeder unterwegs stets wohlbehütet sein." Ist ausnahmsweise gerade kein buddhistisches Heiligtum in unmittelbarer Nähe, dann wird auch in einer Kirche oder in einem Hindutempel ein kurzes Gebet gesprochen. Auch dies ist Ausdruck eines anderen Religionen gegenüber toleranten Buddhismus.

Anuradhapura, die Hauptstadt des ersten singhalesischen Reichs, entwickelte sich ab dem 3. Jahrhundert v. Chr. zu einem religiösen Zentrum. Im Bild der restaurierte Ruvanveli-Kultbau (Dagoba).

Die Bergfestung Sigiriya ist für die zauberhaften Wandmalereien der Wolkenmädchen bekannt. Sie sind Teil eines Bilderzyklus auf den Felswänden am Weg zu der Felsenburg.

Reise in die Vergangenheit Die meisten der bedeutenden historischen Stätten, die auch zum UNESCO-Weltkulturerbe gehören, liegen im Innern der Insel. Sie hatten ihre Blütezeit in längst vergangenen Jahrhunderten und wurden nach dem Verlassen rasch vom Dschungel überwuchert, der sie auch teilweise vor Verfall und Zerstörung bewahrte.

Anuradhapura ist die älteste historische Stadt Sri Lankas; sie wurde bereits im 5. Jahrhundert v. Chr. gegründet und war etwa 1200 Jahre lang Königsstadt. Die meisten Bauten sind vom Buddhismus beeinflusst. Anuradhapura macht deutlich, wie beeindruckend selbst Ruinen sein können. Die alte Königsstadt ist sehr weitläufig – sie hat etwa die Ausdehnung von London –, weshalb für die Besichtigung motorisierte Führungen angeboten werden. Anuradhapura ist auch eine bedeutende heilige Stätte für Buddhisten aus aller Welt, die zu einem dünnen, von Eisenstreben gestützten Baum pilgern. Er soll aus einem Ableger des Bodhi-Baums gewachsen sein, unter dem Buddha im Norden Indiens die Erleuchtung fand.

Die Bergfestung Sigiriya geht auf eine Familientragödie im 5. Jahrhundert zurück. Der uneheliche Sohn Kassapa vertrieb seinen ehelichen Halbbruder Moggallana und machte sich selbst zum Herrscher. Er befürchtete jedoch die Rückkehr des rechtmäßigen Königs und ließ deshalb Sigiriya zu einer wehrhaften Festung ausbauen. Doch nicht seine Wehrhaftigkeit macht den heutigen Ruhm des Orts aus, sondern die herrlichen Wandmalereien mit den sogenannten Wolkenmädchen, die auch heute noch die Besucher mit ihrer Anmut bezaubern.

In Kandy befindet sich das bedeutendste Heiligtum des buddhistischen Sri Lanka: der Zahn-

REISELAND

Colombo – dynamische Metropole mit kolonialer Vergangenheit

Über den alten, geschützten Naturhafen von Colombo, in dem die Trawler ihre Liegeplätze haben, erheben sich die 152 Meter hohen Zwillingstürme des modernen World Trade Centers Colombo und das Bürogebäude der Bank of Ceylon.

Die Hauptstadt Sri Lankas ist das kosmopolitische Zentrum des Landes, in dem sich dem Besucher die ethnische und religiöse Vielfalt der Nation offenbart. Colombo versucht heute den Anschluss an andere asiatische Metropolen zu finden und treibt die Mordernisierung voran. Bürotürme beginnen das Bild der Stadt zu beherrschen, doch daneben gibt es Zeugnisse verschiedener historischer Epochen wie das Alte Parlament, den Uhrturm, den Ganeshan-Tempel, die Town Hall, die Moschee Devatagaha und einige schöne Gärten wie den Viharamadevipark. Im Basarviertel Pettah haben die Händler der einzelnen Branchen, wie Juweliere, Uhrmacher, Textil- oder Gewürzhändler, jeweils ihre bestimmten Korridore und Plätze. Handeln gehört selbstverständlich zum Kaufvergnügen dazu.

Pulsierendes Herz Sri Lankas Im 16. Jahrhundert gaben die Portugiesen der alten Hafenstadt ihren jetzigen Namen. Später bauten die britischen Kolonialherren ab 1880 den Hafen aus, um die in Europa begehrten Erzeugnisse Sri Lankas – vor allem Tee und Kokospalmprodukte – vermehrt exportieren zu können. Heute verdankt der florierende Hafen seine herausragende Bedeutung und seinen hohen Warenumschlag vor allem der strategisch günstigen Lage an den großen Schifffahrtsrouten des Indischen Ozeans.

Über 670 000 Einwohner zählt die offizielle Statistik Colombos, Schätzungen gehen von weit höheren Zahlen aus. Die größte Stadt des Landes ist zugleich auch Hauptstadt Sri Lankas; der Regierungssitz wurde 1982 jedoch nach Sri Jayewardenepura verlegt, das nur 10 Kilometer von Colombo entfernt liegt.

SEHENSWERT

Nationalparks:
Bundala, Galoya Valley, Madura Oya, Minneriya, Pigeon Island, Ruhuna, Wasgomuwa, Wilpattu, Yala

Naturschönheiten:
Adam's Peak, Diyaluma-Wasserfall, heiße Quellen von Kanniyai

Städte:
Anuradhapura: *Abhayagiri Dagoba, Bo-Baum im Heiligtum Maha Vihare, Issurumuniya-Kloster, Posonfest, Ruvanveli Dagoba, Thuparama Dagoba; nahebei Klosterruinen von Mihintale, Buddhatempel Aukana Vihara*
Chilaw: *Shiva-Heiligtum Munneswaram Kovil*
Colombo: *Bandaranaike Memorial Conference Hall, Cinnamon Garden, Dutch-Period-Museum, Ganeshan-Tempel, Gordons Garden, holländische Viertel Hulftsdorp, Kathedrale St. Lucia, Kelaniya-Tempel, Kloster Gangaramaya, Moscheen Jami Ul-Alfar Jumma und Devatagaha, Nationalmuseum, altes Parlamentsgebäude, Pettah-Basar, Präsidentenresidenz, Simamalaka-Museum, Town Hall, Uhrturm, Viharamadevipark, Wolvendahl-Kirche, World Trade Center Colombo*
Dambulla: *Höhlentempel*
Galle: *Altstadt, Dutch Museum*
Kandy: *Botanischer Garten, ehem. Königspalast mit Audienzhalle, Esala-Perahera-Fest, Tempel Sri Dalada Maligawa (Zahntempel)*

Archäologische Stätten:
Mihintale, Polonnaruwa, Sigiriya

tempel. Dort wird eine Reliquie – ein Eckzahn Buddhas – in einem Schrein aufbewahrt, der einmal jährlich, zehn Tage vor dem Vollmond im Juli/August, beim Festumzug Esala Perahera auf einem Elefanten durch die Stadt getragen wird.

Die Kolonialzeit lässt grüßen Der britische Einfluss ist noch besonders deutlich in den Teeanbaugebieten im Bergland und in der Hauptstadt Colombo zu spüren. Der Hill Club in Nuwara Eliya, der bereits seit der zweiten Hälfte des 19. Jahrhunderts besteht, könnte ebenso gut irgendwo in Großbritannien angesiedelt sein; natürlich fehlt in der Nachbarschaft nicht der sattgrüne Rasen eines 18-Loch-Golfplatzes, dazu gibt es einen Park, der nach der britischen Königin Viktoria (1819–1901) benannt ist. In der Hafenstadt Galle gehen die kolonialen Spuren auf die Vorgänger der Briten zurück. Der portugiesische Handelshafen wurde um 1640 von den Niederländern erobert, die die Niederlassung ausbauten und zur Blüte führten. Die befestigte Altstadt ist erhalten geblieben und wurde von der UNESCO zum Weltkulturerbe erklärt.

Natur allerorten Die reizvolle Natur des Landes kann man am besten in den Nationalparks erleben. Am bekanntesten sind die beiden im Südosten gelegenen Nationalparks Yala West (Ruhuna) und Yala East. Im westlichen Teil kann man vor allem Elefanten und Rotwild beobachten, im östlichen Teil ist der Kumara-Mangrovesumpf mit seinen Flamingos eine Attraktion. Der Bundala-Nationalpark ist ein Paradies für Vogelbeobachter. Im Nordwesten ist der Wilpattu-Nationalpark für seine Leoparden bekannt; mit dem Madura-Oya-Nationalpark im Landesinneren wurde den Elefanten ein Rückzugsgebiet geschaffen.

Strandurlauber können an all den herrlichen Stränden einfach nur die Seele baumeln lassen. Es lohnt sich aber auch, die Tierwelt unter Wasser zu beobachten. Die schönsten Tauchplätze liegen bei Negombo und Hikkaduwa sowie an der Ostküste. Einen interessanten Einblick in den Schutz bedrohter Tierarten bieten die Aufzuchtstationen für Schildkröten entlang der Küste. Eine einzigartige Methode des Fischfangs kann man bei Koggala und bei Weligama an der Südküste bewundern. Auf sechs Meter hohen Stelzen hocken die Fischer stundenlang in der Küstenlagune und warten auf vorbeischwimmende Fische.

Am Strand von Hikkaduwa finden Bade- und Tauchurlauber hervorragende Verhältnisse für einen unbeschwerten Urlaub vor. Der feinsandige, von Palmen gesäumte Strand an der Südwestküste zählt zu den beliebtesten Feriengebieten Sri Lankas.

SRI LANKA

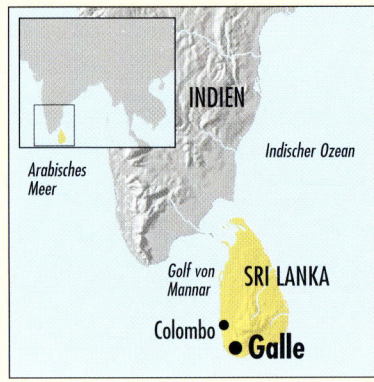

Kurzbeschreibung: *Vermischung europäischer und südasiatischer Baukunst in der von einem 2,5 Kilometer langen Schutzwall umschlossenen Altstadt*

Lage: *Galle, südlich von Colombo*

Ernennung: *1988*

Bedeutung: *Bestes Beispiel einer befestigten, von Niederländern erbauten Stadtanlage in Süd- und Südostasien*

Zur Geschichte:

1505 *Landung der Portugiesen*

1640 *Nach Invasion mit einer Armada von 12 Schiffen und 2000 Mann Übernahme durch die Niederländer*

1663 *Bau des Steinwalls mit drei Bastionen*

1694 *Errichtung eines Gebäudes für die niederländische Garnisonsverwaltung*

1755 *Bau der Groote Kerk*

1796 *Übernahme durch britische Kolonialverbände*

1863 *Umwidmung der Garnisonsverwaltung zum New Oriental Hotel*

1873 *Bau des Haupttors*

1883 *Bau des Uhrturms zu Ehren der britischen Königin Viktoria*

2004 *Verwüstungen und schwere Schäden in der Altstadt sowie mehrere Tausend Todesopfer durch Tsunami-Wellen; danach Wiederaufbau und Renovierung*

Eine Bastion der kolonialen Vergangenheit

Am heutigen nationalen Seefahrtsmuseum in Galle prangt – schon etwas verwittert – das Wappen der Niederländischen Ostindien-Kompanie.

Flache Häuser mit roten Ziegeldächern, die weiß leuchtende Moschee in den Gemäuern eines Kirchengebäudes, das tiefblaue Meer und die sich im Wind wiegenden Palmen verschmelzen in Galle zum romantischen Bild einer vermeintlich glücklichen Vergangenheit. Dass sich die Niederländer unter der Tropensonne recht wohl fühlten, bezeugen die vielen familiären Bindungen zur einheimischen Bevölkerung, aus denen die hellhäutigen Burgher hervorgingen, die zeitweise eine privilegierte Stellung innehatten.

Portugiesische Kolonialherrschaft

Die frühesten Berichte über Galle stammen von dem bekannten arabischen Entdeckungsreisenden Ibn Battuta, der den Ort in der Mitte des 14. Jahrhunderts besuchte. Ob Galle identisch ist mit dem biblischen Tarsis (Tarschisch), mit dem König Salomo Handelsbeziehungen unterhielt, ist nicht gesichert, fest steht allerdings, dass im Jahr 1505 die Portugiesen unter dramatischen Umständen die Küste erreichten und die Niederlassung arabischer Kaufleute bald darauf in Besitz nahmen.

Der junge Lourenço de Almeida (1480 bis 1508), Sohn des portugiesischen Vizekönigs von Indien, konnte von Glück sagen, dass sein vom Sturm gebeuteltes Schiff im November 1505 nicht auf die Sandbänke und Riffe vor der Küste der Insel Ceylon auflief. Wohlbehalten, wenn auch angeschlagen, rettete er sich in eine kleine, geschützte Bucht an der Südwestküste, die von den Einheimischen *gala,* der „Felsen", genannt wurde. Die Neuankömmlinge brachten den Namen *gala* allerdings mit dem Hahn, lateinisch *gallus,* in Verbindung und verewigten dieses Federvieh später im Wappen der Niederländischen Ostindien-Kompanie und am Alten Tor am Hafen.

Der Adelige aus Portugal machte das Beste aus seiner misslichen Lage. Er ließ nicht nur sein Schiff reparieren und mit den Einheimischen Handel treiben, sondern besuchte auch den in Kotte residierenden singhalesischen König. Der Herrscher war angesichts seiner schwachen Position im Lande nicht abgeneigt, mit dem Vertreter der damals mächtigsten europäischen Seemacht einen Vertrag zu schließen, der gegen Zahlung von Gewürzen und Elefanten den Schutz des Landes durch die Portugiesen zum Inhalt hatte. Das Tor zu einer über 400 Jahre währenden Kolonialherrschaft mehrerer europäischer Staaten war aufgestoßen.

Nachdem der Bau einer Festung in Colombo auf offene Feindschaft der dort ansässigen singhalesischen Bevölkerung gestoßen war, begnügten sich die Portugiesen zunächst mit einer recht bescheidenen Handelsniederlassung auf der Halbinsel in der Meeresbucht von Gala. Der geschützte Hafen hatte schon eine lange Geschichte hinter sich, als die portugiesischen Segler dort vor Anker gingen, um ihre Laderäume mit Zimt und anderen Gewürzen aus den Plantagen und tropischen Wäldern des Hinterlands zu füllen. Arabischen Dhaus war er ebenso vertraut wie chinesi-

WELTERBE: ALTSTADT UND FESTUNGSANLAGEN VON GALLE

schen Dschunken, denn lange bevor Vasco da Gama (1469–1524) im Jahr 1498 den Seeweg nach Indien fand, unterhielten die Völker Süd- und Südostasiens miteinander einen regen Seehandel.

Galles holländisches Erbe Ihr heutiges koloniales Gesicht bekam die Hafenstadt unter den Niederländern, die am 13. März 1640 Galle eroberten und drei Jahre später die Herrschaft auch über die einträglichen Zimtplantagen gewannen. Gewürze waren nämlich im damaligen Europa hochbezahlte Luxusartikel, die astronomische Gewinnspannen versprachen und die eigentliche Triebfeder für die Erforschung der Seewege nach Asien waren.

Die von einem Schutzwall umschlossene Altstadt, auch Fort genannt, schiebt sich auf einer felsigen Halbinsel weit in die Hafenbucht. Gut ein Dutzend Bastionen wurden zur Verteidigung in den Wall eingelassen und mit durchaus poetischen Namen wie Mond- und Neptun-Bastion versehen – ein Ausdruck dafür, dass dort wohl kein Kasernenton herrschte, sondern der eher beschauliche Alltag einer kleinen tropischen Handelsniederlassung überwog.

Um das Leben erträglicher zu gestalten, hatten die Holländer an einer gar eine Windmühle installiert, die Meerwasser zum Benetzen der staubigen Wege empor pumpte. Natürlich gönnten sich die Kanalspezialisten auch ein gut funktionierendes Abwassersystem, um der Seuchengefahr zu begegnen. Und dass der Protestantismus über der kleinen Enklave holländischer Lebensart schützend seine Hand hielt, dafür sorgte die Groote Kerk, eine Stiftung der Gattin des niederländischen Gouverneurs als Dank für die lang ersehnte Geburt eines Sohnes.

Britische Präsenz Als am Ende des 18. Jahrhunderts der Stern der Niederlande auf den Weltmeeren zu verblassen begann, traten rasch die Briten auf den Plan, die sich in Südasien nunmehr mit den Franzosen um die tropischen Pfründe stritten. Ohne einen Schuss abzugeben, besetzten sie am 16. Februar 1796 die Insel und beherrschten sie bis zur Unabhängigkeit Ceylons. Das Hauptzugangstor im Norden der Altstadt ist einziges herausragendes Merkmal britischer Präsenz, das heute zu finden ist; seine Herkunft ist allerdings am Wappen von König Georg III. (1738–1820) zu erkennen.

Die St.-Marys-Kathedrale, erbaut von Jesuiten, liegt zentral in der Altstadt von Galle. Sie ist ein Wahrzeichen der Stadt und das wichtigste Gotteshaus im Süden Sri Lankas für die wenigen Katholiken in dieser Region. In Galle haben sie eine eigene Diözese (links).

Was wäre ein Hafen ohne weithin sichtbare Landmarke? So dachten die Briten und erbauten 1848 an der Hafeneinfahrt den Leuchtturm von Galle. Und was sich doppeltürmig als christliche Kirche präsentiert, ist heute eine Moschee (unten).

Der Staat Bangladesch im Osten des indischen Subkontinents wirkt wie ausgeschnitten aus dem Territorium Indiens, zu dem er früher auch gehörte; lediglich der äußerste Südosten grenzt an Myanmar. Im Volksmund nennen die Einheimischen ihren Staat Sonar Bangla, das „Goldene Bengalen" und erinnern damit an die wirtschaftliche Blüte vergangener Zeiten. Heute ist dieser Name nicht mehr als eine Lagebeschreibung des Landes, das den überwiegenden Teil des östlichen Bengalen einnimmt und zu einem großen Teil von der Deltalandschaft von Ganges und Brahmaputra eingenommen wird. Mit Bangladesch verbindet man indes Armut, Unterentwicklung und Naturkatastrophen, unter denen die Menschen zu leiden haben.

BANGLADESCH

DAS LAND

Offizieller Name: *Volksrepublik Bangladesch*

Internationales Kfz-Kennzeichen: *BD*

Geografische Lage: *Südasien; zwischen 21° 05' und 26° 40' nördlicher Breite sowie 88° 05' und 92° 50' östlicher Länge*

Fläche: *147 570 km²*

Hauptstadt: *Dhaka*

Klima: *Subtropisches Monsunklima; Dhaka 30,5 °C / 1874 mm Chittagong 29,5 °C / 2733 mm*

Zeitzone: *Mitteleuropäische Zeit +5 Std.*

Die Menschen in Bangladesch leben in enger Verbindung mit den zahllosen Wasserläufen des Landes. In der Mündungszone des Ganges haben die Bewohner dieser Siedlung ihre Hütten auf Bambuspfählen errichtet und sie mit Holzbrücken verbunden. Bei Überschwemmungen können sie in ihren Unterkünften bleiben.

Ein dicht bevölkertes Land – nah am Wasser gebaut

Das Land, das den östlichen Teil Bengalens einnimmt, wird in weiten Teilen von Wasserläufen geprägt. Beinahe die Hälfte entfällt auf das gemeinsame Delta der beiden mächtigen Ströme Ganges und Brahmaputra, die eine fruchtbare Schwemmlandebene bilden. Sie wird regelmäßig von Überschwemmungen heimgesucht, ausgelöst durch heftige Monsunniederschläge oder durch Wirbelstürme. Schon häufig haben Flutkatastrophen zahllose Menschenleben in dem am dichtesten bevölkerten Flächenstaat der Erde gefordert. Der durch die globale Erwärmung befürchtete Meeresspiegelanstieg würde viele Millionen Menschen in Bangladesch bedrohen, das zu den ärmsten Ländern der Welt gehört.

GEOGRAFIE UND NATUR

Der größte Teil des Landes gehört zum ostbengalischen Tiefland und wird damit vom Unterlauf und dem allein in Bangladesch rund 300 Kilometer breiten Delta des Ganges und Brahmaputra sowie zahlreichen Nebenarmen eingenommen, die in den Golf von Bengalen münden. Diese fruchtbare endlos scheinende Schwemmlandebene liegt zu rund 90 Prozent unter zehn Meter über Meereshöhe; maximal steigt sie auf 50 Meter an. Etwa 10 000 Quadratkilometer Bangladeschs sind ständig mit Wasser bedeckt; eine noch größere Fläche wird regelmäßig zur sommerlichen Monsunzeit überflutet. Das trifft besonders für die im Gezeitenbereich gelegenen Sümpfe an der Küste zu, deren Pflanzen sich hervorragend mit Luft- und Stelzwurzeln an den ständig wechselnden Wasserstand angepasst haben. Ein Teil dieses größten Mangrovenwaldgebiets Asiens ist als Nationalpark und UNESCO-Weltnaturerbe Sundarbans geschützt.

Ein schmaler Streifen Bergland Lediglich im Osten steigt die Ebene zum Hügelland von Sylhet an. Südlich davon beginnt im indischen Bundesstaat Tripura, der dort buchtartig in das

GEOGRAFIE, BEVÖLKERUNG

Staatsgebiet eingreift, das Ostindische Bergland, dessen westlichen Ausläufer, die Berge von Chittagong, in den Südosten Bangladeschs hineinreichen. Mit durchschnittlich 240 bis 600 Meter Höhe gibt es dort die einzigen nennenswerten Erhebungen. Der Keokradong im Südosten nahe der Grenze zu Myanmar ist mit 1230 Meter der höchste Berg des Landes. Westlich der Berge, am Ostufer des Golfs von Bengalen, ist das Tiefland in weiten Teilen versumpft.

BEVÖLKERUNG

Bangladesch ist einer der am dichtesten besiedelten Staaten der Erde. Nicht nur in der Provinz Dhaka mit der Hauptstadt und der Provinz Chittagong wird eine Siedlungsdichte von über 1200 Einwohnern pro Quadratkilometer erreicht. Selbst in ländlichen Regionen liegt die Dichte über 650 Einwohner pro Quadratkilometer. Die Masse der Menschen lebt dicht gedrängt in Reihensiedlungen auf dem Dammufer der Wasserläufe. Das Land hat große Probleme mit der hohen jährlichen Wachstumsrate und den Folgen der Übervölkerung und der dadurch hervorgerufenen Armut und Unterernährung. Bis 2020 werden über 167 Millionen, bis 2050 gar 250 Millionen Einwohner prognostiziert, wenn das jetzige Wachstum anhält – und das auf einer gleichbleibenden Staatsfläche und mit nur begrenzt vermehrbaren Nahrungsressourcen.

Die Siedlungsdichte führt jedoch nicht nur zu Umweltverschmutzung und einer den Boden irreversibel schädigenden Übernutzung, sondern zu zunehmendem Druck auf die verbliebenen Naturlandschaften sowie zur nachhaltigen Schädigung von Flora und Fauna.

von der Landwirtschaft. Die meisten Bengalen leben in Dörfern mit 100 bis 1000 Einwohnern. Die kleinbäuerlichen Anwesen, je nach Region Lehm-, Holz- oder Bambushütten, die in den von Hochwasser bedrohten Gegenden meist auf Pfählen stehen, werden von Familienclans bewohnt. Die Anbauflächen waren immer in privater Hand. Kleine Familienfarmen, die im Allgemeinen nur ein Hektar groß sind, sind oft noch unter den Familienmitgliedern aufgeteilt.

Traditionen der Volkskultur
Im täglichen Leben hat die Pflege von Traditionen ihren festen Platz. Vieles ist mit dem bäuerlichen Leben verbunden, wie etwa Nabonno, das „Fest der neuen Ernte". Andere Feste haben einen religiösen Hintergrund, wie die muslimischen Bräuche des Eid-ul-Fitr, ein fröhliches Fest am ersten Tag nach dem Ende des Fastenmonats Ramadan. Grundsätzlich richten sich die muslimischen Feiertage nach dem Mondkalender.

Die Hindus feiern zwischen Anfang und Ende Oktober Durga Puja, ihr größtes Fest zu Ehren der Gottheit Dura, eines Sinnbildes der Stärke. An erster Stelle des Festkalenders steht jedoch das bengalische Neujahrsfest Pahela Baishakh, das im Gegensatz zum kalendarischen Neujahr am 14. April begangen wird. An diesem Tag vergnügen sich ab der Dämmerung landauf, landab die Menschen, ob reich oder arm, in ausgelassener Weise.

BEVÖLKERUNG

Einwohnerzahl: *161,3 Millionen*

Bevölkerungsdichte: *1093 Ew./km²*

Bevölkerungsverteilung: *27 % Stadt, 73 % Land*

Jährliches Bevölkerungswachstum: *1,4 %*

Lebenserwartung: *Frauen 63 Jahre, Männer 58 Jahre*

Religionen: *Muslime, Hindus*

Sprache: *Bengali*

Analphabetenrate: *45 %*

Die Bengalen – ein Bauernvolk
Die homogene, zu 95 Prozent aus Bengalen bestehende Bevölkerung bekennt sich zu 90 Prozent zum Islam. In den Chittagong-Bergen lebt das tibetisch-mongolische und dem buddhistischen Glauben anhängende Volk der Chakma, die sich für weitgehende Autonomierechte nachdrücklich einsetzen. Die Volksgruppe der hinduistischen Bihari macht rund ein Prozent der Bevölkerung aus.

Das stolze Volk der Bengalen, das außerdem noch im benachbarten indischen Bundesstaat Westbengalen lebt, ist vor allem an seiner Sprache, dem Bengali, erkennbar. Sie gehört zur indoarischen Sprachfamilie und wird mit einer eigenen, vom Sanskrit abgeleiteten Schrift geschrieben. Über 50 Prozent der Bengalen leben als Kleinbauern

Farbenfrohe, lange Gewänder tragen diese Frauen aus Srimangal, dem Zentrum des Teeanbaus im nordöstlichen Hochland. Sie kehren von der täglichen Arbeit auf den Teefeldern zurück.

BANGLADESCH

Schutzlos den Naturgewalten ausgeliefert

Trotz überschwemmter Straßen nach heftigen Monsun-Regenfällen wird in Dhaka der Personentransport mit dem Rikscha-Taxi aufrechterhalten.

Bangladesch ist ein von regelmäßigen Überschwemmungen heimgesuchtes Land. Es liegt praktisch auf Meeresniveau, sodass keine natürlichen Erhebungen die Wasserfluten der sommerlichen Monsunregen und nach Wirbelstürmen daran hindern, landeinwärts zu strömen. Auf Grund des Bevölkerungsreichtums und der extrem dichten Besiedlung fallen bei diesen Überschwemmungskatastrophen mehr Menschen als irgendwo sonst zum Opfer. Die Menschen stehen der immer wiederkehrenden Fluttragödie hilf- und schutzlos gegenüber, als wäre es ihr unabänderliches Schicksal. Und wie selbstverständlich kehren sie nach jeder Überschwemmung in ihre verwüstete Heimat zurück und beginnen mit dem Wiederaufbau.

Fruchtbarer Kreislauf Die Ströme Ganges und Brahmaputra üben mit ihren Nebenflüssen einen entscheidenden Einfluss auf den Lebensrythmus der Bengalen aus. Mehr als die Hälfte der landwirtschaftlichen Nutzfläche wird jedes Jahr einmal überflutet. Jährlich fließt eine Menge von 2,5 Milliarden Tonnen Schlick stromabwärts, und dieser sehr fruchtbare Schlamm hält den Kreislauf der Landwirtschaft im Gleichgewicht. Durch den Zufluss von Schlamm und Schlick entstehen sogar neue Inseln, die schnell besiedelt und mit Feldfrüchten kultiviert werden. Auf den fruchtbaren Böden kann zwei- bis dreimal jährlich geerntet werden. Naturkatastrophen haben das Bestreben des Landes bisher immer vereitelt, in der Nahrungsmittelversorgung unabhängig zu werden. Denn die weithin von natürlicher Vegetation freie Landschaft, die aus der Vogelperspektive aussieht wie ein Flickenteppich kleinster Ackerflächen ohne jeden Baum, lässt die Wasserfluten bei Überschwemmungen ebenso schnell, wie sie kommen, wieder schwinden, da es dem Boden an Wurzeln fehlt, um das Wasser zu halten.

Monsun und Wirbelstürme – ein unberechenbares Klima Bangladesch liegt fast genau am nördlichen Wendekreis, der das Land in eine subtropische Nord- und eine tropische Südhälfte teilt. Dennoch wird das ganze Land vom subtropischen Monsunklima mit deutlichen Jahreszeiten beherrscht. In der vergleichsweise kühlen Trockenzeit von Mitte Oktober bis Ende Februar herrschen mittlere Tagestemperaturen von 21 °C bei stetig wehendem Nordostpassat. In dieser Zeit strömen die im asiatischen Winter abgekühlten Luftmassen in Richtung Indischer Ozean. Während der heißen, recht windstillen „kleinen Regenzeit" zwischen Mitte März und Mitte Mai steigen die Temperaturen auf mittlere Tagesmaxima von 35 °C. Von Ende Mai bis Anfang Oktober,

SPEZIAL: NATURKATASTROPHEN

während des Sommermonsuns, liegen die Temperaturen wieder niedriger. In diesem Zeitraum gehen täglich starke Regenfälle nieder, die Flüsse treten nahezu regelmäßig über die Ufer und überschwemmen riesige Areale.

Dies ist auch die Zeit der tropischen Zyklone, die sich, angetrieben von der Erdrotation, auf dem erwärmten Indischen Ozean bilden und von Südosten mit Windgeschwindigkeiten bis zu 300 Stundenkilometern auf den indischen Subkontinent treffen. Die Küste Bangladeschs erreichen sie häufig mit ungebremster Gewalt. Unter dem dann besonders starken Regen und den bis zu sechs Meter hohen Wellen, die weit ins Landesinnere vordringen, haben die Menschen besonders zu leiden. Meist kämpft das bitterarme Land, wenn der nächste Wirbelsturm kommt, noch mit den Folgen des vorigen.

Von Hungersnöten bedroht Das Land am Delta von Ganges und Brahmaputra hat nicht nur unter Überschwemmungen zu leiden: Fällt der Monsunregen bescheiden aus, kann es zu Dürrekatastrophen kommen, die unter anderem Missernten beim Grundnahrungsmittel Reis nach sich ziehen. Das führt in Bangladesch, wo schon zu normalen Zeiten nicht jeder satt wird, unweigerlich zu Hungersnöten, denen nur mit internationalen Hilfslieferungen begegnet werden kann.

Dennoch sind die Überschwemmungen weitaus verhängnisvoller, da sie jedes Mal viele Tausend Opfer unmittelbar fordern, aber auch durch vernichtete Reisernten wiederum zu Hungersnöten führen. Solche Wirbelstürme und Flutkatastrophen mit jeweils Hunderttausenden von Toten suchten das Land 1969, 1985, 1987, 1991, 1998, 2004 und 2007 heim.

Betroffen von den Folgen der Erderwärmung Schlimmer noch: Die fortschreitende Erwärmung der Atmosphäre führt zu Klimaextremen. So kann die Umkehrung von Meeresströmungen durch den El-Niño-Effekt einerseits den Sommermonsun versiegen lassen und Dürren herbeiführen. Gravierender aber werden sich andererseits häufigere und stärkere Wirbelstürme sowie intensivere Regenfälle auswirken. Wenn infolge der Erderwärmung um wenige Grad das Gletschereis der Polargebiete schmilzt und der Meeresspiegel nur um einen Meter ansteigt, was manche Klimaexperten bis zum Ende des Jahrhunderts erwarten, wird Bangladesch, wo weite küstennahe Landstriche schon jetzt unter Meeresniveau liegen, zu großen Teilen vom Ozean überflutet werden. Das arme Bangladesch trägt zu diesem Effekt nur in geringem Ausmaß bei und hat auch kaum Möglichkeiten, dieser Entwicklung entgegenzusteuern.

So kann das Land am Gangesdelta eigentlich nicht mehr tun, als die Schäden und die Zahl der Opfer durch bessere Vorsichtsmaßnahmen möglichst klein zu halten. Trockenlegungsprojekte und die Eindeichung einiger größerer Flüsse, wie sie der im Auftrag der Weltbank entwickelte Flood Action Plan vorsieht, sind dabei jedoch kritisch zu sehen, denn sie verschlingen Unsummen an Geld und ziehen große Umsiedlungsmaßnahmen nach sich. Auch wird dadurch die Hochwassergefahr keineswegs beseitigt. Das Grundproblem der Hochwässer besteht nämlich darin, dass nur 7,5 Prozent der riesigen Einzugsgebiete der Hauptflüsse Ganges und Brahmaputra in Bangladesch liegen. Neben der natürlichen Ursache, wie extreme Niederschlagsmengen bis zu 5000 Millimeter etwa in Assam, sowie der Schneeschmelze im Himalaya, die zeitlich zudem mit dem Einsetzen des Sommermonsuns zusammenfällt, führen rigorose Abholzungen der Wälder in den Bergen am Oberlauf zur Erosion. Außerdem wird verhindert, dass die hohen Niederschlagsmengen im Boden „zwischengespeichert" werden.

Während der alljährlichen Überschwemmungen werden in weiten Teilen des Landes provisorische Brücken ausgelegt (ganz unten).

Da ihre Hütte unbewohnbar ist, fährt diese Familie mit einem selbstgezimmerten Floß aus Bambusstangen zu einem höher gelegenen Ufer, wo Notunterkünfte errichtet wurden (unten).

BANGLADESCH

GESCHICHTE

1000 v. Chr. *Ansiedlung drawidischer Völker*

365–181 v. Chr. *Das Gebiet ist Teil des Nanda- und Maurya-Reichs*

14. Jh. *Gebiet unter der Herrschaft des Sultanats von Delhi*

ab 1576 *Oberherrschaft des Mogul-Reichs*

1690 *Britische Ostindien-Kompanie errichtet in Kalkutta eine Handelsniederlassung*

1858 *Bengalen wird Provinz von Britisch-Indien*

1947 *Abspaltung von Indien unter dem neuen Namen Ostpakistan*

1971 *Ostpakistan erklärt unter dem Namen Bangladesch seine Unabhängigkeit*

1975 *Mudschib ur-Rahman wird bei einem Militärputsch ermordet*

1978 *Zia ur-Rahman wird Staatspräsident*

1981 *Zia wird von Putschisten ermordet; Abdus Sattar wird Präsident*

1982 *Militärputsch unter Generalleutnant H. M. Ershad, politische Aktivitäten werden verboten*

1985 *Ein verheerender Wirbelsturm und Überschwemmungen kosten 40 000 Menschen das Leben*

1988 *Islam wird Staatsreligion; bei Überschwemmungen werden zwei Drittel des Landes überflutet*

1991 *Khaleda Zia (Nationalpartei) Premierministerin; 138 000 Todesopfer nach schweren Wirbelstürmen*

1996 *Wahlsieg der oppositionellen Awami-Liga von Sheikh Hasina Wajed*

2002 *Iajuddin Ahmed wird Staatsoberhaupt*

2004 *Etwa 30 Millionen Obdachlose nach schweren Monsunregenfällen*

2007 *Ausrufung des Ausnahmezustands nach starken Überschwemmungen*

2009 *Nach dem überwältigenden Wahlsieg der Awami-Liga im Dezember 2008 wird Hasina Wajed Premierministerin; Zillur Rahman wird Staatspräsident*

POLITIK

Staatsform: *Parlamentarische Republik*

Staatsoberhaupt: *Staatspräsident*

Legislative: *Parlament mit 300 gewählten Abgeordneten (30 weitere Sitze für Frauen reserviert)*

Verwaltungsgliederung: *6 Provinzen*

WIRTSCHAFT

Währung: *1 Taka (Tk.) = 100 Poisha*

Bruttoinlandsprodukt: *81,9 Mrd. US-$*

Bruttonationaleinkommen/Einw.: *470 US-$*

Außenhandel: *Import 20,5 Mrd. US-$, Export 13,7 Mrd. US-$*

Auslandsverschuldung: *20,1 Mrd. US-$*

Ein junger Staat sucht Wege aus der Armut

Kinder und Jugendliche arbeiten in diesem Betrieb in Dhaka an verschiedenen Arbeitsprozessen, die zur Herstellung von Markierstiften geleistet werden müssen. Sie verdienen weniger als 2 US-Dollar am Tag, was die Stückkosten entsprechend niedrig hält.

Bis in das 16. Jahrhundert war Bangladesch ein reiches Land. Die Bodenfruchtbarkeit der Tiefebene am Delta von Ganges und Brahmaputra profitierte vom jährlichen Flusshochwasser und der Schlammfracht der Ströme aus dem Himalaya in ähnlicher Weise wie das alte Ägypten vom Hochwasser des Nils. Seit der britischen Kolonialherrschaft verarmte Bengalen. Erst langsam entdeckt heute der Tourismus das mit Kulturschätzen gesegnete Land.

GESCHICHTE UND POLITIK

Um das Jahr 1000 v. Chr. ließ sich im Delta von Ganges und Brahmaputra der drawidische Volksstamm der Baga nieder. Seitdem war die Geschichte des heutigen Bangladesch eng mit der Indiens verknüpft. Ab 1200 stand Ostbengalen unter muslimischer Oberhoheit, denn anders als in weiten Teilen Indiens fand der Islam dort zahlreiche Anhänger. Ab 1576 folgte die Herrschaft der Moguln, in deren Zeit die Portugiesen vergeblich versuchten Fuß zu fassen. Erst den Briten gelang es dank ihrer Ostindien-Kompanie 1690 ein Handelsfort in Kalkutta zu errichten.

Britische Kolonialherrschaft Am 23. Juni 1757 übernahm die Britische Ostindien-Kompanie die Macht in ganz Bengalen. Für das bengalische Volk bedeutete die totale Kontrolle durch die koloniale Handelsorganisation „eine Unterdrückung aller Lebensbereiche nie dagewesenen Ausmaßes", wie der aus Kalkutta stammende Historiker R. C. Dutt (1848–1909) bemerkte. Im 19. Jahrhundert expandierte vor allem die Juteproduktion, deren Exporte muslimischen Kleinbauern bescheidenen Wohlstand einbrachten. Nach und nach erstarkte eine muslimische Mittelschicht, und zwischen 1883 und 1913 stieg unter den Studenten der Anteil der Muslime um 74 Prozent.

Ostbengalen wird Ostpakistan Die Pakistan-Resolution von 1940, die das Ergebnis der Konfrontation zwischen Muslimen und Hindus war, forderte die Eigenstaatlichkeit der mehrheitlich von Muslimen bewohnten Regionen Indiens. 1947 erfolgte die Teilung Britisch-Indiens in zwei unabhängige Staaten: auf der einen Seite das aus West- und Ostpakistan (dem heutigen Bangladesch) bestehende Pakistan, auf der anderen Seite Indien.

Bereits früh wurde der Ruf nach größerer Autonomie in Ostpakistan laut. Selbst nachdem die von Mudschib ur-Rahman (1920–1975) geführte ostpakistanische Partei Awami-Liga (AL) in den Wahlen zur Nationalversammlung 1970 die Mehrheit der Sitze errang, versuchte die pakistanische Zentralregierung die Forderung des

GESCHICHTE, WIRTSCHAFT, REISELAND

Ostteils zu umgehen. Als Konsequenz rief Ostpakistan am 17. April 1971 die Volksrepublik Bangladesch aus. Der Sezessionskrieg zwischen West- und Ostpakistan konnte erst durch indische Truppen im Dezember 1971 zugunsten des neuen Staates entschieden werden.

Schweres Erbe In der Folgezeit versuchte Mudschib ur-Rahman, mit Verstaatlichungsaktionen den Wiederaufbau der Industrie zu fördern und die völlig zerstörte Infrastruktur wiederherzustellen. Der zuletzt diktatorisch regierende Mudschib ur-Rahman wurde 1975 ermordet. General Zia ur-Rahman (1936–1981) übernahm die Führung einer auf das Militär gestützten Regierung. Nach dessen Ermordung riss der Offizier Hussain M. Ershad (*1930) im Jahr 1982 die Macht an sich. Die Unterdrückung der Demokratiebewegung und das blutige Vorgehen gegen opponierende Studenten im Oktober 1990 führten zu einem Volksaufstand. Als auch die Armee dem Präsidenten jegliche Unterstützung versagte, musste Ershad am 6. Dezember 1990 zurücktreten. Ein Übergangspräsident ebnete den Weg vom bisherigen politischen Präsidialsystem zurück zum demokratischen parlamentarischen System.

Im Dezember 2009 brachten Parlamentswahlen Sheikh Hasina Wajed (*1947), eine Tochter Mudschib ur-Rahmans und zugleich Präsidentin der Awami-Liga, an die Macht. Die neue Regierung will vor allem in den Ausbau der Infrastruktur investieren.

WIRTSCHAFT UND VERKEHR

Im Mittelalter galt Bengalen als wohlhabendes und landwirtschaftlich entwickeltes Land. Seit dem 14. Jahrhundert war Bengalen ein Ort freien Handels mit Seide, Baumwolle und vielen anderen Gütern. Auch heute noch werden in großen Mengen (billige) Textilien in Bangladesch gefertigt, nur geschieht das jetzt in einem der ärmsten Länder der Welt. Anders als im Nachbarland Indien gibt es nur eine verschwindend kleine Mittelschicht. Da nahezu 40 Prozent der Menschen in Armut leben, sind Unterernährung und Unterbeschäftigung gegenwärtig ein weit verbreitetes Übel. Das Bildungswesen wurde jahrzehntelang vernachlässigt; eine hohe Analphabetenquote von über 50 Prozent ist die Folge. Fast eine Million Arbeitnehmer sind im Ausland beschäftigt und können so mit den Geldüberweisungen die Versorgung ihrer Familien sichern.

Landwirtschaft als Basis Im Agrarsektor, in dem etwa ein Sechstel des Bruttoinlandsprodukts erwirtschaftet wird, sind gegenwärtig noch mehr als die Hälfte aller Erwerbstätigen beschäftigt. Etwa 55 Prozent der Staatsfläche werden als Ackerland genutzt. Wichtigstes Anbauprodukt ist Reis, den das Land über den eigenen Bedarf hinaus produziert. Seit kurzem spielen auch Weizen und Kartoffeln eine Rolle. Traditionelle Erzeugnisse der Region sind Zuckerrohr, Tee und Jute. Mit über 800 000 Tonnen pro Jahr ist Bangladesch das einzige Land der Welt, das eine nennenswerte Menge an Jute produziert, hauptsächlich für den weltweiten Export.

Dank einer liberalen Wirtschaftspolitik konnte die Industrie, die mit etwa einem Viertel am Bruttoinlandsprodukt beteiligt ist, seit 1990 in den Bereichen Leder, Chemie und Pharmazie Fortschritte erzielen. Bedeutendster Wirtschaftssektor mit einem Exportanteil von drei Vierteln ist die Textilindustrie, die jedoch unter der Weltwirtschaftskrise 2008/09 besonders zu leiden hatte.

Flüsse sichern den Verkehr Das Netz an Straßen- und Eisenbahnverbindungen soll massiv ausgebaut werden, insbesondere als Transitrouten. Seit Eröffnung der knapp fünf Kilometer langen Jamunabrücke über den Brahmaputra 1998 sind der westliche und der östliche Landesteil Bangladeschs erstmals auf dem Landweg verbunden.

Heute werden noch weit mehr als die Hälfte des Personen- und Güterverkehrs auf Wasserwegen abgewickelt. Und das oft noch mit Muskelkraft: Männer ziehen Flöße aus Baumstämmen oder Bambus mit Hilfe von Winden, deren Seile zuvor 200 Meter vor dem Floß vom Ruderboot aus verankert wurden. Die wichtigsten Seehäfen sind Chittagong und Mongla.

In den Städten wird für den Nahverkehr meist die traditionelle Riksche genutzt. Häufig schwer beladen, arbeiten sich ihre Lenker durch den dichten, chaotischen Verkehr. Die in bunten Farben liebevoll bemalten Fahrzeuge sind geradezu ein Symbol des Landes.

BANGLADESCH ALS REISELAND

Mangels Infrastruktur gilt Bangladesch nicht als bevorzugtes Touristenziel, obwohl es ein faszinierendes Land mit gastfreundlichen und hilfsbereiten Menschen ist. Mit den Mangroven der Sundarbans verfügt es über ein einzigartiges Ökosystem. In der quirligen Hauptstadt Dhaka laden Altstadt und Chowk Bazar zur Erkundung ein. In den engen, dicht bevölkerten Gassen mit Rikschas und Marktständen fühlt man sich ins 19. Jahrhundert zurückversetzt. Nicht zu übersehen ist das in der Zeit der Mogulkaiser 1678 erbaute Fort Lalbagh am Buriganga-Fluss.

Als kulturelle Sehenswürdigkeit ist die historische Moscheenstadt Bagerhat zu erwähnen, die seit 1985 zum Weltkulturerbe der UNESCO gehört. Sehr lohnenswert ist eine Fahrt in die Küstenstadt Cox's Bazar, wo jeder Badetourist am 120 Kilometer langen Sandstrand ein stilles Plätzchen finden kann.

SEHENSWERT

Nationalparks:
Bhawal, Himchari, Kaptai, Medha Kassapia, Modhupur, Ramsagar, Satchari, Sundarbans

Städte:
Bagerhat: *historische Moscheen, unter anderem Shait Gumbad*
Chittagong: *Grabmal des Bayazid Bastami, Inani-Strand, Moscheen Shahi-Jama-e-Masjid und Qadam-Mubarek, Schrein von Shah Amanat*
Dhaka: *Ahsan Manzil-Palast, Armenische Kirche, Botanischer Garten, Dhakeshwari-Tempel, Festung Lalbagh, Haus der Nationalversammlung, Karawansereien, Nationale Moschee Bait ul-Mukarram, Pari-Bibi-Mausoleum, Präsidentenpalast, Sitara- und Mirdha-Moschee*
Dinaipur: *Kantanagar-Tempel*
Qasba Guarnadi: *neunkuppelige Moschee*
Rajshahi: *Somapuri Vihara, Universität, Varendra-Museum*

Archäologische Stätten: *Charpatra Mura, Jaintiapur, Kotila Mura, Paharpur, Salban Vinara, Sonargaon*

*Frauen warten in der Grameen Bank in Chittagong auf die Aushändigung des beantragten Mikrokredits. Durch kleine Geldbeträge werden sie in die Lage versetzt, ein eigenes Gewerbe, zum Beispiel als Näherin, zu betreiben. Diese Art der Finanzdienstleistung wurde 1983 mit der Gründung der Grameen Bank durch den bengalischen Wirtschaftswissenschaftler Muhammad Yunus (*1940) ins Leben gerufen. Er wurde dafür 2006 mit dem Friedensnobelpreis ausgezeichnet.*

BANGLADESCH

Zuflucht für den Königstiger

Kurzbeschreibung: *Der sich auf dem Staatsgebiet von Bangladesch erstreckende Teil eines der weltweit größten Deltas (80 000 km²) mit einer Fläche von 5950 Quadratkilometer, darunter auch der Sundarbans-Nationalpark (1330 km²) und die drei Schutzgebiete Ost-, West- und Süd-Sundarbans; zunächst 1878 zu Waldreservaten und seit 1977 zu Naturschutzgebieten erklärt; in der Monsunzeit starke Niederschläge (2790 mm im Jahresmittel) und hohe Luftfeuchtigkeit*

Lage: *Im Deltagebiet des Ganges, Brahmaputra und Meghna, an der Grenze zu Indien*

Ernennung: *1997*

Bedeutung: *Lebensraum bedrohter Tiere in einem der weltweit größten Mangrovenbestände*

Flora und Fauna: *334 Pflanzenarten, darunter Mangrovenarten wie Sundari-Baum und Blind Your Eye (Excoecaria agallocha); 49 Säugetierarten wie der lokal teilweise ausgerottete Gaur, Schweinshirsch, Barasingha, zudem Tiger (schätzungsweise rund 200 Tiere), Axishirsch, Indischer Fischotter (schätzungsweise bis zu 20 000 Tiere), Rohkatze, Gangesdelfin; 315 Vogelarten wie Weißbauch- und Weißkopfseeadler; 35 Reptilienarten, unter anderem Leistenkrokodil, Bindenwaran, Königskobra, Tigerpython und Brillenschlange, sowie 120 Fischarten*

Die Axishirsche, hier ein Männchen mit einem stattlichen Geweih, bevorzugen das baumbestandene Buschland als Lebensraum.

Dieser Königstiger gönnt sich ein erfrischendes Bad in der Flachwasserzone der Sundarbans. Rund 200 dieser majestätischen Tiere sollen noch in dem Gebiet leben.

Wenn der Wasserspiegel sinkt und bei Ebbe den Untergrund freigibt, macht sich der Bengalische Königstiger auf den Weg. Zwischen spargelähnlichen Gebilden, den Atemwurzeln der Mangroven, die aus dem luftundurchlässigen Schlick emporragen, bahnt er sich den Weg durch sein Revier. In den weltweit größten zusammenhängenden Mangrovensümpfen zwischen den Mündungsarmen von Ganges, Brahmaputra und Meghna liegt eines seiner letzten Rückzugsgebiete. Was kein Zufall ist, denn als einer der ganz wenigen Vertreter der Katzenfamilie kennt das nach dem Eisbär größte Landraubtier der Erde keine Wasserscheu und ist an diesen wildreichen, amphibischen Lebensraum bestens angepasst.

Vielfältige Tierwelt im Dickicht der Mangrovenwälder

Krabben laufen geschäftig über den schlammigen Boden, und Schlammspringer, etwa zwölf Zentimeter lange Fische, klettern von Baumstämmen hinab auf das trockenfallende Watt. Dort beginnen sie sogleich, mit ihren froschähnlichen Köpfen wie kleine Bulldozer die weiche Schlickschicht nach Nahrung zu durchwühlen. Zahlreiche Schalenweichtiere siedeln an den Stämmen der eleganten Sundari-Bäume – nach ihnen erhielten die Mangrovenwälder im Delta ihren Namen. Bunte Schmetterlinge flattern um die gelblichen Blütenköpfchen der salzresistenten Mangrovenbäume *(Avicennia officinalis)*, die einen höchst intensiven Duft verbreiten. Die meisten Mangrovensamen keimen schon am Elternbaum: An den Ästen der Gattung *Rhizophora* hängen braune, kugelförmige Samen, die eine speerförmige, harte Wurzel ausgebildet haben, sodass sie fertige Stecklinge sind, wenn sie in den Schlick hinabfallen.

In dieser unzugänglichen Gezeitenzone sind die Lebensräume des Landes und des Meeres miteinander verzahnt. Zahlreiche Fischarten nutzen das Wurzellabyrinth am Rand der Tidekanäle als Laichplatz und Kinderstube. Dutzende von Fischarten werden regelmäßig von Fischern aus den brackigen Gezeitenprielen gefischt. Abgerichtete Indische Fischotter sind ihre treuen Helfer, da sie die Fische in die Netze treiben.

Der König der Sundarbans

Seit Jahrtausenden folgen Menschen mit ihren Pfahlbausiedlungen dem Vormarsch der Mangroven ins Meer, und das Leben der Menschen ist eng an das der restlichen Bewohner der Mangroven geknüpft. Ständig lauern Gefahren im Unterholz: Die gewaltigen Leistenkrokodile, die sich krachend durch das mächtige Wurzelgewirr zwängen, warten an den Ufern auf Beutetiere, die hier ihre Tränke haben, und schnappen hin und wieder auch nach Men-

WELTERBE: MANGROVENWÄLDER DER SUNDARBANS

schen, die dort Wasser schöpfen. Diese „Ungeheuer" werden genauso sehr gefürchtet wie der mächtige Königstiger, der hier den Ruf eines Menschenfressers hat.

Der Tiger, der auch nachts unterwegs ist und stets Deckung sucht, ist die größte Raubkatze des indischen Subkontinents. Er hat keine natürlichen Feinde. Oftmals fielen ihm in den Sundarbans Jahr für Jahr Holzfäller zum Opfer, die Palmenblätter für die Häuserdächer sammelten oder Holz für den Bau von Booten und Häusern einschlugen. Vor dem Eindringen in das Sumpfgebiet beschworen sie die Göttin Durga und baten um Schutz vor den Tigern oder grenzten symbolisch durch das Aufstellen von Flaggen das Territorium der Tiger ab. Als überaus erfolgreich erwies es sich, am Hinterkopf Gesichtsmasken aufzuhängen, weil der Tiger vor einem offenen Angriff zurückschreckt und seine Beute bevorzugt aus dem Hinterhalt angreift. Da die Zahl der „gestreiften Jäger" bis in die neunziger Jahre stark durch Wilderei und durch die Zerstörung der Wälder abnahm, sank nach und nach das Risiko, durch einen tödlichen Prankenhieb niedergestreckt zu werden.

Schutzmaßnahmen für ein Naturparadies

Die Abholzung der Mangrovenwälder hatte den Verlust des natürlichen Schutzes des Binnenlands

vor den regelmäßigen Monsunstürmen und Sturmfluten zur Folge. Einige Tierarten wurden fast ausgerottet, aber seit der Einrichtung des Nationalparks steigen deren Populationen wieder. So kehrt die scheue Ridley-Seeschildkröte in ihren Lebensraum zwischen Land und Meer zurück. Seeadler ziehen hoch in den Lüften ihre Kreise, während sich das mächtige Dschungelrind, der Gaur, durch das dichte Gehölz schiebt. Und wenn bei Flut der Boden unter dem einströmenden Meereswasser verschwindet, scheint der Wald zu schwimmen, und die Fische ziehen dorthin, wo wenige Stunden zuvor noch der Axishirsch und der kurzbeinige, plumpe Schweinshirsch geäst haben.

Dieser große Sundari-Baum ist mit seinen Stelz- und Atemwurzeln, mittels derer in dem sauerstoffarmen Böden der Mangrovensümpfe das Wurzelwerk belüftet wird, das – im wahrsten Sinne des Wortes – „herausragende" Merkmal der Mangroven. Der seltene Baum ist nur in den Sundarbans verbreitet (links).

Bengalische Fischer betreiben mit abgerichteten Indischen Fischottern in den Sümpfen der Mangrovenwälder den Fischfang. Sie halten die Fischotter an einfachen Seilen fest, die die Fische unter Wasser in die Netze der Fischer treiben (unten).

PAKISTAN

Das von mächtigen Gebirgsketten abgeschirmte Land ist ein Vielvölkerstaat, in dem rund 50 verschiedene Sprachen gesprochen werden. Verbindendes Element zwischen den zahlreichen Volksgruppen ist der Islam, der jedoch in unterschiedlichen religiösen Ausrichtungen praktiziert wird. Zwischen einzelnen Volks- und Religionsgruppen kommt es immer wieder zu Konflikten. Der Gründung des Staates Pakistan 1947 lag zwar die Absicht zugrunde, allen Muslimen in Südasien eine Heimstätte zu bieten. Über das Bekenntnis zur Staatsreligion hinaus bestehen jedoch zwischen den einzelnen Völkern kaum weitere gemeinsame kulturelle Wurzeln, die zu einer Stärkung der Identität beitragen könnten. Demgegenüber verlaufen die Grenzen Pakistans – vor allem zu den Nachbarstaaten Iran, Afghanistan und Indien – durch zusammenhängende Kulturräume, die sich zum Teil schon vor Jahrtausenden herausbildeten.

PAKISTAN

DAS LAND

Offizieller Name: *Islamische Republik Pakistan*

Internationales Kfz-Kennzeichen: *PK*

Geografische Lage: *Südasien; zwischen 23° 30' und 36° 45' nördlicher Breite sowie 60° 55' und 75° 30' östlicher Länge*

Fläche: *796 095 km²*

Hauptstadt: *Islamabad*

Klima: *Trockenheißes Monsunklima, im Norden winterkaltes Gebirgsklima;*
Islamabad 21,3 °C / 1142 mm
Peshawar 22,6 °C / 407 mm
Lahore 31,8 °C / 492 mm
Multan 25,2 °C / 187 mm
Quetta 15,7 °C / 264 mm
Karachi 25,9 °C / 202 mm

Zeitzone: *Mitteleuropäische Zeit +4 Std.*

In etwa 3300 Meter Höhe liegt dieses üppig grüne Hochtal vor der schneebedeckten Rakhiot-Wand des Nanga Parbat. Wälder und Bergwiesen nehmen in diesen Höhen die Hänge ein.

Fruchtbares Fünfstromland unter dem „Dach der Welt"

Die Islamische Republik zwischen dem zentralasiatischem Hochland im Norden und Arabischem Meer im Süden ist ein Land der Gegensätze: Von mächtigen Gletschern bedeckte Hochgebirge kontrastieren mit der fruchtbaren Ebene des Fünfstromlandes und der kargen Schönheit ausgedehnter Wüsten und Steppen. Lebensader des Landes ist der Indus, einer der längsten Flüsse Asiens.

GEOGRAFIE UND NATUR

Pakistan lässt sich in vier Großlandschaften untergliedern: das fruchtbare Tiefland des Indus und seiner Nebenflüsse – Fünfstromland genannt –, Belutschistan im Westen, das nordwestliche Bergland sowie das Hochgebirge im Norden des Landes. Dort treffen mit Himalaya, Karakorum und Hindukusch die höchsten Gebirgsketten der Erde aufeinander.

Majestätische Hochgebirge Seit rund 55 Millionen Jahren driftet die Indisch-Australische Kontinentalplatte nordwärts und schiebt sich unter die Eurasische Kontinentalplatte. Dabei ist das mächtigste Gebirgsmassiv der Erde entstanden: der Himalayabogen, bestehend aus den drei großen Gebirgen Karakorum, Hindukusch und Himalaya, die gemeinsam auch als das „Dach der Welt" bezeichnet werden. Pakistan hat Anteil an allen drei Massiven. Im chinesisch-pakistanischen Grenzgebiet ragt der zweithöchste Berg der Welt, der K2 (oder Mount Godwin Austen, 8611 m bzw. 8614 m nach einer neuen Vermessung von 1996), empor. Der „Schicksalsberg der Deutschen", der Nanga Parbat (8126 m), thront als westlichster Eckpfeiler des Himalaya hoch über dem Industal. Die Hochgebirgstäler der teils stark vergletscherten Gebirgszüge sind nur schwer zu erreichen, die dort lebenden Stämme haben sich dadurch eine weitgehende kulturelle und politische Autonomie erhalten können: Die sogenannte North-West Frontier Province nordwestlich des Industals ist bis heute von Regierungsseite kaum zu kontrollieren.

Die Bergländer an der Grenze zu Afghanistan sind weitgehend karg und trocken. In die Bergländer eingelagert finden sich ausgedehnte Becken wie die von Peshawar, Bannu und Kohat, die sich im Lauf der Jahrhunderte durch intensive künstliche Bewässerung zu blühenden Agrarregionen entwickelt haben. Das Bergland Salt Range und das Potwar-Plateau begrenzen das Industiefland im Norden.

Punjab und Sindh – fruchtbares Fünfstromland und Indusdelta Vom Gebirgsfuß des Karakorum im Norden zieht sich über 1000 Kilometer Länge bis zur weitgehend unbewohnten, wüstenhaften Küste des Arabischen Meers das vom Indus und seinen Nebenflüssen gebildete Tiefland. Dieser Kernraum des Landes nimmt etwa ein Drittel des Staatsgebiets ein. Der Indus entspringt in Tibet und wird durch das Nanga-Parbat-Massiv nach Süden abgelenkt. Aus dem Gebirge kommend, fließt der Gebirgsstrom in die fruchtbaren Ebenen des Punjab (Pandschab), die von den fünf mächtigen Nebenflüssen des Indus durchströmt werden: Jhelum, Chenab, Ravi, Beas und Sutlej. Sie entspringen alle im Himalaya und vereinen sich westlich von Bahawalpur zum Panjnad, bevor sie in den Indus münden. Diese fünf Flüsse (Punjab bedeutet „fünf Wasser") bilden die Grundlage der größten zusammenhängenden Bewässerungslandschaft der Erde. Das Fünfstromland liegt in der wichtigsten der vier pakistanischen Provinzen; dort leben über die Hälfte aller Pakistaner. Der Ostteil des Punjab gehört bereits zu Indien.

Die Aufschüttungsebenen und das Mündungsgebiet des Indus decken sich weitgehend mit der Provinz Sindh. Der Strom, an dem sich eine bis zu 150 Kilometer breite Flussoase entlang zieht, hat im Lauf der Geschichte immer wieder in seinem Unterlauf sein Bett verändert und dabei teilweise auch bewässertes Kulturland vernichtet und zugleich neues geschaffen. Im Lauf der vergangenen 2000 Jahre hat sich das Delta um

GEOGRAFIE UND NATUR

rund 100 Kilometer ins Arabische Meer hinausgeschoben. Dort, wo das Land nicht mehr bewässert wird, erstrecken sich entlang der pakistanisch-indischen Grenze die Wüste Thar und die Salzebene Rann von Kutch (Kachchh).

Wüstenhaftes Belutschistan Die zum Iranisch-Afghanischen Hochland zählende Region Belutschistan ist ein von Bergen umgebenes, unwirtliches Tafelland in 2000 bis 3000 Meter Höhe, das weitgehend aus Hochebenen, Salzebenen und Salzwüsten besteht. Die nomadische Viehzucht ist dort noch weit verbreitet. Im Osten wird Belutschistan durch die bis über 2000 Meter hohen Randgebirge der Sulaiman- und Kirthaketten begrenzt, die schroff zur Stromoase des Indus abfallen. In der fruchtbaren Ebene um die Provinzhauptstadt Quetta, aber auch in den vielen kleinen Oasen dieser öden Trockenlandschaft können mithilfe künstlicher Bewässerung Dattelpalmen, Obst, Weizen, Reis und Baumwolle angebaut werden. Außer Dieselpumpen sind auch noch althergebrachte Bewässerungssysteme in Betrieb, wie das jahrtausendealte Netz aus Wasserkanälen, das als Karez bzw. Qanat bekannt ist, oder das persische Rad, bei dem die Wasserförderung über ein senkrecht verlaufendes, endloses Förderband erfolgt. Den Antrieb übernehmen Tiere.

Rekordverdächtige Klimaextreme Pakistan ist ein Land der Klimarekorde: Der Norden zählt im Winter zu den kältesten Gebieten der Erde, der Süden im Sommer zu den heißesten. Allgemein sind die Sommer heiß und die Winter mild, von Ende Juni bis September fällt in der heißesten Jahreszeit der Monsunregen mit Mengen zwischen 100 und 200 Millimeter. An den Abdachungen der Hochgebirge können bis zu 1000 Millimeter Niederschlag fallen, dort allerdings zur Zeit des Wintermonsuns. Im langen Winter von Oktober bis April sinken im Hochgebirge die Temperaturen bis weit unter den Gefrierpunkt. Ein starker klimatischer Kontrast dazu sind das Industietiefland und die Wüstengebiete in Sindh und Belutschistan, wo im Sommer 50 °C erreicht werden.

Land der Steppen und Wüsten So vielfältig wie die Landschaft ist auch die Pflanzenwelt Pakistans, die von tropischer und subtropischer Wüsten- und Steppenvegetation bis zur Hochgebirgsvegetation mit Wäldern und alpinen Matten reicht. Landschaftsprägend sind die Gras- und Strauchfluren der Steppen und Wüsten in der Tiefebene und in Belutschistan. Nur dort, wo das Land bewässert wird, kann Oasenwirtschaft betrieben werden.

Im Einzugsbereich der Monsunregen sind die Berghänge des Hindukusch und Himalaya dicht bewaldet. Vorherrschend sind Kiefern, Zedern und Steineichen. Am Rand des Hochgebirges wachsen unter anderem Maulbeer-, Banyan- und Eukalyptusbäume. In den Mündungsarmen des Indus ge-

deihen südlich von Karachi Mangrovenwälder. Heute sind jedoch nur noch fünf Prozent der Landesfläche bewaldet, der Rest ist der Überweidung und Abholzung zum Opfer gefallen.

Südlich von Rawalpindi wird das Wasser des Indus für die intensive Bewässerungslandwirtschaft genutzt. Auf den terrassierten Feldern wird Reis angebaut.

Durchschnittliche Luft- und Wassertemperaturen, Sonnenscheinstunden und Niederschlagstage in Karachi												
	Jan	Feb	März	April	Mai	Juni	Juli	Aug	Sept	Okt	Nov	Dez
Tag	24	25	28	30	31	32	31	30	30	31	31	25 °C
Nacht	14	16	20	23	26	28	27	26	25	23	19	16 °C
Wasser	24	24	25	26	28	29	28	27	27	27	26	25 °C
tägliche Sonnenscheinstunden	9	9	10	10	10	7	4	4	8	10	9	9
Niederschlagstage	1	2	1	1	0	1	4	2	1	0	0	1

PAKISTAN

SATELLITENBILD: BALTORO-GLETSCHER

Zwischen dem Hindukusch und dem Pamir im Westen sowie Kunlun Shan und westlichem Himalaya im Osten erhebt sich der rund 480 Kilometer lange Karakorum. Das Hochgebirge zählt vier imponierende Achttausender (K2, Hidden Peak oder Gasherbrum I, Gasherbrum II und Broad Peak, alle im Baltoro Muztagh), eine große Ansammlung an Siebentausendern sowie eindrucksvolle Gletscher. Über ein Drittel der Gebirgsfläche ist vergletschert. Manche Eisströme gehören zu den größten Gletschern außerhalb der Polargebiete, so auch der Baltoro-Gletscher mit 57 Kilometer Länge. Sein Schmelzwasser fließt in den wasserreichen Shigar, der in den Indus mündet.

Die gewaltigen Eis- und Felsgipfel des Baltoro Muztagh im Norden und dem Masherbrum-Massiv im Süden säumen den Gletscherstrom. Am sogenannten Concordia Place (etwa im Zentrum des Fotos) mündet von Norden der K2-Gletscher in den Baltoro-Gletscher, der von Süden kommt. Die Gletscherströme transportieren viel Schutt und Geröll, was an der dunklen Oberfläche gut zu erkennen ist. Beim Zusammenfließen entsteht die sogenannte Mittelmoräne, ein neues, hier etwas helleres Geröllband (linke Bildseite).

Der Concordia Place liegt in 4650 Meter Höhe und wird als Basislager für die beschwerlichen Aufstiege auf die nahe gelegenen Achttausender genutzt. Er ist von einer eindrucksvollen Kulisse aus Felswänden umgeben, weshalb er auch gerne als das „größte natürliche Amphitheater der Welt" oder „Thronsaal der Berggötter" bezeichnet wird. Von diesem Ort aus können die Alpinisten erstmals die eindrucksvolle Pyramide des K2 erblicken, der sich etwas außerhalb des oberen rechten Bildrands befindet.

PAKISTAN

BEVÖLKERUNG

Einwohnerzahl: *167,8 Millionen*

Bevölkerungsdichte: *211 Ew./km²*

Bevölkerungsverteilung: *38 % Stadt, 62 % Land*

Jährliches Bevölkerungswachstum: *1,9 %*

Lebenserwartung: *Frauen 64 Jahre, Männer 62 Jahre*

Religion: *Muslime*

Sprachen: *Urdu (Amtssprache); Punjabi, Sindhi, Paschtu, Balochi, Englisch, Arabisch*

Analphabetenrate: *52 %*

Bevölkerungsexplosion – Ursache für viele Probleme

Die Regeln des Koran werden von den Menschen streng befolgt. Nachdem diese Männer im Fastenmonat Ramadan tagsüber gefastet haben, begehen sie feierlich mit dem gemeinsamen Mahl das sogenannte Fastenbrechen, das wie hier vor dem abendlichen Gebet in einer Moschee in Karachi stattfindet.

Auf den Basaren der Städte, wie hier auf dem Rajah-Basar in Rawalpindi, treffen sich die Bewohner der umgebenden Stadtviertel, um ihre alltäglichen Einkäufe zu erledigen.

Pakistans Bevölkerung hat sich seit seiner Unabhängigkeit im Jahr 1947 von rund 30 Millionen auf heute über 165 Millionen mehr als verfünffacht. Familienplanungsprogramme der Regierung haben bisher wenig Erfolg gezeigt: Eine pakistanische Frau bekommt durchschnittlich etwa vier Kinder. Kinderreichtum gilt nach wie vor als die wichtigste Altersversorgung. Es gibt deutlich mehr Männer als Frauen, weil viele Frauen und Mädchen ihr Leben infolge häuslicher Gewalt und sozialer oder hygienischer Missstände verlieren. Extreme Armut nimmt weiter zu. Bauern und landlose Arbeiter sind gezwungen, ihre Familienangehörigen zum Geldverdienen in die Städte zu schicken.

BEVÖLKERUNG

Die pakistanische Bevölkerung lebt auch heute noch zum überwiegenden Teil auf dem Land. In den Dörfern spiegelt sich die klassische gesellschaftliche Gliederung in Landbesitzer und landlose Handwerker wider, daneben gibt es ein breites Spektrum an Landarbeitern, Kleinpächtern und Bauern mit kleinem und kleinstem Landbesitz. Viele von ihnen sind von mächtigen feudalen Landbesitzern, den Landlords, abhängig.

Die soziale Infrastruktur kann mit der anhaltenden Bevölkerungsexplosion nicht Schritt halten – die Folgen sind gravierend: Viele Pakistaner haben kein sauberes Trinkwasser. Ernährung, sanitäre Einrichtungen, Hygiene und Gesundheitsvorsorge sind so mangelhaft wie Kinderunterernährung und Sterblichkeit hoch sind. Vor allem auf dem Land fehlt es an Ärzten.

Übervölkerte Städte Die Bevölkerung ist sehr ungleich verteilt. Die meisten Menschen leben in den kanalbewässerten Gebieten des Punjab, einer der sechs bedeutendsten Kornkammern der Welt, besonders im Raum Lahore sowie im Mündungsbereich des Indus. In der Provinz Punjab lebt auf einem Viertel der Landesfläche mehr als die Hälfte der Gesamtbevölkerung.

Die wenigsten Menschen sind in der Provinz Balochistan (Belutschistan) ansässig, wo die Bevölkerungsdichte nur 23 Einwohner je Quadratkilometer beträgt. Im Distrikt der Hauptstadt Islamabad leben dagegen über 1200 Einwohner auf einem Quadratkilometer. Wie überall in Entwicklungsländern wachsen auch in Pakistan Großstädte zu Megastädten. Mit über 12 Millionen Einwohnern ist Karachi die größte Stadt. Weitere sieben Städte haben über eine Million oder wie Lahore über sechs Millionen Menschen. Die Ballungsräume leiden unter hohem Bevölkerungsdruck, der durch die zunehmende Landflucht noch verstärkt wird. Überfüllte Städte schockieren mit Elendsvierteln, die sich mit Flüchtlingen aus Indien und Afghanistan sowie mit Jugendlichen aus den ländlichen Gebieten füllen. Besonders Karachi kann den Zustrom nicht mehr verkraften: Ein Großteil der städtischen Bevölkerung kann nicht mehr ausreichend mit Wasser und Strom versorgt werden.

BEVÖLKERUNG

In den Städten hat sich mit der Zeit eine bürgerliche Mittelschicht herausgebildet, die zunehmend politisches Bewusstsein entfaltet und sich unter anderem auch für eine unabhängige Justiz einsetzt. Nach wie vor aber wird die pakistanische Gesellschaft von den feudalen Machtstrukturen beherrscht, wie sie auf dem Land verbreitet sind.

Pakistanische Sprachenvielfalt Der Vielvölkerstaat Pakistan umfasst vier Hauptbevölkerungsgruppen, die unterschiedlichen Sprachfamilien angehören; die ethnische und zugleich auch sprachliche Aufteilung entspricht in etwa den vier großen Landesteilen.

Die Punjabi sprechenden Punjabis sind mit fast 51 Prozent Anteil die größte Bevölkerungsgruppe des Landes. Sie geben in Politik und Militär den Ton an, und ihre Dominanz ist der Auslöser für die Bildung vieler autonomer und separatistischer Bewegungen im Land. Mit großem Abstand folgen die Sindhi sprechenden Bewohner aus dem Sindh und dem Grenzgebiet von Punjab und Sindh (21 %) sowie die sich auf Paschtu verständigenden Paschtunen oder Pathanen der North-West Frontier Province (15 %). Deutlich in der Minderheit sind die Belutschen, deren Umgangssprache das Balochi ist (3 bis 5 %). Englisch ist die bevorzugte Sprache der pakistanischen Elite und Oberschicht. Urdu, die offizielle Amtssprache, gehört zu den indoarischen Sprachen; sie gleicht in der Grammatik dem Hindi, wird aber in einer arabisch-persischen Schrift geschrieben. Über 12 Millionen Pakistaner sprechen Urdu, überwiegend in Karachi, wo sich die aus Indien immigrierten Muslime und ihre Nachfahren, die sogenannten Mohajiren, angesiedelt haben. Eine größere Verbreitung der Nationalsprache in der Bevölkerung will man durch eine stärkere Verwendung in den Medien erreichen. Denn die Vielfalt der gesprochenen und geschriebenen Sprachen erschwert den nationalen Zusammenhalt Pakistans.

Jede Provinz hat ihre eigenen Minderheiten: So sind beispielsweise die Brahui Nachkommen der drawidischen Ureinwohner von Belutschistan. In der North-West Frontier Province leben neben den Pathanen viele Minderheiten, von denen manche eine sehr abgeschiedene Existenz in einzelnen entlegenen Hochtälern führen. In der Region Chitral an der Nordgrenze zu Afghanistan leben die Kalash, die erst im 19. Jahrhundert zum Islam übertraten, doch bis heute Teile ihrer alten Kultur und Eigenständigkeit bewahrt haben. Im pakistanischen Teil Kaschmirs siedeln in abgeschiedenen Hochtälern des Karakorum Völker, die zur Gruppe der Burusho gehören: die ismailitischen Hunza und Yasin sowie die schiitischen Nager und Balti. Die Provinz Sindh ist die Heimat religiöser Minderheiten wie Sikhs, Christen, Hindus, Buddhisten, Zarathustrier und Sufi.

Eskalation ethnischer und religiöser Konflikte Die Situation der Minderheiten verschärfte sich nach den Staatsgründungen von Indien und Pakistan 1947 durch die Abwanderungs- bzw. Zuwanderungsbewegungen von Muslimen bzw. Hindus. Spannungen zwischen belutschischen und pathanischen Flüchtlingen aus Afghanistan sowie zwischen einheimischen Sindhi und den aus Indien zugewanderten Mohajiren eskalieren immer wieder in Gewaltausbrüchen.

Die große Mehrheit der Bevölkerung bekennt sich zum Islam, der von Glaubensgemeinschaften unterschiedlicher Ausrichtung praktiziert wird, die sich zum Teil deutlich voneinander abgrenzen. Die sunnitische Mehrheit Pakistans (90 %) attackiert die schiitische Minderheit und umgekehrt. Die islamische Glaubensgemeinschaft der Ahmadis wird von orthodoxen Muslimen als nicht-islamisch eingestuft und trotz Religionsfreiheit diskriminiert. Nicht-Muslime sind einer Schutz- und Gleichheits-Selbstverpflichtung des Staates zum Trotz Bürger zweiter Klasse.

Starke Bindung an den Islam Auf dem heutigen Staatsgebiet haben einige der großen Weltreligionen ihre Wurzeln oder haben dort wichtige Impulse erhalten. So wurde in der Region der Brahmanismus geboren, aus dem der Hinduismus hervorging. Von Gandhara, dem Zentrum der buddhistischen Gandharakultur (400 v. Chr. bis 400 n. Chr.), breitete sich der Buddhismus bis nach China und Japan aus. Er blühte im Industal, wo die Mahayana-Schule gegründet wurde. Im Punjab entwickelte sich vor etwa 500 Jahren die Religion der Sikhs.

Im achten Jahrhundert hielt der Islam, der auch 1947 zur Staatsgründung führte, auf dem Subkontinent Einzug. In Pakistan ist der Islam Staatsreligion. Das Justizsystem basiert auf der Scharia, dem islamischen Recht. Das Parlament wird nach den unterschiedlichen islamischen Religionsgruppierungen getrennt gewählt. Der Verfassungsauftrag zur Islamisierung ist klar vorgegeben. Die Umsetzung dieses Auftrags wurde vehement und mit vielen negativen Folgen unter General Mohammed Zia ul-Haq (1924–1988) umgesetzt. Der Islam, seine Lehre und die aus dem Koran abgeleiteten Pflichten nehmen großen Einfluss auf das soziale und religiöse Leben der Menschen. Insbesondere Frauen leben häufig streng nach den islamischen Traditionen und von der Öffentlichkeit weitgehend abgeschottet im häuslichen Umfeld.

Folgenschwere Vernachlässigung des Bildungswesens

Aufmerksam verfolgen die Schüler und Schülerinnen einer Religionsschule in Peshawar die Koransuren, die der Lehrer an die Tafel schreibt.

Die Mittel, die Pakistan in die Bildung investiert, sind gering, obwohl die Hoffnungen der Bevölkerung auf neue Chancen und einen höheren Lebensstandard durch Schulbesuch hoch sind. Doch mit ihren Einschulungs- und Alphabetisierungsquoten gehört die Republik zu den Schlusslichtern der UNESCO-Rangliste. Wer seinen Namen lesen und schreiben kann, gilt nach staatlicher Definition schon nicht mehr als Analphabet. Lehrer sind häufig schlecht ausgebildet; die Wissensvermittlung ist insbesondere auf dem Land unzureichend.

Populäre Koranschulen Eine Schulpflicht besteht nicht. Die fünfjährige, kostenlose Primarschule besuchen etwa 68 Prozent der Fünf- bis Zehnjährigen, nur ein Viertel der Jugendlichen macht jedoch einen Abschluss. Privatschulen bleiben weitgehend den Wohlhabenderen vorbehalten. Sie unterrichten meist auf Englisch. Die Zahl der Koranschulen (Madrassas) wächst. Diese nehmen immer mehr der ärmsten Kinder auf und sind für die Eltern attraktiv, weil viele von ihnen auch Unterkunft und Verpflegung bieten. Doch ihr Lehrstoff beschränkt sich häufig auf den Koran; die Tendenz zur radikalislamischen Beeinflussung der Schüler ist im Land vorhanden.

Frauen benachteiligt Deutlich mehr Männer als Frauen können lesen und schreiben. Überdurchschnittlich hohe Analphabetenraten weisen die Provinzen Balochistan und North-West Frontier sowie die zentral verwalteten Stammesgebiete aus. Auf dem Land liegt der geschätzte Analphabetismus der weiblichen Bevölkerung bei etwa 80 Prozent. Bildung wird dort als unsinnig für die späteren Aufgaben der Mädchen betrachtet, außerdem könnte sie deren Moral gefährden. Nur ein Fünftel der Mädchen und ein Drittel der Jungen besuchen weiterführende Schulen. Kinder reicher Eltern gehen für eine weiterführende Ausbildung oft ins Ausland.

PAKISTAN

Karachi – eine Stadt erstickt an Menschen

Karachi war die erste Hauptstadt Pakistans – bis 1959. Die aus einem Fischerdorf hervorgegangene Stadt am Arabischen Meer erlangte im 19. Jahrhundert durch ihren Hafen große Bedeutung für den Seehandel mit der arabischen Welt. 1839 übernahmen die Briten die Kontrolle und bauten sie zu einem Exportzentrum für Baumwolle und Weizen aus dem Industal aus.

Seit der Unabhängigkeit Pakistans 1947 hat sich Karachi von rund 800 000 auf heute knapp 13 Millionen Einwohner explosionsartig vergrößert. Karachi ist das herausragende Finanz-, Handels- und Kulturzentrum des Landes und Standort einer vielseitigen Industrie. Die Stadt ist Sitz einiger der umsatzstärksten Unternehmen des Landes (u. a. Pakistan Petroleum, Pakistan International Airlines), Standort vieler Banken und der pakistanischen Börse (Karachi Stock Exchange). Der moderne Seehafen zählt zu den bedeutendsten Umschlagzentren Südasiens. Auch das Binnenland Afghanistan wickelt seinen Seehandel über Karachi ab. Der Flughafen von Karachi hat als Knotenpunkt internationaler Fluglinien eine große Bedeutung.

Aufgrund seiner Wirtschaftskraft ist Karachi Anziehungspunkt für junge Pakistaner aus allen Teilen des Landes. Wiederholt war die Stadt Ziel von Flüchtlingsströmen. Nach der Teilung Britisch-Indiens 1947 und dem pakistanischen Bürgerkrieg sowie der Unabhängigkeit von Bangladesch 1971 strömten Millionen indischer Muslime in die Stadt. Infolge der sowjetischen Invasion in Afghanistan und nachfolgender Entwicklungen flüchteten über 3 Millionen Paschtunen nach Karachi. Die Elendsviertel sind in schockierender Weise ausgeufert. Auf den Straßen und Plätzen der hoffnungslos übervölkerten Stadt geht es chaotisch zu *(rechte Seite, oben rechts)*.

Aber Karachi hat auch ein anderes, ein freundliches Gesicht, etwa in den Wohnvierteln der Wohlhabenden: Clifton und Defense. Am Meeresufer von Clifton erstreckt sich einer der längsten Strände der Welt mit vielen Angeboten zur Erholung und Unterhaltung *(rechte Seite, oben links)*. Zahlreiche Gärten, Landschafts- und Unterhaltungsparks sowie großzügige Sportanlagen für Kricket und Golf lockern das Stadtbild auf und werden von den Menschen für die Freizeitgestaltung angenommen. Auch die traditionsreichen Basare im Stadtzentrum ziehen viele Besucher an *(rechte Seite unten)*.

Dem Begründer Pakistans, Mohammed Ali Jinnah (1876–1984), der von den Menschen glühend verehrt wird, wurde das aus weißem Marmor gebaute, 35 Meter hohe Mausoleum gewidmet *(unten)*. Es gehört zu den herausragenden Sehenswürdigkeiten der Stadt.

KARACHI

PAKISTAN

GESCHICHTE

um 2200–1700 v. Chr. *Blütezeit der Harappa-Kultur*

um 1200 v. Chr. *Einwanderung der vedischen Arier*

ab 530 v. Chr. *Die Perser erobern die Region*

500 *Hunneninvasion*

711 *Eroberung durch Araber; Beginn der Islamisierung*

1206 bis 1526 *Herrschaft der muslimischen Delhi-Sultanate*

um 1700 *Größte territoriale Ausdehnung*

1838–1842 *Erster britisch-afghanischer Krieg; Sindh wird von den Briten annektiert*

1844–1849 *Punjab-Kriege; Annexion des Reichs der Sikh*

1906 *Gründung der Muslim-Liga*

1947 *Gegensatz zwischen Hindus und Muslimen führt zur Teilung Britisch-Indiens in Indien und Pakistan, das aus zwei voneinander getrennten Staatsgebieten (West- und Ostpakistan) besteht*

1947–1949 *Krieg gegen Indien um Kaschmir*

1956 *Pakistan wird Islamische Republik; erster Präsident I. Mirza*

1958 *Unter General Ayub Khan übernimmt das Militär die Macht*

1965 *Kämpfe mit Indien um Kaschmir*

1971 *Ostpakistan wird als Bangladesch unabhängig*

1972 *A. Bhutto wird Präsident*

1977 *General Zia ul-Haq stürzt Bhutto*

1980 *Einführung der islamischen Rechtsprechung (Scharia)*

1985 *Aufhebung des Kriegsrechts*

1988 *Zia ul-Haq verunglückt; B. Bhutto wird Ministerpräsidentin und I. Khan Staatspräsident*

1998/99 *Politische Konflikte mit Indien nach indischen und pakistanischen Nukleartest*

1999 *General P. Musharraf errichtet eine Militärdiktatur*

2007 *Pakistan im Ausnahmezustand; Aufhebung des Hausarrests über den von Musharraf abgesetzten obersten Richter Iftikhar M. Chaudhry; Benazir Bhutto wird Opfer eines Attentats*

2008 *Rücktritt von Musharraf; Asif Ali Zardari wird Staatspräsident*

2009 *Offensive der Armee gegen Islamisten und Taliban in den Nordwest-Provinzen*

POLITIK

Staatsform: *Islamische Präsidialrepublik*

Staatsoberhaupt: *Staatspräsident*

Legislative: *Nationalversammlung mit 342 und Senat mit 100 Mitgliedern*

Verwaltungsgliederung: *4 Provinzen, Hauptstadtbezirk; Bundesverwaltungsgebiete Tribal Areas (FATA); die von Pakistan kontrollierten Gebiete Gilgit-Baltistan und Azad Jammu and Kashmir gehören offiziell nicht zum Staatsgebiet*

Junger Staat als Erbe der britischen Kolonialpolitik in Indien

Einen Tag nach der Unabhängigkeit am 14. August 1947 tagte in Karachi die verfassunggebende Versammlung von Pakistan, an der auch Mohammed Ali Jinnah (ganz hinten in der Mitte) teilnahm, der erste Generalgouverneur des neuen Staats.

Bis zur Abspaltung von Indien 1947 ist Pakistan nie ein selbstständiger Staat gewesen. Im Namen vereinen sich die verschiedenen Regionen des Landes: *P* für Pandschab, *a* für Afghan Province, *k* für Kaschmir, *i* für Indus, *s* für Sindh und *tan* für Belutschistan. Die Unabhängigkeit brachte dem Land aber keinen dauerhaften Frieden. Streit und Terror flammen immer wieder im Vielvölkerstaat auf und gefährden die innenpolitische Stabilität. Schwelende Grenzkonflikte belasten zudem das Verhältnis zum Nachbarstaat Indien. Eine wichtige Rolle spielt das Militär.

GESCHICHTE UND POLITIK

Mit den Stadtkulturen am Indus befand sich vor über 4500 Jahren auf pakistanischem Boden die gemeinsame Wurzel der Staaten Pakistan und Indien. Es war die erste bürgerliche Hochkultur der Geschichte. Eine Kleinstadt am Ufer des Indus-Nebenflusses Ravi – Harappa – gab ihr den Namen. 550 Kilometer weiter südlich, in der heutigen Provinz Sindh, wurde 1922 mit Mohenjo-Daro die größte von mindestens fünf ausgedehnten vorgeschichtlichen Städten entdeckt. Die ebenso fortschrittliche wie friedfertige Zivilisation hat wohl zwischen 2700 und 1500 v. Chr. an den Ufern des Indus und weiterer Flüsse existiert. Die Baukunst der frühen Stadtkulturen war technisch hoch entwickelt und zweckorientiert. Anstelle von Tempeln, Palästen und üppigen Königsgräbern wie in anderen Hochkulturen wurden Hinweise auf eine höchst komfortable Wohnkultur mit Wasserversorgung in den Häusern gefunden.

Muslimische Selbstbehauptung
Entscheidende Impulse für das heutige Pakistan gaben die Großmogul, die Anfang des 16. Jahrhunderts den Subkontinent eroberten und eine islamische Hochkultur schufen. Viele Städte erhielten ihr charakteristisches Aussehen. Als das Großmogulreich während der britischen Kolonialzeit zerbrach, verlor der Islam seine Führungsrolle auf dem Subkontinent an den Hinduismus. Die Kolonialherren behandelten die Hindus als ihre selbstverständlichen Verbündeten, und die Muslime waren in der britisch-indischen Verwaltung unterrepräsentiert.

Eine 1857 von Sayyid Ahmad Khan (1817 bis 1898) ins Leben gerufene muslimische Erneuerungsbewegung gilt als die Keimzelle des modernen Pakistan. 1906 wurde die Muslim-Liga gegründet – als politisches Gegengewicht zum 1885 entstandenen Indian National Congress.

Ein eigenständiger Staat Pakistan für die Muslime wurde 1940 in das Programm der indischen Muslim-Liga aufgenommen, deren Ziel es war, in einer gesamtindischen Verfassung die muslimische Elite gegenüber der hinduistischen Mehrheit besser zu schützen. Unter der Führung von Mohammed Ali Jinnah (1876–1948) sprach sich eine große Mehrheit aber für eine grundsätzlich getrennte Nation aus, in der Wirtschaft und soziale Ordnung auf Gleichheit und Gerechtigkeit beruhen sollten. Beeindruckt von der Massenbe-

GESCHICHTE UND POLITIK

wegung, fand die Politik der getrennten Wege schließlich auch Gehör bei den Briten.

Schließlich entließ das britische Unterhaus 1947 einen Muslim- (Pakistan) und einen Hindu-Staat (Indien) in die Unabhängigkeit, die sich nach den Glaubensmehrheiten der Regionen zusammensetzen sollten. Mit dem Tag der Unabhängigkeit kam es zu einer der größten Flüchtlingsbewegungen und -tragödien in der Geschichte Asiens: Zehn bis zwölf Millionen Hindus und Muslime wanderten von Pakistan nach Indien und in umgekehrte Richtung, mehr als eine Million Menschen kamen dabei ums Leben.

West- und Ostpakistan gehen getrennte Wege
Der Wunsch der muslimischen Bevölkerung nach einem eigenen Staat hatte sich 1947 erfüllt, doch das Ziel einer durch gemeinsame Religion und Kultur begründeten Nation hat das Land bis heute verfehlt. Die mangelnde wirtschaftliche und politische Vorbereitung auf die staatliche Unabhängigkeit trug das ihre dazu bei. Das zu Pakistan gehörende islamische Ostbengalen (Ostpakistan) war durch das indische Staatsgebiet vom restlichen Staatsgebiet (Westpakistan) getrennt, von dem es wirtschaftlich und politisch abhängig war. Der Wunsch nach staatlicher Unabhängigkeit Ostbengalens war somit vorprogrammiert, die Eigenständigkeit unausweichlich. Aber erst 1971 wurde nach blutigen Kämpfen und dem Einschreiten Indiens Ostpakistan unter dem Namen Bangladesch unabhängig.

Politische Wechselbäder
Unter Staatspräsident und Premierminister Zulfikar Ali Bhutto (1928 bis 1979), dem Führer der Pakistan People's Party (PPP), wurden eine Landreform und die Verstaatlichung wichtiger Industriezweige beschlossen, jedoch regierte er zunehmend autoritär. 1977 folgte ihm nach einem Putsch General Zia ul-Haq (1924–1988). Er ließ Bhutto 1979 hinrichten. Nach Parlamentswahlen 1988 wurde Benazir Bhutto (1953–2007), die Tochter von Z. A. Bhutto Premierministerin. Bis 1999 wechselte nun die Regierungsmacht zwischen der PPP und der von Nawaz Sharif (*1949) angeführten Pakistan Muslim League (PML). Ihnen gelang es aber nicht, die vielfältigen innenpolitischen Probleme zu lösen. Dies betraf sowohl das Erstarken des islamischen Fundamentalismus als auch die ansteigende Inflation. Als Reaktion auf indische Atomwaffentests führte auch Pakistan 1998 mehrere solcher Tests durch.

Im Jahr 1999 setzte sich Generalstabschef Pervez Musharraf (*1943) nach einem unblutigen Militärputsch an die Spitze des Staats. Er setzte umfangreiche Verfassungsänderungen durch, die seine Macht als Staatsoberhaupt stärkten. Trotz innenpolitischer Widerstände bemühte sich Musharraf, die USA im Kampf gegen den internationalen Terrorismus zu unterstützen. Musharraf hatte durch zahlreiche autoritäre Maßnahmen, vor allem aber durch die Absetzung des Obersten Richters, gewalttätige Protestaktionen ausgelöst. Ein zunehmend religiös motivierter Extremismus führte das Land in eine schwere Krise. Bei den Parlamentswahlen im Februar 2008 musste die regierende Muslim-Liga (PML-Q) von Staatspräsident Musharraf erhebliche Verluste hinnehmen, während die Pakistanische Volkspartei (PPP) der 2007 ermordeten B. Bhutto stärkste und die Muslim-Liga (PMLN) von N. Sharif zweitstärkste Kraft im Parlament wurde. Musharraf verlor seine politische Machtbasis und konnte sich auch nicht mehr der Unterstützung der Armee sicher sein. Da ihm ein Amtsenthebungsverfahren drohte, trat er im August 2008 zurück. Zum neuen Präsidenten wählten die Nationalversammlung und die vier Provinzversammlungen Asif Ali Zardari (*1956), den Witwer von B. Bhutto, zum Staatspräsidenten.

In den vergangenen Jahren wurde das Verhältnis zur westlichen Welt durch terroristische Anschläge belastet, deren Drahtzieher in Pakistan Unterschlupf fanden. Vor einer großen Herausforderung steht die Regierung im Kampf gegen die Taliban, die es in Grenzgebieten zu Afghanistan geschafft hat, einzelne Regionen unter ihre Kontrolle zu bringen.

Angehörige der Mashud-Stämme aus Süd-Waziristan warten 2009 in einem Lager auf Hilfslieferungen. In der schwer zugänglichen Bergregion westlich von Peshawar hatten sich nach 2001 Taliban aus Afghanistan und islamisch-fundamentalistische Rebellen zurückgezogen. Durch die militärische Bodenoffensive pakistanischer Sicherheitskräfte gegen die Taliban und Al-Qaida-Anhänger kam es zur Flucht von etwa 80 000 Menschen (ganz unten).

Benazir Bhutto posiert im Wahlkampf für die Parlamentswahlen 1988 vor einem Plakat ihres 1979 hingerichteten Vaters (unten).

PAKISTAN

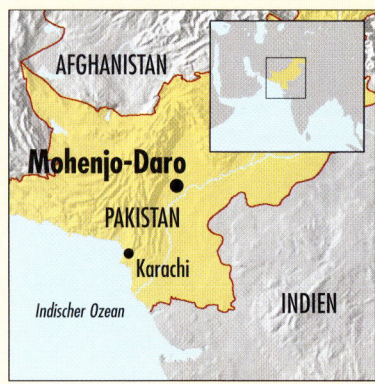

Ruinenstadt Mohenjo-Daro: der geheimnisvolle „Todeshügel"

Das Große Bad im Wohnviertel der Oberschicht diente womöglich den rituellen Waschungen der Menschen. In das 7 mal 11 Meter große, aus gebrannten Ziegeln gemauerte Becken führen Treppen.

Kurzbeschreibung: *Erste Hochkultur im Industal, für die Forschung ebenso bedeutsam wie die Hochkulturen Ägyptens und Mesopotamiens; Stadtanlage mit einem Umfang von knapp sechs Kilometern; Bauwerke aus luftgetrockneten Ziegeln wie der 50 mal 27 Meter große Kornspeicher, das Große Bad mit dem 12 mal 7 Meter großen Becken, das Versammlungshaus in der Oberstadt; in der Unterstadt Wohnhäuser und Werkstätten sowie gemauerte Kanalisation; etwa 3000 Häuser bisher noch nicht ausgegraben; durch steigendes Grundwasser und Verwitterung sind die Ruinen der Stadtanlage gefährdet*

Lage: *Industal, südwestlich von Sukkur*

Ernennung: *1980*

Bedeutung: *Das Zentrum der vorgeschichtlichen Harappa-Kultur des dritten vorchristlichen Jahrtausends*

Zur Geschichte:

2700–1500 v. Chr. *Harappa-Kultur mit vielen Städten im Industal*

ca. 2000 v. Chr. *Untergang von Mohenjo-Daro*

2. Jh. n. Chr. *Bau des Stupahügels als buddhistisches Heiligtum*

1921 *Ausgrabungen in Harappa durch Daya Ram Sahni und John Marshall vom Indian Archaeological Survey*

1922 *Wiederentdeckung von Mohenjo-Daro und Ausgrabungen durch Rakhal Das Banerji und John Marshall*

1932 *Bau einer Indus-Bewässerungsanlage hebt den Grundwasserspiegel an*

1950 *Wissenschaftliche Grabungen unter Sir Mortimer Wheeler*

1965 *Weitere wissenschaftliche Ausgrabungen*

Schon bald nachdem ein indischer Archäologe bei Grabungen im Industal eher zufällig die Überreste einer vorgeschichtlichen Siedlung entdeckt hatte, hielt die Fachwelt fasziniert den Atem an: Der seit 1922 erforschte „Hügel des Todes", so die Übersetzung des Namens, erwies sich als außergewöhnlich große Stadt, die während der Blütezeit der Harappa-Kultur planmäßig und mit einer Vielzahl von Gebäudetypen angelegt worden war. Gut 30 000 bis 40 000 Menschen wohnten Schätzungen zufolge in der auf rasterförmigem Grundriss geplanten Stadt, die in Ober- und Unterstadt getrennt war.

Glücksfall der Geschichte Die Entdeckung von Mohenjo-Daro, dessen Grundanlage fast vollständig erhalten geblieben war, stellte einen Glücksfall dar. Denn die sichtbaren Ruinen der 1834 erstmals beschriebenen vorgeschichtlichen Stadt Harappa war durch den Bau einer Eisenbahntrasse und die Verwendung der „historischen Ziegel" für den modernen Hausbau geschädigt worden.

Wie Mohenjo-Daro wirklich hieß, weiß man bis heute nicht. Nach ihrer Entdeckung ließ sich die bis dahin gültige Erkenntnis, dass die altindische Geschichte und die Entwicklung von Kunst, Literatur und Städtebau erst nach der Ankunft der arischen Eroberer aus dem heutigen Iran einsetzt, nicht mehr aufrechterhalten. Wohl war es den Wissenschaftlern gelungen, dank der Radiokarbonmethode zur Altersbestimmung organischen Materials die Fundstücke verlässlich zu datieren; welche Bedeutung den Herrschaftszeichen und dem Schriftsystem der über 4500 Jahre alten Harappa-Kultur zukommt, blieb gleichwohl bis heute rätselhaft. Wissenschaftler vermuten, dass das gesamte in diesen Kulturraum fallende Gebiet doppelt so groß gewesen sei wie das alte Ägypten. Das Handelsnetz der Städte reichte vom heutigen Indien bis nach Syrien.

Ober- und Unterstadt Die Stadtanlage hatte einen Umfang von fast sechs Kilometern. Die Durchgangsstraßen verliefen in Nord-Süd-Richtung. Nach dem Plan der Baumeister von Mohenjo-Daro befand sich im Osten die Wohnstadt der Händler und Handwerker. Die meist zweistöckigen Wohnhäuser hatten fensterlose Fassaden zur Straße hin und waren in rechteckigen Blocks angeordnet. Sie standen auf einer Ziegelplattform. Diese Erhöhung war nötig, da der Wasserstand des lebensspendenden Indus während der Sommermonate gewaltig anstieg. Jedes Haus besaß seinen Brunnen, Abwasser floss über einen Kanal in eine Straßenrinne, die in einen Sammelkanal auf der Hauptachse mündete. Für größere Abfälle richtete man in regelmäßigen Abständen Senkgruben ein. Wie heute noch klar zu erkennen ist, gab es in diesem ausgeklügelten und im Alten Orient beispiellosen System der Wasserversor-

WELTERBE: RUINENSTADT MOHENJO-DARO

gung und Abwasserbeseitigung eine strikte Trennung zwischen privat und öffentlich. Nicht Natursteine, sondern gebrannte Ziegel in standardisierter Größe dienten als Baumaterial.

Im Westen lag das Viertel der Oberschicht. Auf einem Hügel entstand auf einer acht Hektar großen Fläche eine ummauerte Zitadelle, die die Stadtanlage beherrschte. Die Handwerker schufen in der Zitadelle ein aus Ziegeln gemauertes Bassin und einen Kornspeicher für die Naturalabgaben der Landbevölkerung. Das stufenförmige Bassin ist von Kammern umgeben und wird als Bad gedeutet, das wahrscheinlich der gesamten Bevölkerung zu rituellen Waschungen diente. Es war zweieinhalb Meter tief und bekam das Wasser aus einem Brunnen. Das Bad war durch eine exakt gefertigte und mit Bitumen versiegelte Doppellage aus Ziegeln abgedichtet. Der auf Säulen aus Ziegelsteinen thronende Kornspeicher besaß Zwischenräume, durch die ständig Frischluft in das Gebäude gelangen konnte. So wurde verhindert, dass eingelagertes Getreide von Schimmelpilzen befallen wurde. Die Zitadelle war offensichtlich Sitz des Herrschers, vielleicht eines Priesterkönigs, der über die Wohnstadt in die Richtung der aufgehenden Sonne blickte.

Skulpturen und Siegel

Die meisten Fundstücke der versunkenen Zivilisation sicherten Archäologen in der Zitadelle. Als bedeutendstes Relikt erwies sich die Specksteinbüste eines bärtigen Mannes, die „Priesterkönig" getauft wurde, weil es sich bei der dargestellten Persönlichkeit um einen nach mesopotamischer Art gekleideten Würdenträger mit Umhang und Stirnband handelt. Von graziler Ausdruckskraft ist die zehn Zentimeter hohe, schmal und schlank gearbeite-

Specksteinsiegel mit einem einhörnigen Rind und Schriftzeichen, deren Bedeutung bislang nicht enträtselt werden konnte (oben).

te Bronzefigur einer nur mit Schmuck bekleideten Tänzerin. Ein zweirädriger Ochsenwagen wurde als Kinderspielzeug interpretiert. Bemerkenswerte Kunstfertigkeit bewiesen die Handwerker beim Anfertigen von Schmuckstücken. Häufig fand man bei Ausgrabungen Fayenceperlen sowie Ketten und Schmuckbänder aus Ton, Gold, Kupfer oder Bronze mit Halbedelsteinen.

Unter den Fundstücken in Mohenjo-Daro gibt es auch aus Stein gefertigte Gewichte. Viele drei mal drei Zentimeter große Siegel aus Gipsstein sind gefunden worden, auf denen häufig Tiere und Schriftzeichen abgebildet sind. Die Schriftzeichen – 270 verschiedene – konnten bis heute nicht entziffert werden, sodass deren Bedeutung unklar bleibt. Dass die Kaufleute von Mohenjo-Daro schon einen lebhaften Handel mit fernen Ländern betrieben, belegen ausgegrabene Rollsiegel sumerischer Herkunft.

Gefahren für die Ruinenstadt

Nach Mohenjo-Daros erstem Untergang droht der Ruinenstadt seit den 1930er Jahren die Zer-

Stirnband und Umhang mit Blattornamenten weisen die Specksteinbüste eines bärtigen Mannes aus Mohenjo-Daro gemäß der mesopotamischen Tradition als „Priesterkönig" aus. Die knapp 18 Zentimeter hohe Skulptur gehört zu den berühmtesten Fundstücken aus Mohenjo-Daro (oben links).

störung durch kristallisiertes Salz, das sich im Mauerwerk befindet. In Verbindung mit Luft und Regenwasser zersetzt es allmählich die Ziegelsteine. Fatale Folgen hatte auch der Bau einer Bewässerungsanlage im Industal, die den Grundwasserspiegel ansteigen ließ und tiefergehende Grabungen unmöglich machte. Um den weiteren Verfall einzudämmen, wird heute fortwährend Grundwasser abgepumpt. Außerdem haben die Behörden bis in einer Entfernung von zwei Kilometern den Reisanbau unterbunden, für den viel Wasser nötig ist.

Ein zweirädriges Gespann wird von zwei Ochsen gezogen. Dieses Spielzeug aus Ton erfreute einst die Kinder von Mohenjo-Daro. Heute ist es im Nationalmuseum von Karachi zu sehen.

PAKISTAN

WIRTSCHAFT

Währung: *1 Pakistanische Rupie (pR) = 100 Paisa*

Bruttoinlandsprodukt: *171 Mrd. US-$*

Bruttonationaleinkommen/Einw.: *860 US-$*

Außenhandel: *Import 40,0 Mrd. US-$, Export 19,1 Mrd. US-$*

Auslandsverschuldung: *52,1 Mrd. US-$*

Blühende Landwirtschaft, wenig entwickelte Industrie

Mit Ausnahme der Randregion der nördlichen Hochgebirge ist in Pakistan Landwirtschaft nur mithilfe künstlicher Bewässerung möglich. Die unsichere innenpolitische Lage, mangelnde Rechtssicherheit, Korruption, überholte Feudalstrukturen und ein unzureichender Ausbildungsstand belasten die Wirtschaft.

WIRTSCHAFT, VERKEHR UND KOMMUNIKATION

Etwa 40 Prozent der Erwerbstätigen arbeiten in der Landwirtschaft, zu deren Hauptanbauprodukten Zuckerrohr und Baumwolle gehören. Insgesamt ist nur etwa ein Viertel der Landesfläche für den Ackerbau nutzbar. Nomadische Viehzucht dominiert in den nördlichen Bergregionen, den nicht bewässerbaren Gebieten des Industieflands und in Belutschistan.

Das größte Bewässerungssystem der Welt

Das pakistanische Bewässerungssystem ist Segen und Fluch zugleich. Fast zwei Millionen Hektar Land werden künstlich bewässert. Kanalbewässerung sichert auf drei Vierteln aller Felder die Bestellung. Monsunregen im Sommer, winterliche Niederschläge sowie die Schnee- und Gletscherschmelze am Indus und seinen Nebenflüssen liefern das kostbare Wasser für den Ackerbau. Riesige Staudämme und Wasserkraftwerke erhöhen die Bewässerungs- bzw. Energiekapazität, zugleich verursachen sie aber gigantische Kosten.

Die Briten, die sich die Urbarmachung des Industieflands zum Ziel gesetzt hatten, schufen mit dem Bau erster Staudämme und eines Kanalsystems zwischen den Indusnebenflüssen die Basis für die erfolgreiche Bewässerungslandwirtschaft im einst kargen Punjab. Im heute größten geschlossenen Bewässerungsgebiet der Welt sind in einem weit gespannten Netz von Haupt- und Nebenkanälen die Indusnebenflüsse Jhelum, Chenab und Ravi miteinander verbunden, sodass Wasser großräumig verteilt und gezielt reguliert werden kann.

Die Teilung des Punjab zwischen Indien und Pakistan nach dem Ende der britischen Kolonialherrschaft drohte allerdings den Kanälen im pakistanischen Teil das Wasser abzugraben: Indien hatte die Möglichkeit, die Wassermassen auf sein Territorium lenken. Erst 1960 erhielt Pakistan nach Verhandlungen mit der Weltbank und Indien das vertragliche Recht, die Abflüsse von Indus, Jhelum und Chenab für sich zu nutzen. Und innerhalb Pakistans einigten sich die Provinzen erst 1991 auf eine rechtlich abgesicherte Verteilung des kostbaren Guts.

In Belutschistan sind die Oasen und Ortschaften von einem sehr alten Bewässerungssystem abhängig, das es in dieser Form bereits vor 2000 Jahren in Persien und Zentralasien gab. Ein unterirdisches Kanalsystem (Qanat oder Karez) leitet dabei Grundwasser von den Bergen hinab in die Oasen. Auch im Sindh wird die Wüste mithilfe eines Kanalsystems fruchtbar gemacht. Weil die zurückweichenden Gletscher dem Indus zunehmend weniger Wasser zuführten und der Sindh immer trockener wurde, bauten die Briten 1923 bis 1932 in der Nähe von Sukkur den riesigen Staudamm Lloyd Barrage, der sieben große Bewässerungskanäle mit Flusswasser speist. Von diesen zweigen heute wiederum zahllose Nebenkanäle ab. Nun gedeihen in der einstigen Wüsten- und Steppenlandschaft Baumwolle, Reis, Weizen, Hirse, Obst und Gemüse.

Versalzung zerstört Ackerland
Hohe Temperaturen und die starke Sonneneinstrahlung im Sommer sind für die Landwirtschaft eine ständige Bedrohung. Die Anreicherung von Salzen aus

Ein Jugendlicher knüpft eine Florbordüre an einen Teppich. Das Teppichhandwerk hat in Pakistan eine lange Tradition. Dort werden auch viele Orientteppiche aus anderen Provenienzen nachgeknüpft, die als Original nicht mehr hergestellt werden oder zu teuer wären.

WIRTSCHAFT, VERKEHR UND KOMMUNIKATION

tieferen Bodenschichten an der Oberfläche lässt die Nutzflächen unaufhaltsam versalzen. Aufgrund unsachgemäßer Bewässerung sind viele Areale nicht nur versalzen, sondern auch zusätzlich vernässt. Jedes Jahr werden so zehntausende Hektar Ackerland unbrauchbar. Das Salinity Control and Land Reclamation Project versucht dem entgegenzuwirken: Kleine motorgetriebene Pumpen bewirken, dass das oberflächennahe Grundwasser wieder absinken kann.

Starke Textilindustrie

Die Industrie ist relativ schwach entwickelt. Die wichtigsten abbauwürdigen Bodenschätze sind Chromerz, Eisen- und Uranerz. Erdgasfelder (bei Sui und Sibi), Wasserkraftwerke, unter anderem an den Tarbela- und Mangla-Talsperren, und ein Kernkraftwerk bei Karachi sind die Basis der heimischen Energiewirtschaft. Das produzierende Gewerbe konzentriert sich auf die Verarbeitung regionaler Agrarprodukte. Die Textilindustrie verarbeitet Baumwolle und stellt Kunstseide sowie -fasern her. Ausgeführt werden in erster Linie Baumwollprodukte. Insgesamt machen Textilien fast zwei Drittel des Exportwerts aus. In Sialkot hat die Sportartikelproduktion eine große Bedeutung; hier werden zwei Drittel der weltweit erzeugten Fußbälle hergestellt. In vielen Fabriken im Land werden Kinder eingesetzt, die dort oft körperlich schwere Arbeiten verrichten müssen, obwohl Kinderarbeit offiziell verboten ist. Zu einem bedeutenden Wirtschaftsfaktor haben sich die Überweisungen der zahlreichen pakistanischen Gastarbeiter in die Heimat entwickelt.

Traditionsreiches Handwerk

Pakistan ist bekannt für sein jahrhundertealtes Kunsthandwerk. Spiegelsticktücher und Patchworkarbeiten aus dem Sindh, Ledersitzhocker aus Nordpakistan, Porzellan und Steingut aus Peshawar sowie kunstvolle Holzschnitzereien, Onyxarbeiten und Silberschmuck sind hervorzuheben. Pakistanische Teppiche werden zumeist in Heimarbeit und in kleinen Manufakturen produziert. In manchen landwirtschaftlich bestimmten Gegenden des Punjab sind gesamte Familien damit beschäftigt.

Verkehr mit Hindernissen

Straßenverbindungen bestehen von Pakistan nach Iran und Afghanistan (Khyberpass), Indien und China. Von den ungefähr 260 000 Straßenkilometern sind etwa 173 000 Kilometer befestigt. In weiten Teilen des Berglands bewegt man sich auf Schotterpisten. Die „Straße der Freundschaft", der Karakorum Highway nach China, ist häufig durch Steinschlag und Bergstürze unterbrochen. Viele der ungezähmt fließenden Flüsse des Landes stellen ebenfalls ein Verkehrshindernis dar und machen überregionale West-Ost-Verbindungen im Industieflland nahezu unmöglich.

Die Eisenbahn ist mit einer Streckenlänge von rund 7800 Kilometern das für die Bevölkerung wichtigste Transportmittel, doch gewinnt das Flugzeug angesichts der großen Entfernungen an Bedeutung. Internationale Flughäfen befinden sich in Karachi, Islamabad, Lahore, Quetta und Peshawar. Der wichtigste pakistanische Seehafen ist Karachi am Arabischen Meer.

Breites Medianangebot

Die Medien müssen die Grundsätze des Islam befolgen und sich im Rahmen der geltenden sicherheitspolitischen Bestimmungen bewegen. Staatliche und private Radio- und Fernsehsender senden ihre Programme in vielen Sprachen, in den Regionalsprachen auch landesweit. Dank der zahlreichen privaten Sender hat sich das Fernsehen zu einem Massenmedium entwickelt.

Es gibt eine Vielzahl kleiner Tages- und Wochenzeitungen. Als wichtigste überregionale Zeitungen sind die in Urdu erscheinenden *Daily Jang* und *Nawa-i-Waqt* zu nennen. Unter den englischsprachigen Blättern, die vor allem für die Wirtschaft und Politik bedeutsam sind, ist die Zeitung *Dawn* hervorzuheben.

Liebevoll legt ein Töpfer letzte Hand an die Vollendung eines Tongefäßes. Das Töpferhandwerk ist in Pakistan über 5000 Jahre alt. Viele Gebrauchsgegenstände werden bis heute noch aus Ton hergestellt (oben).

Die Tarbela-Talsperre, 143 Meter hoch und 2743 Meter lang, staut den Indus nördlich von Islamabad auf. Sie wurde zwischen 1968 und 1977 gebaut und dient der Stromgewinnung, Bewässerung und Abflussregulierung. Das Kraftwerk liefert fast 30 Prozent des Elektrizitätsbedarfs von Pakistan (ganz oben).

PAKISTAN

Islamische Baukunst – grandiose Gebirgskulissen

Eine grandiose Bergwelt mit dem schwierigsten Achttausender der Welt und eine Fahrt auf der gebirgigen „Straße der Freundschaft" nach China erfüllen eher die Urlaubsträume von Bergsteigern und Abenteuertouristen. Darüber hinaus bietet Pakistan Zeugnisse der weltweit ersten Stadtkultur sowie reiche islamische Kulturschätze. Die fehlende touristische Infrastruktur und die unsichere politische Lage verhindern bislang einen wirtschaftlich nennenswerten Fremdenverkehr.

PAKISTAN ALS REISELAND

Das Industriefland, das den zentralen Teil Pakistans einnimmt, ist ein uralter Kulturraum. In Harappa, Mohenjo-Daro, Taxila und Thatta zeugen alte Stadtanlagen und imposante Baudenkmäler von den frühen Hochkulturen und der Mogulzeit. Wertvolle Funde der buddhistischen Gandhara-Kunst können im Nationalmuseum in Karachi bewundert werden. Moscheen und Mausoleen sowie prachtvolle Gärten der Mogulkaiser gibt es zuhauf in Lahore.

Zeugnisse der Harappa-Kultur Die Ausgrabungsstätten Mohenjo-Daro und Harappa in Sindh zeigen am anschaulichsten, wie die Menschen in den frühesten Stadtkulturen vor über 2000 Jahren vor unserer Zeitrechnung lebten. Zu einem Rundgang durch Harappa im Norden des Industrieflands gehört ein Blick von der alten Stadtmauer auf die Oberstadt und ihre aus Ziegeln errichteten Bauten. Systematisch und geometrisch wurde auch die Unterstadt angelegt. In Harappa sind spärlichere Reste von Ziegelhäusern, Tiefbrunnen und gemauerten Leitungen zu bewundern als in Mohenjo-Daro. Die meisten Ziegel fanden im Lauf der Zeit neue Verwendung, beispielsweise für eine Moschee aus der Ära der Großmoguln, von der jedoch heute nicht mehr viel erhalten geblieben ist.

Noch vor dem Eingangstor zeigt in Mohenjo-Daro ein Museum in den Ruinen ausgegrabene Fundstücke: Gewichtssteine im Zehnersystem, Schmuckstücke, Kinderspielzeuge und Gesellschaftsspiele. Die Oberstadt von Mohenjo-Daro wurde fast vollständig freigelegt und bezeugt eindrucksvoll den typischen Baustil der Harappa-Kultur. Bautechnisch beeindruckt besonders das große Bad mit einem elf mal sieben Meter messenden Wasserbecken. Auch jedes Haus der Unter- oder Wohnstadt, zu der man über eine breite Straße kam, hatte einen Badebereich. Modern anmutende Straßenkanalisationen für die Entsorgung von Sitztoiletten wurden ebenfalls freigelegt.

Lahore – prachtvolle Zeugnisse der islamischen Blütezeit Mit der Eroberung von Lahore, der Hauptstadt des Punjab, durch Babur (1483 bis 1530) begann 1524 das „goldene Zeitalter" des indischen Subkontinents unter der Herrschaft der Moguln. Paläste, Gärten, Moscheen und Kunstwerke zeugen von dieser Blütezeit der islamischen Kunst und Kultur, die für Lahore mit dem Machtverlust der Moguldynastie Mitte des 18. Jahrhunderts zu Ende ging.

Im Jahr 1587 wurde Lahore die Hauptstadt des Herrschers von Hindustan, Akbar dem Großen (1542–1605). Er ließ das Lahore-Fort, das eigentlich ein Schloss ist, als seine Residenz auf den Grundmauern einer verfallenen Festung errichten. Seine Nachfolger im Großmogulreich erweiterten und veränderten das in seiner Optik hinduistisch beeinflusste Rote Fort in unterschiedlichsten Stilrichtungen. Die Residenz fasziniert mit rotem Sandstein und Edelsteinen in Marmor. Wie das Fort gehören auch die außerhalb der Stadt gelegenen Shalimar-Gärten („Platz der Liebe und des Glücks"), die aus drei Terrassen mit Wasserbecken und 412 Springbrunnen bestehen, zum UNESCO-Weltkulturerbe.

Der Innenhof der Badshahi-Moschee, der zweitgrößten Moschee Pakistans, ist mit Marmor, Einlegearbeiten, Freskenmalereien und persischen Blumenmotiven geschmückt. Im Torgebäude von 1674 werden Reliquien des Propheten Mohammed aufbewahrt. Die britischen Kolonialherren hinterließen im modernen Stadtbild viktorianische und neugotische Bauwerke.

Die Badshahi-Moschee in Lahore wurde unter dem Mogulherrscher Aurangseb 1673/74 errichtet. Die ausgewogene Gestaltung mit weißen Marmorkuppeln und einer Außenfassade aus rosafarbenem Sandstein mit Einlegearbeiten aus weißem Marmor macht sie zu einem der großartigsten Beispiele der Mogularchitektur.

REISELAND

Vom Basislager am Concordia Place am Zusammenfluss von K2- und Baltoro-Gletscher hat man bei gutem Wetter einen fantastischen Blick auf den pyramidenförmigen Gipfel des K2.

SEHENSWERT

Nationalparks:
Ayubia, Chitral Gol, Deosai, Hazarganji-Chiltan, Hingol, Khunjerab, Kirthar, Lal Suhanra, Maciara, Margalla Hills

Städte:
Islamabad: *Centaurus, Faisal-Moschee, Fatima-Jinnah-Park, Herbarium, Lok Virsa Museum, Nationale Kunstgalerie, Nationalmonument, Präsidentenpalast, Saudi-Pak Tower, Universität; nahebei Margallaberge, Khanpur-, Rawal- und Simlisee*
Karachi: *Aladdin-Park, Burns-Garten, Hill Park, Kolonialgebäude Frere Hall, Mazar-e-Quaid (Jinnah-Mausoleum), Mazar-e-Quaid-Museum, Mohatta-Palastmuseum, Nationalmuseum, St.-Patricks-Kathedrale, Tooba-Moschee, Zoologischer Garten; nahebei Chaukhandi-Gräberfeld*
Lahore: *Anarkali-Bazar, Badshahi-Moschee, Fort mit dem Alamgiritor und Spiegelpalast, Jahangir-Mausoleum, Lahore-Museum, Moti Masjid (Perlmoschee), Ranjit-Singh-Mausoleum, Shalimar-Gärten, Turm Minar-e-Pakistan, Universität, Wasir-Khan-Moschee, Zoologischer Garten*
Peshawar: *Balar-Hissar-Festung, Makabat-Khan-Moschee, Peshawar-Museum mit Ghandara-Kunst, Qissa-Khawani-Basar, Zarghoni-Moschee*
Rohtas: *Festung*
Thatta: *Shah-Jahan-Moschee; nahebei Gräberfeld mit dem Mausoleum des Diwan Shurfa Khan auf dem Makli-Hügel*

Archäologische Stätten: *Harappa, Mohenjo-Daro, Takht-i-Bahi, Taxila*

Faszinierende Bergwelt Etwa 80 Prozent der ausländischen Touristen besuchen den Norden des Landes, wo Pakistan Anteil an den drei Gebirgssystemen Himalaya, Karakorum und Hindukusch hat. Der Mount Godwin Austen oder K2 im Karakorum gilt unter Bergsteigern als der schwierigste Achttausender; der Nanga Parbat ist der höchste Gipfel des westlichen Himalaya und als „Schicksalsberg der Deutschen" zu traurigem Ruhm gelangt. Nach vielen tödlich endenden Versuchen gelang 1953 dem Tiroler Hermann Buhl (1924–1957) die Erstbesteigung.

Das sagenumwobene Hunzatal liegt am Gebirgsknoten von Himalaya, Hindukusch und Karakorum. Hundert Sechs- und Siebentausender und fünf Achttausender bilden den beeindruckenden Rahmen für das Hochtal, dessen malerisch gelegene, terrassierte Felder durch ein ausgeklügeltes Kanalsystem bewässert werden. Zwischen Kohistan und Hunza verläuft der Karakorum Highway („Straße der Freundschaft"), der seit 1986 für Touristen offen ist. Die unter großen Mühen von 40 000 Pakistanern und Chinesen erbaute Straße, die von Thakot am Indus durch das Hunzatal und über den 4730 Meter hohen Khunjerabpass bis Kashgar in China führt, folgt in Teilen der historischen Seidenstraße und ist eine der spektakulärsten Fernstraßen der Welt.

Islamabad: geplante Hauptstadt des Islam

Zahlreiche Gläubige versammeln sich jeden Freitag vor der Faisal-Moschee zum Gebet.

Bevor Islamabad gebaut wurde, gab es die Vision einer von breiten Alleen geprägten grünen Stadt, das Ganze entworfen von dem griechischen Stadtplaner Constantinos Apostolou Doxiades und des japanischen Landschaftsarchitekten Kimio Kondoh. So kam es, dass die „Stadt des Islam" und heute Hauptstadt Pakistans auf dem Reißbrett entstand und von 1960 an komplett neu erbaut wurde. Sie ist modern angelegt, mit getrennten Vierteln für Politik, Wirtschaft, Bildung und Wohnen. Einem Schachbrett vergleichbar wurden alphabetisch geordnete Bezirke und durchnummerierte Sektoren angelegt, deren Hauptstraßen nach den Himmelsrichtungen die Ziffern eins bis vier haben. Ihnen sind wiederum durchgezählte Straßen zugeordnet.

Großzügiges Stadtbild Islamabad liegt in einer klimatisch bevorzugten Lage in etwa 500 Meter Höhe über dem Meeresspiegel auf dem Potwar-Plateau und besticht durch angenehme Temperaturen zu jeder Jahreszeit. Einen guten Blick auf Islamabad hat man vom Aussichtspunkt Daman-e-Koh in den Margallabergen. An Annehmlichkeiten, wie grünen Erholungsparks, einem Rosenidyll, bunten Basaren und futuristischen Einkaufsparadiesen, herrscht im großzügigen und offenen Stadtbild kein Mangel. Die Universitäten und Forschungsinstitute sowie der Präsidentenpalast und das Gebäude der Nationalversammlung verblüffen durch ihre ungeheueren Ausmaße.

Ein Blickfang ist die Faisal-Moschee, die 1976 bis 1984 von dem türkischen Architekten Vedat Dalokay gebaut wurde. Das Gebäude beeindruckt mit seinen 88 Meter hohen Minaretten und einer 40 Meter hohen Gebetshalle, die ohne tragende Säulen wie ein großes Beduinenzelt gestaltet wurde und 20 000 Gläubigen Platz bietet. Da sie mit Stiftungsgeldern des saudischen Königs Faisal Ibn Abdal-Aziz (1906 bis 1975) finanziert wurde, der mit der Moschee ein Zeichen für den sunnitisch-wahhabitisch ausgelegten Islam setzen wollte, wurde sie nach ihm benannt.

Afghanistan

Das gebirgige Binnenland im Übergangsbereich zwischen Zentral- und Südasien ist ein Vielvölkerstaat mit einem reichen kulturellen Erbe. Die Unterschiedlichkeit seiner Völker und seine Eigenschaft als „Durchgangsland" hat Afghanistan beispielsweise im Kunsthandwerk zu einer reichen kulturellen Tradition verholfen; Teppiche aus Afghanistan sind in aller Welt bekannt. Andererseits zählt das Land seit Jahrhunderten zu den besonders umkämpften Weltregionen. Eroberer aus allen Himmelsrichtungen erkannten die strategische Bedeutung und machten Afghanistan zum Spielball ihrer Machtinteressen. Zudem eskalierten Machtkämpfe zwischen Volksgruppen wiederholt in Bürgerkriegen. Nach dem Ende des Afghanistankriegs gegen die Taliban 2001 wurden internationale Schutztruppen stationiert, dennoch bleibt die Sicherheitslage in vielen Landesteilen angespannt. Clan-Strukturen prägen das gesellschaftliche Leben, Schwarzmarkt und Drogenhandel florieren.

AFGHANISTAN

DAS LAND

Offizieller Name: *Islamische Republik Afghanistan*

Internationales Kfz-Kennzeichen: *AFG*

Geografische Lage: *Zentralasien; zwischen 29° 25' und 38° 30' nördlicher Breite sowie 60° 30' und 74° 53' östlicher Länge*

Fläche: *647 500 km²*

Hauptstadt: *Kabul*

Klima: *Kontinentales Steppenklima, im Südwesten Wüstenklima, im Nordosten Hochgebirgsklima;
Kabul 12,5 °C / 317 mm
Kandahar 17,9 °C / 178 mm*

Zeitzone: *Mitteleuropäische Zeit +3,5 Std.*

Hohe Gebirgszüge bestimmen in weiten Teilen Zentral- und Nordafghanistans das Landschaftsbild. Die schneebedeckten Berge des über 5000 Meter hohen Koh-i-Baba-Gebirges rahmen majestätisch das Hochtal von Bamiyan ein.

Gebirgsland am Hindukusch

Die Zugänglichkeit des Binnenlandes Afghanistans ist durch die mächtigen Gebirgszüge des Hindukusch und des Pamirgebirges erschwert. Die Bevölkerung ist ethnisch überaus unterschiedlich zusammengesetzt. Bei aller kulturellen – vor allem sprachlichen – Vielfalt eint die Religion des Islam die unterschiedlichen Völker. Afghanistan bewahrt ein reiches Erbe in Kunst und Kultur, auch aus vorislamischer Zeit, leidet jedoch unter den Verwüstungen jahrzehntelanger Kriege und dem anhaltenden Terror der Taliban-Milizen.

GEOGRAFIE UND NATUR

Das Land, dessen Umriss sich als „eichenblattähnlich" beschreiben lässt, wird maßgeblich von ausgedehnten Bergketten, trockenen Binnenbecken und Hochplateaus geprägt. Der überwiegend vorherrschende Gebirgscharakter erschwert von jeher die Landesentwicklung und damit auch das Entstehen eines nationalstaatlichen Bewusstseins der vielen Volksgruppen.

Hochgebirge und karges Flachland Nahezu der gesamte Norden wird vom Hindukusch durchzogen, der auch weite Teile Zentralafghanistans bedeckt. Die Ausläufer des Pamirgebirges bilden die Grenze nach Nordosten. Auf der Grenze zu Pakistan befindet sich mit 7485 Meter die höchste Erhebung des Landes, der Nowshak. Die Gebirgsregionen werden gelegentlich von Erdbeben heimgesucht. Einige Passstraßen, die jedoch meist oberhalb von 3000 Meter verlaufen, ermöglichen die Überquerung der weitgehend unzugänglichen Gebirgszüge. Die Vegetation beschränkt sich auf vereinzelte Waldbestände aus Eichen, Fichten, Kiefern und Zedern, in tieferen Lagen treten Wacholder und Esche verbreitet auf.

Ein von Flachland eingenommener schmaler Streifen im Norden leitet über zum zentralasiatischen Tiefland. Im Westen und Süden Afghanistans erstrecken sich weite Beckenlandschaften mit Steppenvegetation aus Büschelgräsern und vereinzelten Sträuchern. Der äußerste Süden wird von Sandwüste eingenommen. Weiden- und Pappelbestände säumen vereinzelt die Flussläufe des Landes. Der Norden wird von dem nach Turkmenistan fließenden Amudarja entwässert. Längster Fluss Afghanistans ist der im Süden verlaufende Helmand. Der Kabul-Fluss im Osten mündet in Pakistan in den Indus.

Trockenheit überwiegt Entsprechend der Höhengliederung ist das Klima vielfältig. Es reicht von heißen wüstenhaften Verhältnissen im Süden über kontinentales Trockenklima mit heißen Sommern und kalten Wintern im zentralen Hochland bis zu typischem Hochgebirgsklima in den Hochlagen des Hindukusch.

Die Jahresniederschläge sind relativ gering. Die trockensten Gebiete erhalten weniger als 50 Millimeter, nur an den Luvseiten der Gebirge werden in feuchten Jahren 1000 Millimeter überschritten. Der überwiegende Teil des Regens fällt im Winter. In der Hauptstadt Kabul liegen die mittleren Monatstemperaturen zwischen –3 °C im Januar und 25 °C im Juli. In Wüstenregionen des Südens wurden schon Extremwerte von 50 °C übertroffen.

GEOGRAFIE, BEVÖLKERUNG

Die Religion besitzt im Land einen hohen Stellenwert: Während des islamischen Fastenmonats Ramadan liest dieser Paschtune im Gebetssaal einer Moschee im Koran.

BEVÖLKERUNG

Die Lebensweise weiter Teile der afghanischen Bevölkerung wurde in den vergangenen Jahrzehnten maßgeblich von Kriegen beeinträchtigt, die massive Wanderungsbewegungen zur Folge hatten. Demographische Angaben können daher nur auf Schätzungen beruhen.

Paschtunen und andere Völker Genau genommen kann man nicht von einem afghanischen Volk sprechen, ist das Land doch ein typischer Vielvölkerstaat. Zahlenmäßig stärkste Gruppe sind die überwiegend im Südosten lebenden Paschtunen (38 %), ein traditionell einflussreiches Volk, dem viele ehemalige Herrscher des Landes angehörten. Auch die für ihren hohen Bildungsstand bekannten Tadschiken (25 %), denen Afghanistan sein reiches literarisches Erbe verdankt, leben in großer Zahl im Land. Zu den kleineren Gruppen gehören unter anderem die Usbeken, Turkmenen, Kafiren, Belutschen und Nuristani. Unter der Bezeichnung Hazara oder Hesoreh, die einen Bevölkerungsanteil von 19 % haben, wird ein Mischvolk zusammengefasst, das sich seit dem 14. Jahrhundert aus Völkern mongolischer Herkunft und alteingesessenen Völkern herausgebildet hat. Stammes- und Clanstrukturen spielen im politischen wie im gesellschaftlichen Leben eine große Rolle.

Als Folge der ethnischen Vielfalt sind auch mehrere Sprachen mit vielen Dialekten verbreitet. Neben Paschtu, das zu den indoiranischen Sprachen gehört, ist auch Dari (Persisch) Amtssprache. Eine Reihe weiterer Sprachen und Dialekte – im Norden vorwiegend Turksprachen – dienen als Umgangssprachen.

Kunst und Kultur vom Islam beeinflusst Bei aller Vielfalt an Sitten und Bräuchen bildet die Religion die Grundlage des afghanischen Selbstverständnisses. Nahezu alle Bewohner des Landes sind Muslime. Der überwiegende Teil davon sind Sunniten (84 %), nur die Hazara bekennen sich mehrheitlich zur schiitischen Richtung des Islam.

Bedeutendste Glaubensstätte ist die Blaue Moschee in der nordafghanischen Stadt Mazar-i-Sharif. Die Grabstätte von Ali, Vetter und Schwiegersohn des Propheten Mohammed, darf von Andersgläubigen nicht betreten werden. Die im 15. Jahrhundert erbaute Moschee vereint persische, indische und türkische Stilelemente und gilt als das eindrucksvollste Bauwerk des Landes; seit ihrer Entstehung ist sie ein bedeutender Wallfahrtsort für Gläubige.

Auch in anderen Städten sind noch Zeugnisse alter islamischer Baukunst erhalten, darunter das Mausoleum von Ahmed Schah Durrani (1722 bis 1773), dem Begründer des afghanischen Staats, oder das von der UNESCO zum Weltkulturerbe erklärte Minarett in Jam. Während der Herrschaft der Taliban wurden bedeutende Baudenkmäler zerstört, wie im März 2001 eine Reihe von Buddha-Statuen aus vorislamischer Zeit, darunter die beiden Kolossalstatuen in Bamiyan.

In Afghanistan kamen Künste wie Kalligraphie oder Miniaturmalerei zur Vollendung. Das Kunsthandwerk ist hoch entwickelt. Filigraner Gold- und Silberschmuck, Lederwaren, Holzschnitzereien, Seide, Glaswaren und Teppiche werden seit Jahrhunderten mit großer Präzision von Hand gefertigt und auf den Basaren angeboten.

BEVÖLKERUNG

Einwohnerzahl: *27,1 Millionen*

Bevölkerungsdichte: *42 Ew./km²*

Bevölkerungsverteilung: *24 % Stadt, 76 % Land*

Jährliches Bevölkerungswachstum: *2,6 %*

Lebenserwartung: *Frauen 45 Jahre, Männer 44 Jahre*

Religion: *Muslime (überwiegend Sunniten)*

Sprachen: *Paschtu, Dari (Amtssprachen); Sprachen der Minderheiten*

Analphabetenrate: *72 %*

Vor den Blicken der Menschen durch die körperverhüllende Burka geschützt, gehen diese Frauen in Kabul ihren Besorgungen nach. Seit Ende des Taliban-Regimes besteht für Frauen keine Pflicht mehr, die Burka zu tragen; dennoch halten sie vor allem in den Städten an der Ganzkörperverschleierung fest.

AFGHANISTAN

GESCHICHTE

6. Jh. v. Chr. *Der Perserkönig Kyros II. erobert die Region des heutigen Afghanistans und markiert den Beginn einer langen Periode wechselnder Fremdherrschaft*

10. Jh. *Mit der Herrschaft Mahmud von Ghasnis erhält der Islam bedeutenden Einfluss*

1747 *Ahmed Schah Durrani vereinigt die afghanischen Stämme*

1838–1842 *Truppen aus Britisch-Indien besetzen Teile Afghanistans, 1. Afghanisch-Britischer Krieg*

1878–1880 *2. Afghanisch-Britischer Krieg*

1919 *3. Afghanisch-Britischer Krieg, Ende des britischen Protektorats; Afghanistan erhält die Unabhängigkeit*

1931 *Afghanistan wird konstitutionelle Monarchie*

1964 *Demokratische Verfassung tritt in Kraft*

1973 *Mohammed Daud Khan proklamiert die Republik und ernennt sich zum Präsidenten mit diktatorischen Vollmachten*

1978 *Kommunistische Volkspartei unter N. Taraki ergreift die Macht; islamisch-traditionalistisch geprägter Widerstand formiert sich*

1979 *Sowjetische Invasion; Beginn des Bürgerkriegs*

1989 *Abzug der sowjetischen Truppen; Widerstandsgruppen (Mudschaheddin) setzen den Bürgerkrieg fort*

1996 *Islamistische Taliban unter Mullah Omar ergreifen die Macht in Kabul*

2001 *Sturz des Taliban-Regimes durch die US-amerikanisch geführte Militäraktion Operation Enduring Freedom; Einrichtung einer internationalen Schutztruppe (ISAF)*

2002 *Hamid Karzai wird Staatspräsident*

2004 *Neue Verfassung: Afghanistan wird Islamische Republik mit präsidialem Regierungssystem, H. Karzai erneut zum Staatspräsidenten gewählt*

2008 *Aufständische Taliban weiten Terroranschläge und Entführungen aus*

2009 *USA kündigen massive Truppenverstärkung zur Bekämpfung der Taliban und zur Befriedung des Landes an*

POLITIK

Staatsform: *Islamische Präsidialrepublik*

Staatsoberhaupt: *Präsident*

Legislative: *Nationalversammlung, bestehend aus Volksvertretung mit 249 Mitgliedern und Ältestenrat (102 Mitglieder)*

Verwaltungsgliederung: *34 Provinzen*

Ein zerrissenes Land zwischen Krieg und Frieden

Das Gebiet des heutigen Afghanistan befindet sich im Übergangsbereich bedeutender Kulturen zwischen Nahem und Fernem Osten, Zentral- und Südasien. Die strategisch wichtige Lage und die Möglichkeit, diese Nahtstelle des Fernhandels zu kontrollieren, weckte schon früh das Interesse von Eroberern aus allen Himmelsrichtungen. Von jeher war das Land mit der Abwehr fremder Mächte beschäftigt. Vorrangiges Ziel ist gegenwärtig die Herstellung innerer Stabilität.

Ahmed Schah Durrani schuf im 18. Jahrhundert ein großes afghanisches Reich.

GESCHICHTE UND POLITIK

Früheste Siedlungsspuren in der Region wurden auf die Zeit um 2000 v. Chr. datiert. Im 6. Jahrhundert v. Chr. wurde das Gebiet dem Perserreich angegliedert, das bis 330 v. Chr. von Alexander dem Großen (356–322 v. Chr.) erobert wurde. Dessen Nachfolger gründeten mehrere miteinander rivalisierende Reiche.

Muslime und Mongolen Einen Einschnitt markiert im 7. Jahrhundert n. Chr. das Vordringen der Muslime in die bis dahin überwiegend vom Buddhismus geprägte Region. Unter Mahmud von Ghasni (971–1030) entwickelte sich Afghanistan zu einem wichtigen Zentrum des Islam. Das Vorrücken der Mongolen unter Dschingis Khan (1167–1227) setzte dem arabischen Einfluss ein Ende. In den folgenden Jahrhunderten gehörte Afghanistan zum Herrschaftsbereich verschiedener mongolischer Reiche, bis die persischen Safawiden den Westen, die Usbeken den Norden und das indische Mogulreich den Südosten unter ihre Kontrolle brachten.

Einigung der Stämme unter Ahmed Schah Durrani Nach erfolgter Einigung einzelner Stämme eroberten afghanische Truppen 1722 die persische Hauptstadt Isfahan, wurden jedoch im Rahmen einer groß angelegten Gegenoffensive wieder zurückgedrängt. 1747 wurde Ahmed (1722–1773) vom Stamm der Durrani zum Oberhaupt (Schah) der Afghanen gewählt. Er kämpfte erfolgreich gegen Usbeken, Perser und Inder und begründete ein afghanisches Großreich, das auch weite Teile Indiens umfasste und im Süden bis zum Arabischen Meer reichte. In der modernen Geschichtsschreibung gilt Ahmed Schah Durrani als Begründer des afghanischen Staates. Seine historische Leistung liegt in der Einigung der im Inneren häufig rivalisierenden Stämme, die zudem den Schah als ihren gemeinsamen Herrscher akzeptierten. Nachfolgern gelang es jedoch nicht, diese Einheit zu bewahren.

Pufferstaat zwischen zwei Großmächten Im 19. Jahrhundert geriet Afghanistan zusehends in den Blickpunkt des zaristischen Russland und Großbritanniens, das das benachbarte Indien in sein Empire eingegliedert hatte – beide Großmächte fürchteten das Vordringen des jeweils anderen in Richtung Afghanistan. Eine Annäherung zwischen Afghanistan und Russland empfand Großbritannien als Provokation und reagierte darauf im Jahr 1838 mit dem Einmarsch seiner Truppen. Das militärische Vorrücken markierte den Beginn von insgesamt drei britisch-afghanischen Kriegen. Die Briten eroberten Kabul und setzten einen ihnen gewogenen Herrscher ein. Doch nach kurzer Zeit entbrannte ein Volksaufstand, der zum Rückzug der Briten führte, die 1842 am Khyberpass ein militärisches Debakel erlebten. In den folgenden Jahren begründete Dost Mohammed (1793–1863) aus der Barakzai-Dynastie das Land in seiner heutigen Ausdehnung.

1878 drangen britische Truppen zum zweiten Mal nach Afghanistan vor. Dieser zweite britisch-afghanische Krieg dauerte zwei Jahre und hatte die Abtretung einiger strategisch wichtiger Gebiete, darunter auch des Khyberpasses, an Britisch-Indien zur Folge.

Unter britischem Einfluss Großbritannien übte vereinbarungsgemäß großen Einfluss auf die Außenpolitik Afghanistans aus. Im Inneren dominierten zentralistische Bestrebungen, die eine Straffung der Verwaltung und eine Modernisierung des Staatswesens vorsahen. 1907 einigten sich Russland und Großbritannien auf die Unverletzlichkeit des afghanischen Staatsgebiets, wodurch dessen Unabhängigkeit gesichert wurde.

Der Versuch Afghanistans, sich dem britischen Einfluss ganz zu entziehen, führte 1919 zum dritten britisch-afghanischen Krieg. Da viele Kräfte der europäischen Kolonialmacht angesichts des indischen Unabhängigkeitsstrebens gebunden waren, fand der Konflikt rasch ein Ende.

GESCHICHTE UND POLITIK

Großbritannien erkannte in einem Friedensabkommen (Vertrag von Rawalpindi) die Souveränität Afghanistans an.

Auf dem Weg zum modernen Staat Die Verfassung von 1923 erklärte Afghanistan zu einer Nation mit klarer Trennung zwischen Staat und Religion. Der Unmut der islamischen Geistlichkeit führte anschließend zum Bürgerkrieg, der 1931 mit der Umwandlung des Landes in eine konstitutionelle Monarchie endete. Zwei Jahre später bestieg Zahir Schah (1914–2007) den Thron. Die Zeit nach dem Zweiten Weltkrieg war von Gebietsstreitigkeiten mit dem 1947 gegründeten Nachbarstaat Pakistan geprägt. In den 1950er Jahren bemühten sich die Sowjetunion und die USA intensiv um das Land: 1955 Militärhilfe von der UdSSR, 1956 Wirtschaftsabkommen mit den USA. 1964 wurde eine demokratische Verfassung eingeführt.

Vom Königreich zum sowjetischen Einmarsch Im Juli 1973 wurde König Zahir Schah von seinem Cousin Mohammed Daud Khan (1908–1978) abgesetzt. Dieser erklärte das Land zur Republik und ernannte sich zum Präsidenten mit diktatorischen Vollmachten. Bei einem Militärputsch durch die kommunistische Demokratische Volkspartei Afghanistans im April 1978 kam er ums Leben. Die neuen Machthaber unter Nur Mohammed Turaki setzten die Verfassung außer Kraft und führten eine kommunistische Staatsordnung ein. Rigide Landreformen führten zu massivem Widerstand von Bergvölkern und einzelnen muslimischen Gruppen, die sich als Mudschaheddin („Kämpfer für den Glauben") zum Kampf gegen das antiislamische Regime organisierten. Die Sowjetunion nutzte die innenpolitische Instabilität am 27. Dezember 1979 zum Einmarsch. Dieses Ereignis steht am Anfang jahrzehntelanger Konflikte in Afghanistan, an deren Ende das Schreckensregime der islamistischen Taliban (ab 1996) stand. Erst deren Sturz im Jahr 2001 brachte die politische Wende, führte aber nicht zu einem umfassenden Frieden. Vielmehr formierten sich die Taliban neu und terrorisierten die Bevölkerung von den unzugänglichen Grenzgebieten in Pakistan aus mit Anschlägen.

Auf dem Weg zu Stabilität? Einen wichtigen Schritt zur politischen Neuordnung nach dem Einmarsch einer von den USA geführten Militärallianz markierte die 2001 auf dem Petersberg bei Bonn tagende Afghanistan-Konferenz. Dort einigten sich die verschiedenen afghanischen Gruppierungen auf die Bildung einer Interimsregierung, die am 22. Dezember 2001 unter dem Paschtunenführer Hamid Karzai (*1957) ihre Arbeit aufnahm. Im Juni 2002 wählten die knapp 1700 Deligierten der Großen Ratsversammlung Hamid Karzai mit großer Mehrheit zum Staatsoberhaupt.

Karzai wurde 2004 in Wahlen mit großer Mehrheit bestätigt. An diesen deutlichen Erfolg konnte er jedoch 2009 trotz Wiederwahl nicht mehr anknüpfen, weil die Stärkung der Zentralregierung, der Kampf gegen die Korruption und der von der Staatengemeinschaft finanzierte Wiederaufbau nicht entscheidend vorangekommen waren. Zentrales Problem Afghanistans blieb trotz deutlicher Verstärkung der ausländischen Streitkräfte, vor allem der NATO-geführten internationalen Schutztruppe (ISAF), und trotz zahlreicher militärischer Offensiven gegen die Taliban die instabile Sicherheitslage.

Seit Juni 2002 ist der Paschtune Hamid Karzai umstrittener Präsident Afghanistans (rechts).

Um 1840 versuchten die Briten vergeblich, ihre Herrschaft auf ganz Afghanistan auszudehnen. Es gelang ihnen aber, Ghazni zu erobern; Lithographie von 1842 (unten).

AFGHANISTAN

Das endlose Leiden der Afghanen

Soldaten der internationalen ISAF-Schutztruppe, wie dieser Feldjäger der deutschen Bundeswehr in der Stadt Takhar, gehören seit 2003 zum gewohnten Bild in den Straßen afghanischer Städte.

Afghanistan steht seit Jahrzehnten im Zeichen des Krieges. Ein in der Geschichte geradezu beispielloser Bürgerkrieg führte das Land ins Chaos. Zahlreiche Todesopfer, zerstörte Städte, gewaltige Flüchtlingsströme und eine katastrophale humanitäre Situation sind das Ergebnis. Nach dem Ende der Kämpfe wurde mit internationaler Vermittlung eine Übergangsregierung eingesetzt, der Mitglieder aller großen gesellschaftlichen Gruppen angehörten.

Innere Machtkämpfe und Beginn des Bürgerkriegs

Ein roter Faden zieht sich durch die gesamte Geschichte Afghanistans: Das Land war immer begehrtes Objekt von Eroberern. Doch auch in Friedenszeiten bildeten sich im Inneren nur zeitweise stabile Strukturen aus. Machtkämpfe zwischen einzelnen Stämmen verhinderten den Aufbau eines starken Gefüges. So war auch der im Jahr 1973 ausgerufenen Republik kein langes Leben beschieden.

Die Tragödie Afghanistans begann im April 1978. Nach einem Putsch kam die Demokratische Volkspartei Afghanistans an die Macht. Ihre auf eine Modernisierung des Landes zielenden Reformen stießen bei der islamischen Geistlichkeit, bei Großgrundbesitzern und Stammesführern auf klare Ablehnung. Deren Grundsätzen widersprach auch der von der neuen Regierung geplante Aufbau eines zentralistisch organisierten Staats. Mehrere Gruppen von Mudschaheddin – „Kämpfer gegen Ungläubige" – nahmen den Kampf gegen die Machthaber auf. Die Stammeskrieger waren untereinander zerstritten, doch die Mission des „heiligen Krieges" wirkte als einigende Kraft.

Freiheitskampf gegen die Sowjets

Die benachbarte Sowjetunion sah sich angesichts der Bedrohung des befreundeten Regimes berufen, zu Hilfe zu eilen – am 27. Dezember 1979 begann der Einmarsch der Sowjetarmee in Afghanistan. Diese Besetzung löste einen knapp zehn Jahre dauernden Krieg aus. Im Rahmen einer der größten Massenfluchten seit Ende des Zweiten Weltkriegs flohen etwa fünf Millionen Afghanen nach Pakistan oder Iran.

Internationale Bedeutung erlangte der Konflikt, weil er als Stellvertreterkrieg zwischen den Machtblöcken im Westen und Osten angesehen wurde. Die USA schickten den Widerstandskämpfern gegen die Sowjetunion modernste Waffen. Ein Jahrzehnt lang widersetzten sich die Glaubenskämpfer beharrlich den sowjetischen Truppen und zwangen diese schließlich zum Abzug. Er erfolgte vor dem Hintergrund eines im April 1988 von der Sowjetunion, den USA, Afghanistan und Pakistan unterzeichneten Abkommens. Der Truppenabzug kam im Februar 1989 zum Abschluss. Bis zu diesem Zeitpunkt waren Schätzungen zufolge etwa 1,5 Millionen Menschen ums Leben gekommen; kaum eine Stadt war von den Kämpfen verschont geblieben.

Fortsetzung des Bürgerkriegs

Auch nach dem Rückzug der Sowjetunion blieb die bestehende Regierung im Amt. Die Mudschaheddin führten ihren Kampf weiter und brachten im Laufe der Zeit nahezu das ganze Land unter ihre Kontrolle. Im April 1992 rückten sie in die Hauptstadt Kabul ein und stürzten die Regierung von Mohammed Najibullah (1947–1996), der seit 1987 Staatsoberhaupt war. Die Glaubenskämpfer setzten einen „Islamischen Führungsrat" ein und Burhanuddin Rabbani (*1940) wurde Präsident des „Islamischen Staates Afghanistan".

SPEZIAL: BÜRGERKRIEG

Kabul – eine Stadt sehnt sich nach Frieden

Zerstörte Wohnhäuser in Kabul. Während des Bürgerkriegs war die Hauptstadt Schauplatz erbitterter Kämpfe.

Die Straßen sind wenig befahren, das Treiben kann nicht gerade pulsierend genannt werden. Kabul ist, anders als viele andere Hauptstädte, keine Stadt für Flaneure und auch nicht für sein ausschweifendes Nachtleben bekannt.

Im Zentrum der Konflikte
Vor der eindrucksvollen Kulisse des Hindukusch liegt Kabul im Osten Afghanistans am gleichnamigen Fluss in einer Höhe von knapp 1800 Meter. Aufgrund ihrer Nähe zum Khyberpass galt die Stadt seit jeher als strategisch bedeutend und war entsprechend oft und hart umkämpft. Ihre Rolle als politisches, wirtschaftliches und kulturelles Zentrum Afghanistans wurde durch die Internationale Schutztruppe (ISAF), die dort ihr Hauptquartier hat, weiter aufgewertet. Das ist auch eine Bürde, sind Sicherheitskräfte, Politiker und staatliche Einrichtungen doch immer wieder Ziel von Anschlägen und Angriffen. Kabul hat sich noch lange nicht von den Zerstörungen des Bürgerkriegs erholt. Die Universität blieb mehrere Jahre geschlossen, historisch bedeutende Bausubstanz erlitt schwere Schäden, Museen wurden geplündert, Freizeit- und Sporteinrichtungen zerstört.

Umkämpfte Stadt
1979 war Kabul von sowjetischen Einheiten besetzt, die erst ein Jahrzehnt später abzogen. Doch auch nach der Übergabe an die Mudschaheddin war die Hauptstadt Schauplatz erbitterter Kämpfe zwischen verfeindeten Milizen. 1996 wurde sie von den fundamentalistischen Taliban eingenommen. Unter ihrer Herrschaft kam das kulturelle und wirtschaftliche Leben zum Erliegen. 2001 litt die Stadt unter Bombardierungen der US-Luftwaffe im Afghanistankrieg.

Kabul nahm zahllose Flüchtlinge auf, die heutige Einwohnerzahl wird auf etwa drei Millionen geschätzt. Heute füllt sich das Angebot auf den Basaren langsam wieder, der Kleinhandel blüht und der Wiederaufbau kommt voran, allerdings versickert noch viel Geld in dunklen Kanälen.

Damit kam das Land aber nicht zur Ruhe. Denn nun entbrannte ein heftiger Konflikt zwischen den einzelnen Gruppen der Mudschaheddin um Macht und Einfluss. Anführer im Kampf gegen die bestehende Regierung war der Paschtunenführer Gulbuddin Hekmatyar (*1947). Seine Milizen nahmen die Hauptstadt unter schweren Beschuss. Unter massivem Druck sicherte er sich in einem Abkommen mit Präsident Rabbani das Amt des Ministerpräsidenten. Angesichts der fortdauernden Kämpfe beendeten beide Politiker ihre Zusammenarbeit. Der Machtkampf entwickelte sich zum offenen Bürgerkrieg, an dem sich nun auch der usbekische Milizengeneral Abdul Rashid Dostum (*1954) und die radikal-islamistischen Taliban beteiligten. Die Versorgungslage der schwer unter dem Bürgerkrieg leidenden Bevölkerung war katastrophal.

Schreckensregime der Taliban
Unübersichtliche Machtkonstellationen wechselten ständig. Afghanistan stürzte ins Chaos, die staatlichen Strukturen brachen zusammen. Hekmatyar setzte an der Seite Dostums seinen Kampf gegen den noch amtierenden Präsidenten Rabbani fort. Mit dem Erstarken der radikalislamischen Taliban einigten sich die beiden großen Gegenspieler im Mai 1996 auf die Bildung einer Übergangsregierung mit Hekmatyar an der Spitze. Wenige Monate später mussten sich jedoch beide absetzen, nachdem Truppen der Taliban Kabul eingenommen hatten. Dies markierte eine Wende im Bürgerkrieg Afghanistans. Die Taliban errichteten einen islamischen „Gottesstaat". Nur Teile im Nordosten wurden von der sogenannten Nordallianz gehalten, zu der sich verbliebene Mudschaheddin-Gruppen zusammengeschlossen hatten.

Die Taliban gingen mit brutaler Härte vor. Sie richteten auch unter der Zivilbevölkerung Massaker an, bei denen Tausende starben. Mädchen erhielten Schulverbot, Frauen durften ihren Beruf nicht mehr ausüben und der Zugang zu medizinischer Versorgung wurde ihnen verwehrt. Die Arbeit ausländischer Hilfsorganisationen wurde systematisch behindert. Unter dem Taliban-Regime entwickelte sich Afghanistan zum Ausbildungszentrum für islamische Terroristen.

Der Afghanistankrieg von 2001
Nach den Terrorangriffen auf die USA am 11. September 2001 wurde der aus Saudi-Arabien stammende Osama Bin Laden als Drahtzieher der Anschläge identifiziert. Die USA verlangten von Afghanistan, das Bin Laden Gastrecht gewährte, die Auslieferung des Terroristenführers. Nachdem die Taliban die Auslieferung abgelehnt hatten, begannen die USA und Großbritannien am 7. Oktober 2001 mit der Bombardierung strategisch wichtiger Ziele in Afghanistan. Zur gleichen Zeit drangen die Truppen der Nordallianz von Norden aus vor. Zwei Monate nach Kriegsbeginn kapitulierten die Taliban in ihrer verbliebenen Hochburg Kandahar. Die nun angegangene politische Neuordnung und Befriedung Afghanistans erwies sich jedoch bis heute als sehr schwierig.

Nach einem Jahrzehnt Besetzung und Krieg gegen die afghanischen Widerstandskämpfer verlassen 1988/89 die Einheiten der Sowjetarmee Afghanistan (oben).

Diese bewaffneten Milizen der Mudschaheddin verbergen sich in einem Tal im Hindukusch. Nach wie vor leisten die Glaubenskämpfer mit Terrorakten gewaltsam Widerstand gegen die jetzige Regierung (links).

AFGHANISTAN

WIRTSCHAFT

Währung: *1 Afghani (Af) = 100 Puls*
Bruttoinlandsprodukt: *9,7 Mrd. US-$*
Bruttonationaleinkommen/Einw.: *350 US-$*
Außenhandel: *Import 8,5 Mrd. US-$, Export 2,1 Mio. US-$*
Auslandsverschuldung: *12,1 Mrd. US-$*

Ein Teppichhändler präsentiert in Kunduz typische afghanische Teppiche in leuchtend roten Farben und mit traditionellen Mustern; die Teppiche werden noch häufig in aufwendiger Handarbeit hergestellt.

Schwieriger wirtschaftlicher Neuaufbau

Jahrzehntelange Kriege zerstörten die Wirtschaftsstrukturen in Afghanistan. Unzählige landwirtschaftliche Betriebe und Parzellen in dem traditionellen Agrarland wurden vernichtet oder sind noch immer wegen Verminung nicht nutzbar. Sehr viele Menschen leben unterhalb des Existenzminimums. Nach dem Sturz des Taliban-Regimes leisteten viele Staaten umfangreiche Finanzhilfen. Der Wiederaufbau wird allerdings weiter durch Kampfhandlungen beeinträchtigt.

WIRTSCHAFT, VERKEHR UND KOMMUNIKATION

Afghanistan erholt sich nur langsam von den schweren Kriegen, unter denen das Land ab 1979 litt. Auch wenn ein dauerhafter Frieden noch nicht in Sicht ist, bemüht sich das Land mit massiver internationaler Hilfe um den wirtschaftlichen Wiederaufbau.

Wirtschaftsbasis Landwirtschaft In dem gebirgigen, von Trockenheit geprägten Land kann nur ein kleiner Teil der Gesamtfläche landwirtschaftlich genutzt werden. Trotzdem ist der Agrarsektor das wirtschaftliche Rückgrat des Landes.

Wegen der geringen Jahresniederschläge wird in vielen Regionen Bewässerungsanbau betrieben. Bevorzugte Anbaugebiete sind daher die Uferbereiche der Flüsse. Aber auch unterirdische Kanäle und Brunnen dienen der Speicherung und Verteilung von Wasser. Viele Systeme sind jedoch infolge von Kriegsschäden unbrauchbar; unzählige Anbauflächen liegen brach. Teile des Landes leiden unter fortschreitender Bodenerosion und dem Vordringen der Wüste; wiederkehrende Dürren verschärfen die Lage weiter. Eine einigermaßen ausreichende Versorgung der einheimischen Bevölkerung ist gegenwärtig nur mithilfe ausländischer Unterstützung möglich.

Zu den kultivierten Produkten zählen vor allem Getreide (besonders Weizen und Gerste), Obst (Granatäpfel und Weintrauben), Gemüse, Mandeln, Pistazien und Baumwolle. Die überwiegend nomadische Viehhaltung von Ziegen und Schafen spielt eine wichtige Rolle für die Produktion von Fleisch, Wolle und Häuten. Vor allem das Fell der Karakulschafe gilt wegen seiner hohen Qualität als geschätzter Rohstoff.

Opiumhandel – illegal, aber lukrativ Für viele Bauern ist der Anbau von Mohn eine nennenswerte, wenn auch nicht legale Einkommens-

WIRTSCHAFT, REISELAND

quelle. Nach Angaben der Vereinten Nationen ist Afghanistan der bei weitem größte Produzent von Schlafmohn. Aus dem getrockneten Harz der Samenkapseln wird das Narkotikum Opium gewonnen. Der Mohnanbau war unter den Taliban verboten, Missbrauch wurde strengstens geahndet. Nach dem Ende des Taliban-Regimes wurde der weiterhin illegale Anbau verstärkt aufgenommen, um vom hohen Schwarzmarktwert des Rohopiums zu profitieren. Der örtlich in Kartellen organisierte Drogenhandel ist zudem die wichtigste Einnahmequelle der Taliban; die großen Opiumhändler sind die stillen Herrscher Afghanistans und verhindern wirtschaftliche Alternativen. Inoffiziellen Schätzungen zufolge erwirtschaftet Afghanistan etwa ein Sechstel seines Bruttoinlandsprodukts durch Drogenhandel.

Afghanische Schätze: Teppiche und Rohstoffe
Das produzierende Gewerbe beschränkt sich – abgesehen vom boomenden Baugewerbe – auf die Verarbeitung landwirtschaftlicher Güter und das Kunsthandwerk. Die Kunst des Webens und Knüpfens von Teppichen erlangte in Afghanistan und anderen Ländern der Region höchste Vollendung. Die farbenprächtigen, mit Mustern gestalteten Stücke dienen als Bodenbelag oder schmückender Wandbehang. Auch die Herstellung von Schmuck und Lederwaren blickt in Afghanistan auf eine lange Tradition zurück.

Das Land verfügt über umfangreiche Vorkommen an Bodenschätzen, die bisher mit Ausnahme von Erdgas und Steinkohle jedoch nur in geringem Maße ausgebeutet werden. Der überwiegende Teil der Lagerstätten wurde mithilfe der Sowjetunion erschlossen. Weitere nennenswerte Ressourcen sind Silber-, Kupfer- und Eisenerz, Schwefel sowie Edelsteine (besonders Lapislazuli).

Drehscheibe des Handels
Bedingt durch seine Lage im Übergangsbereich verschiedener Kulturräume war Afghanistan trotz seiner gebirgigen Landesnatur immer ein Zentrum des Handels. Daran hat sich durch die Instabilität der letzten Jahrzehnte und die Zunahme des Luftverkehrs einiges geändert. Als Transitland im offiziellen Handel besitzt Afghanistan heute nicht mehr diese herausragende Rolle, als Drehscheibe für Schmuggelwaren wie Drogen und Waffen dafür umso mehr.

Wichtigste Exportprodukte sind Teppiche, Erdgas, Trockenfrüchte und Nüsse sowie Felle und Häute. Handelsbeziehungen bestehen vor allem zu Pakistan, Indien und Turkmenistan, aber auch zu den USA. Eingeführt werden nahezu alle Konsum- und Investitionsgüter, sodass insgesamt mehr importiert als exportiert wird.

Schlechtes Verkehrsnetz
Etwa 15 Kilometer außerhalb der Hauptstadt liegt der internationale Flughafen von Kabul. Seit Januar 2002 bestehen wieder regelmäßige Flugverbindungen mit anderen Staaten, darunter Indien, Pakistan, Iran, Türkei und Deutschland. Bei den Kriegshandlungen wurden weite Teile des Straßennetzes zerstört; die meisten verbliebenen Straßen sind in schlechtem Zustand. Eisenbahnverbindungen bestehen nur an den Grenzen zu Usbekistan und Turkmenistan, im Land selber existiert kein Eisenbahnnetz. Auf einigen Flussabschnitten des Pjandsch wird Binnenschifffahrt betrieben.

Presse und Mobilfunk
Im Hörfunk und Fernsehen verbreiten meist unabhängige Sender Programme in den amtlichen Sprachen Paschtu und Dari. Es gibt viele Zeitungen und Zeitschriften mit allerdings sehr kleinen Auflagen und großer regionaler Streuung. Für die Kommunikation innerhalb der Bevölkerung spielen Mobiltelefone eine große Rolle, der Empfang konzentriert sich auf die größeren Städte.

AFGHANISTAN ALS REISELAND

Von touristischen Reisen nach Afghanistan wird gegenwärtig abgeraten, da die Sicherheitslage nach wie vor angespannt ist. Viele Kulturgüter sind während der Herrschaft der Taliban zerstört worden. Dennoch hat das Land, das durch viele Kulturen und Völker geprägt wurde, neben seinen teilweise grandiosen Naturlandschaften vor allem aus geschichtlicher und archäologisch-kunstgeschichtlicher Sicht Interessantes zu bieten: Spuren der Perser, Griechen und Inder finden sich dort ebenso wie vollendete islamische Bauwerke.

Der Khyberpass – Nadelöhr des Hindukusch

Der Khyberpass stellt die wichtigste Verbindung nach Pakistan her. Die kurvenreiche Straße verläuft in einer unwegsamen Gebirgslandschaft, die von paschtunischen Bergstämmen beherrscht wird.

Kaum ein Verkehrsweg dieser Region hat eine derartig große strategische Bedeutung wie der geschichtsträchtige Pass. Welcher Herrscher auch immer nach Südasien vordringen wollte – seine Truppen mussten den Khyberpass überwinden. Den von Westen vorrückenden Verbänden Alexanders des Großen blieb dieses Nadelöhr im 4. Jahrhundert v. Chr. genauso wenig erspart, wie im 13. Jahrhundert mongolischen Horden oder im 19. Jahrhundert britischen Einheiten. Die historischen Spuren sind nicht zu übersehen, auf vielen Felsen thronen Wachtürme, und Embleme von Militäreinheiten sind in Stein gemeißelt. Auch für den Warenaustausch zwischen Nahem und Fernen Osten war der einzige Pass im Hindukusch schon immer von Bedeutung.

Viel genutzte Verbindung In den 1960er Jahren galt es unter Rucksacktouristen aus Europa und Nordamerika als schick, auf dem Weg nach Indien diesen sogenannten „Hippie Trail" zu benutzen. In den folgenden Jahrzehnten flohen viele Menschen aus Afghanistan vor Erdbeben und Kriegen in ihrem Land in den Nachbarstaat Pakistan, der den Pass zeitweilig sperrte, um die Flüchtlingsströme aufzuhalten. Heute sind es vor allem Pendler, Schmuggler, Journalisten und Mitarbeiter internationaler Hilfswerke, die den Khyberpass nutzen. Seit 1879 ist die Überquerung auf einer Straße möglich, die von den Briten angelegt und 1920 befestigt wurde. Der Scheitelpunkt der 53 Kilometer langen Passstraße liegt in einer Höhe von 1072 Meter auf pakistanischem Staatsgebiet.

Bauern beim Anritzen von Mohnkapseln auf einem Feld in der Provinz Helmand. Schlafmohn, aus dem Opium hergestellt wird, ist ein wichtiges, wenn auch illegales Anbauprodukt, an dem vor allem die Taliban, aber auch Regierungsmitglieder verdienen.

TADSCHIKISTAN

DAS LAND

Offizieller Name: *Republik Tadschikistan*

Internationales Kfz-Kennzeichen: *TJ*

Geografische Lage: *Zentralasien; zwischen 36° 26' und 41° 05' nördlicher Breite sowie 67° 22' und 75° 08' östlicher Länge*

Fläche: *143 100 km²*

Hauptstadt: *Duschanbe*

Klima: *Hochgebirgsklima, zum Teil kontinentales Steppenklima; Duschanbe 14,8 °C / 604 mm*

Zeitzone: *Mitteleuropäische Zeit +4 Std.*

BEVÖLKERUNG

Einwohnerzahl: *7,1 Millionen*

Bevölkerungsdichte: *50 Ew./km²*

Bevölkerungsverteilung: *26 % Stadt, 74 % Land*

Jährliches Bevölkerungswachstum: *1,9 %*

Lebenserwartung: *Frauen 69 Jahre, Männer 63 Jahre*

Religionen: *Muslime (Sunniten); russisch-orthodoxe Christen*

Sprachen: *Tadschikisch (Amtssprache), Russisch*

Analphabetenrate: *1 %*

Über die Hälfte der Landesfläche liegt höher als 3000 Meter. Die schroffen Bergketten, wie hier in der Region Bergbadachschan, erschweren die Besiedlung und wirtschaftliche Nutzung weiter Teile des zentralasiatischen Landes.

Mehrere Gebirge auf engem Raum

Das Land der Tadschiken, eine kleine Republik in Zentralasien, gehört zu den stark erdbebengefährdeten Regionen. Der Großteil seiner schwer zugänglichen Staatsfläche ist überaus gebirgig und landwirtschaftlich nicht nutzbar. Viele Landesteile sind im Winter überhaupt nicht oder nur von den Nachbarstaaten aus zu erreichen. Die Mehrheit der Tadschiken sind Angehörige der persisch-iranischen Völkerfamilie. Nach dem Zusammenbruch der Sowjetunion verließen über eine Million Menschen das Land, rund 60 Prozent der Bevölkerung leben heute unter dem Existenzminimum.

GEOGRAFIE UND NATUR

Im Südosten Zentralasiens gelegen, grenzt Tadschikistan im Westen und Nordwesten an Usbekistan, im Norden an Kirgisistan, im Osten an China; im Süden besitzt es eine 1200 Kilometer lange Grenze zu Afghanistan. Die östliche Landeshälfte nimmt die Autonome Republik Bergbadachschan ein.

Massierung von Gebirgen Den Westen des Landes gliedern die parallel aufeinanderfolgenden, von Westen nach Osten verlaufenden Gebirgszüge der Turkestan- und Serawschankette so-

116

GEOGRAFIE, BEVÖLKERUNG

wie des Gissar-Gebirges. Sie erreichen Höhen zwischen 4600 und 5600 Meter. Nach Süden gehen sie in ein von Flusstälern gegliedertes Bergland über. Über eine lange Strecke bildet der Amudarja, dessen Oberlauf Pjandsch heißt, die Grenze zu Afghanistan. Im Norden hat der Staat mit dem Kuramin-Gebirge (3769 m) Anteil am „Himmelsgebirge" Tian Shan, an das sich südlich der Ausläufer des fruchtbaren Ferganatals anschließt. Im Nordosten erheben sich die mächtigen Gipfelketten des Transalai-Gebirges. Zu den längsten Flüssen des an Wäldern armen und an Flüssen reichen Tadschikistan gehört neben dem Amudarja der Wachsch.

Der Pamir – das „Dach der Welt"
Den Osten des Landes dominiert der Pamir, was „kalte Steppenweide" bedeutet. Dort treffen Tian Shan, Alai-Gebirge, Transalai, Kunlun Shan, Karakorum und Hindukusch wie in einem Knoten aufeinander; die durchschnittliche Höhe liegt bei 3000 Meter. Das eindrucksvolle und vor allem im Westteil stark vergletscherte Gebirge erreicht seine höchste Erhebung im Pik Ismoil Somoni (7495 m), der früher Pik Kommunismus hieß. Der nach dem russischen Geografen Alexei Fedtschenko (1844 bis 1873) benannte Fedtschenkogletscher ist mit einer Länge von 77 Kilometern und einer Fläche von 992 Quadratkilometern der längste außerarktische Gletscher überhaupt. Das innere Hochland löst sich in breite Becken auf, die sich in Höhen von 3500 bis 4000 Meter erstrecken.

Ein kaltes, trockenes Land
In Tadschikistans Bergen herrscht ein kontinentales Gebirgsklima. Mit der Höhenlage nehmen die tages- und jahreszeitlichen Temperaturunterschiede zu. In den Gebirgen können die Temperaturen auf bis zu –50 °C fallen; im Sommer erreichen sie höchstens 20 °C. In den Tälern herrscht dagegen ein etwas milderes Klima. Mit 1600 Millimeter Jahresniederschlag erhalten die Südhänge des Gissar-Gebirges die höchsten Niederschlagsmengen, wesentlich weniger Regen fällt in den Tälern und Gebirgskesseln und im östlichen Pamir.

Unwirtliches Land mit Wüsten und Steppen
Wüsten, Bergsteppen und Halbsteppen prägen vor allem den Norden und Südwesten Tadschikistans. Die Wüsten- und Halbwüstenzone breitet sich bis zu Höhen um 600 Meter aus. Wüsten- und Trockensteppen bestimmen das Bild der Vorgebirgszone bis 1200 Meter Höhe. Zwischen 2700 und 3500 Meter finden sich lichte Wälder, darüber bestimmen Hochgebirgswiesen und -steppen das Landschaftsbild.

Tadschikistan wird oft als „Wasserschloss Zentralasiens" bezeichnet, doch das Land hat mit enormen Wasserproblemen zu kämpfen: Die Flüsse sind durch unsachgemäße Entnahme für die Bewässerung überbeansprucht und durch industrielle Abwässer verschmutzt. Die Trinkwasserqualität ist weithin unzulänglich.

BEVÖLKERUNG
Die Geografie Tadschikistans spiegelt sich in der ungleichartigen Bevölkerung gleichsam wider. Regionale Identitäten sind stark ausgeprägt, da einzelne Gebiete im Winter monatelang von der Außenwelt abgeschnitten sind und die Besiedlung aufgrund der extremen Höhenlage (mehr als 50 % des Landes liegen über 3000 Meter) auf etwa zehn Prozent der Gesamtfläche beschränkt ist.

Ungleiche Bevölkerungsverteilung
Etwa 80 Prozent der Bewohner sind Tadschiken, die zweitgrößte Bevölkerungsgruppe mit über 15 Prozent stellen die Usbeken, hinzu kommen Minderheiten, vor allem von Russen (1 %), Tataren, Kirgisen und Ukrainern. Im Gegensatz zu den benachbarten Turkvölkern, den Usbeken, Turkmenen und Kirgisen, gehören die Tadschiken der iranischen Völkerfamilie an. Wie auch die Turkvölker bekennen sie sich zum Islam.

Aufgrund der Topografie sind Gebirgstäler und -becken sowie die Vorgebirgsregionen Hauptsiedlungsräume. Etwa 30 Prozent aller Tadschiken leben im Gissartal, weitere 27 Prozent im Ferganabecken südlich des Kuramin-Gebirges.

Auswanderung von Russen und Usbeken
Durch die Kollektivierung in sowjetischer Zeit wurde die frühere Gesellschaftsstruktur größtenteils zerstört. Ein Nationalgefühl fehlt den Einwohnern daher bis heute weitgehend. Viele Tadschiken fühlen sich dem Iran und Afghanistan stärker verbunden als dem eigenen Staat. In Afghanistan leben beispielsweise mehr Tadschiken als in Tadschikistan selbst.

Infolge des Bürgerkriegs kam es Ende 1992 zu einer Massenauswanderung von Russen und Usbeken. Die Gründe dafür waren vielschichtig: die komplexe Geschichte des Landes (1924 Abtretung weiter Teile Tadschikistans an Usbekistan, gleichzeitig Eingliederung von Regionen mit hohem Anteil an Usbeken), das Erstarken selbst ernannter Warlords, regionale Rivalitäten, die Entstehung einer radikal-islamischen Ideologie sowie die katastrophalen sozialen und wirtschaftlichen Rahmenbedingungen, die nach dem Zerfall der Sowjetunion im Land herrschten. Der bis heute sehr niedrige Lebensstandard veranlasste auch danach viele Menschen zum Verlassen des Landes. Mehr als eine Million Tadschiken verdingen sich im Ausland als Gastarbeiter, die meisten von ihnen in Russland.

Rückkehr zu den persischen Wurzeln
Der Stolz der Tadschiken auf ihre persisch-iranischen Wurzeln ist groß. Noch zu Sowjetzeiten, im Juli 1989, wurde ein Sprachengesetz verabschiedet, das das Tadschikische – eine Form der neupersischen Sprache – zur Staatssprache erhob. Russisch besitzt als „Sprache zwischennationaler Verständigung" seither nur untergeordnete Bedeutung. Die zu Sowjetzeiten übliche kyrillische Schrift wurde von der persischen Schrift abgelöst.

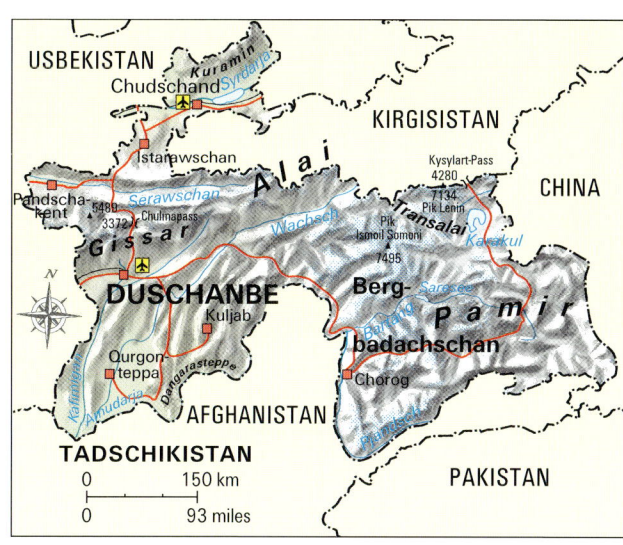

Eine Gruppe von Frauen in der Region Duschanbe trifft sich zum gemeinsamen Mahl. In manchen ländlichen Gegenden sind nur noch sehr wenige Männer anzutreffen, da sich viele aufgrund der anhaltend hohen Arbeitslosigkeit dazu entschlossen haben, eine Beschäftigung in einem der wirtschaftlich besser gestellten Nachbarstaaten oder in Russland anzunehmen.

TADSCHIKISTAN

GESCHICHTE

um 200 v. Chr. *Gebiet unter Herrschaft persischer Reiche (Baktrien, Sogdiana)*

16. Jh. *Aufteilung des heutigen Tadschikistan zwischen den Khanaten Buchara und Kokand*

1918 *Eingliederung in die Autonome Sowjetrepublik Turkestan*

1929 *Gründung der Tadschikischen SSR*

1991 *Unabhängigkeitserklärung; Tadschikistan wird Mitglied der Gemeinschaft Unabhängiger Staaten (GUS)*

1992 *Bürgerkrieg*

1994 *Wahl von Emomali Rachmonow zum Staatspräsidenten*

1997 *Friedensabkommen zwischen Präsident Rachmonow und Oppositionsführer A. Nuri*

1999 und 2006 *Rachmonow wird im Präsidentenamt bestätigt*

2007/08 *Anhaltende Wasserknappheit und Energiekrise*

POLITIK

Staatsform: *Präsidiale Republik*

Staatsoberhaupt: *Präsident*

Legislative: *Unterhaus mit 63 und Oberhaus mit 34 Mitgliedern*

Verwaltungsgliederung: *Hauptstadtbezirk und ein von der Regierung direkt verwalteter Bezirk, Autonome Republik Bergbadachschan*

Nach der Unabhängigkeit kam es 1992 zum Bürgerkrieg. Hier verbrennen oppositionelle Islamisten provokativ die sowjetische Flagge vor dem Parlament in Duschanbe.

Große Herausforderungen nach dem Bürgerkrieg

Die Bilanz des nach der Unabhängigkeit 1991 ausgelösten Bürgerkriegs war katastrophal: Fast 100 000 Tote, 600 000 Binnenflüchtlinge – was einem Zehntel der Gesamtbevölkerung entsprach – und 80 000 Menschen, die vor allem nach Afghanistan geflohen waren. Eine ruinierte Volkswirtschaft, dazu gewaltige Kriegskosten von geschätzten sieben Milliarden US-Dollar – der neue Staat begann mit fast unlösbaren Problemen.

GESCHICHTE UND POLITIK

Die kulturelle Identität der Tadschiken wurzelt im Stolz auf die persischen Wurzeln. Diese lassen sich bis in das antike Baktrien, eine Provinz innerhalb des altpersischen Großreichs unter den Achämeniden, zurückverfolgen. Bevor die Bevölkerung im 7. und 8. Jahrhundert durch die Araber islamisiert wurde, war die Region Ziel mehrerer Eroberer.

Vom 9. bis 10. Jahrhundert wurde die sprachliche und kulturelle Basis des heutigen Tadschikistan geschaffen, das damals dem iranischen Samaniden-Reich angehörte. Die Tadschiken betrachten jene Zugehörigkeit als den eigentlichen Beginn der tadschikischen Nation. Der Begriff „Tadschik" leitet sich allerdings von der mittelalterlichen Bezeichnung „Tasi" (= Moslem) ab, das einer Turksprache entlehnt ist.

Zankapfel verschiedener Besatzer Zwischen dem 11. und dem 16. Jahrhundert fielen turk-mongolische Stämme in die Region ein. Ab dem 16. Jahrhundert wurde das heutige Staatsgebiet unter den usbekischen Khanaten Buchara und Kokand aufgeteilt. Während der nördliche Teil im 19. Jahrhundert als Turkestan unter russische Herrschaft geriet, blieb der Süden bei Buchara. 1918 gliederten die Russen den Norden in die Autonome Sowjetrepublik Turkestan ein. Im Jahr 1924 wurde Tadschikistan ein autonomer Teil der Usbekischen Sozialistischen Sowjetrepublik und fünf Jahre später eine eigenständige Sowjetrepublik.

Uneinigkeit in der Unabhängigkeit Mit dem Zerfall der Sowjetunion erklärte sich Tadschikistan 1991 für unabhängig, und im Dezember des gleichen Jahres wurde es Mitglied der Gemeinschaft Unabhängiger Staaten (GUS). Kurz danach brach ein Bürgerkrieg zwischen postkommunistischen und oppositionellen demokratisch-islamischen Gruppen aus. Eigentliche Ursache waren jedoch Rivalitäten zwischen den Regionen um die politische Führung im Land. Zwischen April und Dezember 1992 eskalierten die Kämpfe, in deren Folge Präsident Nabijew gestürzt wurde; neues Staatsoberhaupt wurde Emomali Rachmonow (*1952), der sich allerdings nur mit der Hilfe russischer Truppen behaupten konnte. Bis zum Friedensabkommen 1997, das im Wesentlichen bis heute Bestand hat, starben durch den Bürgerkrieg bis zu 100 000 Menschen.

Gefährdeter Frieden Nach einer Verfassungsreform fanden im Februar 2000 Parlamentswahlen statt. Dabei ging die Volksdemokratische Partei, die Partei von Präsident Rachmonow, als Sieger hervor. Dennoch ist die innenpolitische Situation weiterhin instabil, die Opposition wird vom autoritär regierenden Präsidenten unterdrückt. Aus dem dicht besiedelten Ferganatal befürchtet die Regierung ein Übergreifen des islamischen Fundamentalismus und von wirtschaftlichen bzw. ethnischen Konflikten.

WIRTSCHAFT, VERKEHR UND KOMMUNIKATION

Tadschikistan leidet bis heute unter der Zerstörung der industriellen Infrastruktur während des Bürgerkriegs. Für den ärmsten Staat des postsowjetischen Zentralasien spielen neben umfangreichen Finanz- und Wirtschaftshilfen aus dem Ausland vor allem die Überweisungen der rund einer Million Arbeitsmigranten eine wichtige Rolle. Die geschätzte Unterbeschäftigung beträgt etwa 30 bis 40 Prozent, drei Fünftel der Einwohner leben unterhalb der Armutsgrenze. Im Drogenschmuggel aus Afghanistan ist Tadschikistan das wichtigste Transitland.

Landwirtschaft unter schwierigen Bedingungen Die sowjetische Planwirtschaft mit dem bewässerungsintensiven Baumwollanbau in Monokulturen hat den Aufbau einer ausgewogenen Wirtschaftsstruktur über Jahrzehnte verhindert. Entsprechend schwer gestalten sich der Übergang zur Marktwirtschaft und der Aufbau einer breit aufgestellten Wirtschaft. Fehlendes Saatgut, ein veralteter Maschinenpark und nicht oder nur schlecht funktionierende Bewässerungssysteme verhindern bis heute die ausreichende Versorgung

GESCHICHTE, WIRTSCHAFT, REISELAND

der Bevölkerung mit Nahrungsmitteln. Das Land leidet außerdem unter den Folgen der örtlich intensiv betriebenen Bewässerungswirtschaft: Weite Teile der Anbauflächen sind versalzen oder durch starke Auswaschung nicht mehr kultivierbar. Wassermangel aufgrund von Dürren, wie 2008, und der Übernutzung der in gigantischen Talsperren gesammelten Wasserreserven verschärfen die Lage.

Rund sieben Prozent des Territoriums sind landwirtschaftlich nutzbar, überwiegend wird extensive Weidewirtschaft betrieben (im Pamir Yaks, Karakulschafe, Ziegen und Rinder). Vier Fünftel aller Ackerflächen werden bewässert. Über 40 000 Kilometer Kanäle, mit Schwerpunkten im Ferganatal, in der Dangarasteppe und im Tal des Wachsch, leiten das Wasser zu den Feldern. Baumwolle dominiert wie schon zu sowjetischer Zeit auf Kosten des Getreideanbaus (Weizen, Mais). Deshalb müssen nach wie vor Lebensmittel importiert werden. Im Norden spielt der Weinbau eine gewisse Rolle, auch die Seidenraupenzucht hat ökonomische Bedeutung.

Baumwolle, Aluminium und Strom als Devisenbringer
Öffentliche Verwaltung, Staatsbetriebe und Landwirtschaft sind die größten Arbeitgeber. Verarbeitet und exportiert werden Agrarprodukte, Seide, Wolle und hochwertige Teppiche. Außerdem besitzt das Land reiche Vorkommen an Uranerz und Gold. Das produzierende Gewerbe stützt sich auf die hochwertige Baumwolle, die Metallverarbeitung (Aluminium, Buntmetalle) und die Wasserkraft. Die großen Höhenunterschiede im Gebirge werden für den Bau von Talsperren genutzt. Wasserkraftwerke decken praktisch den gesamten Strombedarf, doch können sie bis heute keine kontinuierliche Energieversorgung gewährleisten. Auf der anderen Seite soll der Stromexport in die Nachbarländer durch neue Stauseen bzw. Kraftwerke in Zukunft weiter an Bedeutung gewinnen.

Eingeschränkter Verkehr und kontrollierte Medien
Tadschikistan verfügt in der Hauptstadt Duschanbe und in Chudschand über internationale Flughäfen. Das Schienennetz (rund 500 km) und das Straßennetz (etwa 27 000 km) haben durch Beschädigungen während des Bürgerkriegs gelitten. Vor allem die abgelegenen Gebirgsregionen sind nur schwer zu erreichen. Die zwei wichtigsten Straßenverbindungen führen von der Hauptstadt nach Chorog in Bergbadachschan (Große Pamirstraße) und weiter nach Kirgisistan sowie nach Chudschand im Ferganatal. Über eine Eisenbahnlinie durch das Nachbarland Usbekistan ist Duschanbe mit der Transkaspischen Bahn verbunden und hat damit Anschluss an das internationale Schienennetz.

Hörfunk, Fernsehen, Internet und Zeitungen werden staatlich kontrolliert und zensiert oder sind als regierungsnah zu bezeichnen. Private Rundfunksender ergänzen das Medienangebot.

TADSCHIKISTAN ALS REISELAND

Die wenigen Touristen zieht es vom üblichen Ausgangspunkt Duschanbe vor allem in die Hochgebirgsregionen des Pamir und des Alai. Ein Großteil des Pamir liegt in der Autonomen Republik Bergbadachschan. Hauptreiseziele sind im Pamir der malerische, auf 3915 Meter Höhe gelegene Karakulsee sowie die Gipfel von Pik Lenin und Pik Ismoil Somoni, zu denen Hubschrauberflüge angeboten werden.

WIRTSCHAFT

Währung: *1 Somoni (TJS) = 100 Diram*
Bruttoinlandsprodukt: *2,8 Mrd. US-$*
Bruttonationaleinkommen/Einw.: *390 US-$*
Außenhandel: *Import 1,7 Mrd. US-$, Export 1,4 Mrd. US-$*
Auslandsverschuldung: *1,8 Mrd. US-$*

SEHENSWERT

Nationalpark:
Tajik
Naturschönheiten:
Chodsha Mumin Höhle, Fon- und Pamirgebirge, Karakul- und Marghuzor-Seen
Städte:
Chudschand: *Sheikh Muslihiddin-Mausoleum*
Duschanbe: *Botanischer Garten, Ethnografisches Museum, Firdausi-Bibliothek, Hauptmoschee, Sadriddin Ayni-Mausoleum, Somoni-Monument, Yakoub-Moschee; nahebei die Hissar-Festung*
Istarawschan: *Kok-Gumbaz-Moschee*
Kuljab: *Hhamadoni-Mausoleum*
Pandschakent: *Ruinen einer sogdischen Stadt*

In der Landwirtschaft dominiert der Baumwollanbau, der in großen Pflanzungen betrieben wird. Die Baumwolle wird in der Regel noch mit der Hand geerntet (links).

Wasserkraftwerke dienen nicht nur der nationalen Stromversorgung, sondern versetzen Tadschikistan auch in die Lage, Strom zu exportieren. Das Kraftwerk Sangtuda 1 am Fluss Wachsch erzeugt mit einer Kapazität von 670 Megawatt soviel Energie wie ein kleines Atomkraftwerk (unten).

TADSCHIKISTAN

DUSCHANBE

Duschanbe – junges Zentrum Tadschikistans

Als Tadschikistan 1924 als autonomer Teil in die Usbekische Sozialistische Sowjetrepublik eingegliedert wurde, musste eine Hauptstadt bestimmt werden. Die Wahl fiel ein Jahr später auf ein kleines 300-Einwohner-Dorf im fruchtbaren Gissartal, das relativ nahe zur usbekischen Grenze liegt und gut zu erreichen ist: Duschanbe.

Den Namen Duschanbe bekam die alte Siedlung einst durch ihren Wochenmarkt, der jeden Montag – persisch *duschanbe* – dort abgehalten wurde. Geht man heute durch die Stadt, so muss es nicht zwingend Montag sein, um den Markt zum Einkauf nutzen zu können. Während der ganzen Woche werden im Stadtgebiet mehrere Märkte abgehalten, wie beispielsweise der Zelony-Basar *(linke Seite unten)*. Hier kann man von frischen Lebensmitteln bis hin zu Elektrogeräten alles erwerben. Eine Vielzahl an Geschäften bietet zudem ein buntes Angebot. In der islamisch geprägten Stadt dürfen Läden mit religiöser Literatur dabei nicht fehlen. In einer Buchhandlung nahe der Yakoub-Moschee erhält der Kunde reich geschmückte Ausgaben des Koran, Gebetbücher, aber auch studentische Fachliteratur *(unten)*.

Vorübergehend trug Duschanbe im letzten Jahrhundert einen anderen Namen: Von 1929 bis 1961 hieß die Hauptstadt der Tadschikischen SSR Stalinabad, übersetzt Stalinstadt. Wie auch in anderen Sowjetrepubliken, wurden den sozialistischen Vorbildern in Duschanbe mehrere Denkmäler gesetzt. Gegenüber dem Präsidentenpalast erhebt sich auf einem Sockel ein 30 Meter hohes Denkmal *(linke Seite, oben rechts)*, an dessen Stelle bis 1992 noch eine Lenin-Statue stand. Seit 1999 ist das Denkmal Ismoil Somoni gewidmet. Der Samanidenherrscher gilt als Vater der Nation; er regierte ein Reich, dass sich im 10. Jahrhundert über weite Teile Zentralasiens erstreckte. Die Währung Tadschikistans und der höchste Berg des Landes tragen ihm zu Ehren seinen Namen.

Über 650 000 Einwohner zählt die städtische Agglomeration im Westen des Landes heute. Sie ist politisches, wirtschaftliches und kulturelles Zentrum Tadschikistans. Die junge Metropole bildet einen betriebsamen Gegensatz zum ansonsten ländlich geprägten Staat: In Duschanbe befindet sich das zu Sowjetzeiten erbaute Parlamentsgebäude *(linke Seite, oben links)*, ein modernes Opern- und Balletthaus, Bibliotheken, der Präsidentenpalast sowie die Nationale Staatsuniversität und die Akademie der Wissenschaften. Das an die Universität angeschlossene Institut für Erdbebenforschung ist inzwischen weltbekannt. Fast 80 000 Studenten, die insgesamt an den Bildungseinrichtungen eingeschrieben sind, sorgen für ein buntes und lebendiges Stadtbild.

KIRGISISTAN

Die „Schweiz Zentralasiens"

DAS LAND

Offizieller Name: *Kirgisische Republik*

Internationales Kfz-Kennzeichen: *KS*

Geografische Lage: *Zentralasien; zwischen 39° 14' und 43° 09' nördlicher Breite sowie 69° 10' und 80° 18' östlicher Länge*

Fläche: *198 500 km²*

Hauptstadt: *Bischkek*

Klima: *Kontinentales Steppenklima, Gebirgsklima;
Bischkek 10,7 °C / 441 mm
Naryn 3,5 °C / 291 mm*

Zeitzone: *Mitteleuropäische Zeit +4 Std.*

Kirgisistan ist ein vielgestaltiges, ausgesprochen gebirgiges Land. Etwa die Hälfte der Staatsfläche liegt oberhalb von 3000 Metern. Wegen der Hochgebirgsnatur hat das Land den Beinamen „zentralasiatische Schweiz" bekommen. Nur, im Gegensatz zur Schweiz, ist die Natur in Kirgisistan noch wild und einsam.

GEOGRAFIE UND NATUR

Der Landschaftscharakter Kirgisistans wird von Hochgebirgen und Hochtälern beherrscht. Nur etwa ein Zehntel der Landesfläche liegt unterhalb von 1500 Metern, während das Tian-Shan-Gebirge Höhen von 7439 Metern (Pik Pobedy oder Jengish Chokusu) erreicht. Weite Teile des Gebirges sind vergletschert. Örtlich reichen die Gletscherzungen bis auf rund 3000 Meter herab. Das sommerliche Schmelzwasser der Gletscher ist entscheidend für die Wasserversorgung der Landwirtschaft in den trockenen Beckenlagen.

Gebirgsketten und Hochtäler In einer Vorgebirgssenke liegt ganz im Norden die Hauptstadt Bischkek auf einer Höhe von 700 bis 950 Meter. Nach Süden schließen sich mehrere mächtige parallele Gebirgsketten des Tian Shan an: Kirgisischer Alatau, Kungei-Alatau, Terskej-Alatau, Kokschaal-Tau und Ferganagebirge. Zwischen ihnen erstrecken sich hoch gelegene Becken, die soge-

Die Landwirtschaft konzentriert sich in den Bergen auf die fruchtbaren Hochtäler, die von majestätischen Berggipfeln wie hier des Tian Shan überragt werden.

GEOGRAFIE, BEVÖLKERUNG

nannten Syrten. Im Nordosten umschließen der Kungei-Alatau von Norden und der Terskej-Alatau von Süden das ausgedehnte Becken des Issyk-Kul-Sees, der zwölfmal so groß wie der Bodensee ist. Nach Süden schließt sich das Tal des Naryn an, der das Land von Ost nach West durchquert und Hauptquellfluss des Syrdarja ist. Im Südwesten hat Kirgisistan Anteil am Ferganabecken, der größten Gebirgssenke im Tian-Shan-System. Die südlich davon gelegenen Gebirgsketten des Alai und des Transalai (Pik Lenin 7134 m) werden durch das Alai-Hochtal, ein abgeschiedenes und äußerst dünn besiedeltes Weidegebiet, voneinander getrennt. Aufgrund anhaltender Gebirgsbildungsvorgänge wird Kirgisistan häufig von Erdbeben geringer und mittlerer Stärke heimgesucht.

Heiße Sommer, kalte Winter Das Klima ist kontinental und ausgesprochen trocken mit hohen täglichen und jährlichen Temperaturschwankungen. Die Winter sind kalt und lassen die Januarmitteltemperatur in Bischkek auf −5,3 °C und in Osch auf −4,1 °C absinken, während im Juli 24,5 °C bzw. 25,3 °C im Durchschnitt erreicht werden. Die Niederschlagssummen betragen für die beiden Städte 441 bzw. 360 Millimeter im Jahresdurchschnitt. Wesentlich kälter ist es in Naryn (Januar −17,1 °C, Juli 17,1 °C) und im Hochtal von Susamyr am Südhang des Kirgisischen Alatau (Januar −21,7 °C, Juli 13,3 °C). Dort fallen im Jahresdurchschnitt nur 291 bzw. 354 Millimeter. Die Schneegrenze liegt bei 3500 bis 4500 Meter.

Arm an Wäldern, reich an Tieren Die kontinentale Lage und der Mangel an fossilen Brennstoffen, der in zurückliegenden Jahrzehnten zu starken Holzeinschlägen führte, hatten einen starken Rückgang der Bewaldung zur Folge; nur etwa sechs Prozent der Landesfläche gelten heute als bewaldet. Eine Besonderheit sind die ausgedehnten natürlichen Walnusswälder im Hinterland von Dschalalabad, die zu den größten ihrer Art weltweit gehören. In den tieferen Lagen – bis 1500 Meter – überwiegen Halbwüste, Gras- und Buschsteppen. Mit zunehmender Höhe verwandelt sich die Vegetation in eine trockene Berg- und Wiesensteppe, die in subalpine Wiesen und alpine Matten übergeht. Die Wiesenregion ist teilweise mit Bäumen, wie Tian-Shan-Fichte und Wacholder, durchsetzt.

Das in weiten Teilen unzugängliche Gebirge bietet zahlreichen Tieren, darunter auch seltenen Arten, Zuflucht. Unter anderem kommen Sibirischer Steinbock, Steinadler, Isabell-Braunbär, Sibirischer Hirsch (Maral), Riesenwildschaf und der seltene Schneeleopard vor.

BEVÖLKERUNG

Etwa 69 Prozent der Bewohner sind Kirgisen, rund 14 Prozent Usbeken und etwa 9 Prozent Russen. Bemerkenswert ist insbesondere der Rückgang des russischen Bevölkerungsanteils, der 1979 noch über ein Viertel ausgemacht hatte. Kleinere Minderheiten stellen Dunganen, Uiguren, Tadschiken, Mescheten, Tataren und Ukrainer. Bis zur Unabhängigkeit lebten in Kirgisistan auch rund 100 000 Deutschstämmige, die einst von der Wolga umgesiedelt worden waren. Von den Nachfahren sind etwa 12 000 in Kirgisistan geblieben. Die Kirgisen sind aus der Verbindung türkischer und mongolischer Volksgruppen hervorgegangen. Mit Ausnahme der Russen, Ukrainer und Deutschen bekennen sich die anderen Völker überwiegend zum sunnitischen Islam.

Russen und Usbeken Seit der Unabhängigkeit Im Jahr 1991 wächst die Bevölkerung langsamer als vorher, womit aber die anhaltenden Bevölkerungsverluste, die durch Abwanderung vor allem nicht-kirgisischer Bewohner entstehen, dennoch ausgeglichen werden können. Durch Binnenwanderungen wachsen insbesondere die beiden großstädtischen Zentren Bischkek und Osch.

In der Hauptstadt Bischkek und ihrem Umland gibt es noch immer eine bedeutende russische Minderheit. Daher haben dort die russische Sprache und die russisch-orthodoxe Kirche nach wie vor einen großen Einfluss. Die zweitgrößte Stadt Osch wird von Kirgisen und Usbeken bewohnt. Konflikte zwischen beiden Volksgruppen waren 1990 vor dem Hintergrund von Landaufteilungen entbrannt, bei denen kirgisische Zuwanderer bevorzugt worden waren.

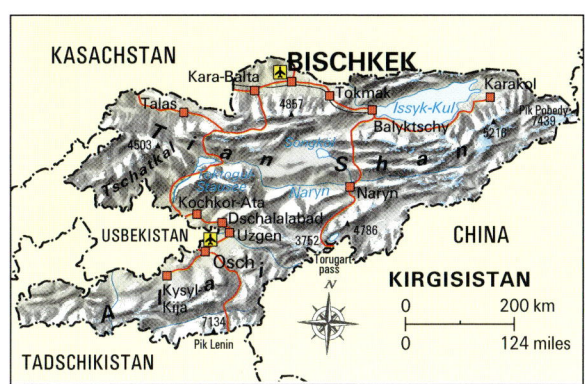

BEVÖLKERUNG

Einwohnerzahl: 5,3 Millionen

Bevölkerungsdichte: 27 Ew./km²

Bevölkerungsverteilung: 36 % Stadt, 64 % Land

Jährliches Bevölkerungswachstum: 1,4 %

Lebenserwartung: Frauen 74 Jahre, Männer 65 Jahre

Religionen: Muslime (Sunniten); russisch-orthodoxe Christen

Sprachen: Kirgisisch, Russisch (Amtssprachen); Usbekisch

Analphabetenrate: 2 %

Im Straßenbild mancher Städte, wie hier in Naryn, sieht man überwiegend Kirgisen, nachdem Russen und Deutsche seit der Unabhängigkeit aus einigen Regionen des Landes abgewandert sind.

KIRGISISTAN

Heiliger Berg an der Seidenstraße

Eingang zur Tacht-i-Suleiman-Moschee, die aus nur einem einzigen Raum besteht. Sie wurde mit großem Aufwand restauriert.

Kurzbeschreibung: *Heiliger Berg mit fünf einzelnen Gipfeln im oberen Ferganatal; Kultstätten zur Verehrung und Höhlen mit Felszeichnungen*

Lage: *Bei der Stadt Osch*

Ernennung: *2009*

Bedeutung: *Herausragendes Zeugnis für die Tradition der Berganbetung in Zentralasien über mehrere Jahrtausende*

Zur Geschichte:

2200–1200 v. Chr. *Felszeichnungen aus der Bronzezeit belegen die frühe Besiedlung der Gegend um den Suleiman-Too*

um 500 v. Chr. *Am Fuß des Suleiman-Too entsteht die Stadt Osch*

1. Jh. v. Chr. *Kaiser Wudi erobert das Ferganatal; der Handel zwischen China und dem Westen über die Seidenstraße beginnt zu florieren*

ab 7. Jh. n. Chr. *Mit dem Einfluss der Araber breitet sich der Islam in Zentralasien aus*

ab 10. Jh. *Der Suleiman-Too wird als Grabstätte des Propheten Salomo zum Ziel islamischer Pilger*

um 1500 *Fürst Babur errichtet die Tacht-i-Suleiman-Moschee am Ostgipfel des Bergs*

1853 *Ein Erdbeben zerstört die Moschee*

1960er Jahre *Rekonstruierte Tacht-i-Suleiman-Moschee wird durch eine Explosion verwüstet*

1991 *Wiederaufbau der Moschee*

Gläubige beten vor einer rituellen Stätte am weithin verehrten Heiligen Berg.

Im Süden Kirgisistans liegt nahe der usbekischen Grenze am Ende des Ferganatals die Stadt Osch. Überragt wird sie vom Suleiman-Too, einem 200 Meter hohen Berg mit fünf Gipfeln. Er diente Tausenden und Abertausenden von Reisenden einst als Wegweiser an der Seidenstraße, denn in Osch kreuzten sich wichtige Handelsrouten. Und auch heute zieht der Berg die Reisenden an. Es sind vor allem islamische Pilger, denen der Suleiman-Too heilig ist, und das in mehr als nur einer Weise. Zum einen soll dort der biblische König Salomo begraben sein, der im Islam als Prophet gilt. Zum anderen befinden sich am und auf dem Berg Kultstätten aus mehreren vorislamischen und islamischen Glaubensrichtungen: von Felsmalereien aus der Bronzezeit über Stätten, die verehrt werden, bis hin zu zwei restaurierten Moscheen aus dem 16. Jahrhundert.

Der Thron des Salomo Salomo, der König von Juda, Israel und Jerusalem (965–926 v. Chr.), ist für die Muslime ein Prophet. Angeblich geht die Gründung der Stadt Osch auf ihn zurück. Der Legende nach pflügte Salomo dort mit Ochsen und sprach am Fuße des Suleiman-Too das Wort *chosch* („genug"). Außerdem soll er an dem Berg auch begraben sein, der heute seinen Namen trägt: Suleiman-Too bedeutet übersetzt nämlich nichts anderes als „Thron des Salomo". Diesen Namen erhielt der Berg jedoch erst im 16. Jahrhundert – vorher war er einfach als Bara Kutsch („schöner Berg") bekannt. Doch um den Ursprung der Stadt Osch ranken sich noch andere Legenden: Mal soll sie „so alt wie Rom" sein, mal von Alexander dem Großen (356–323 v. Chr.) gegründet worden sein. Die früheste urkundliche Erwähnung findet sich jedoch erst in arabischen Dokumenten des 9. Jahrhunderts nach Christus.

In den Jahren seit dem Zerfall der Sowjetunion wurden auch die alten Handelsstraßen wieder belebt, und so ist Osch heute erneut ein bedeutendes Zentrum, vor allem seit 2002 bei Irkeshtam der Grenzübergang nach China geöffnet wurde.

Rituelle Stätten Auf den fünf Gipfeln und zahlreichen Hängen des Bergs liegen etliche rituelle Stätten. 17 von ihnen werden noch heute verehrt. Die Kultstätten, die Heilung von Unfruchtbarkeit, Migräne und Rückenschmerzen versprechen und ein langes Leben bringen sollen, sind durch ein Netz aus Fußpfaden – heiligen Wegen – verbunden. Auch dem Grabmal des Salomo selbst werden besondere Kräfte zugeschrieben: Frauen, die durch eine Öffnung im heiligen Felsen kriechen, bringen angeblich gesunde Kinder zur Welt. Vielleicht geht dieser Mythos aber auch auf die Form des Bergs zurück: Der Suleiman-Too erinnert nämlich an eine liegende Schwangere.

Vor allem am Osthang des Bergs befinden sich zahlreiche Höhlen und Felswände, an denen über 100 Felszeichnungen angebracht sind. Sie stammen vermutlich aus der mittleren Bronzezeit und stellen Menschen, Tiere, Drachen, die Sonne, den Mond und geometrische Formen dar. Noch heute werden dort archäologische Ausgrabungen durchgeführt. Was dabei zu Tage befördert wird, kann direkt vor Ort in einer Außenstel-

WELTERBE: SULEIMAN-TOO

le des Städtischen Museums für Geschichte und Kultur besichtigt werden. Es wurde in den Westgipfel des Bergs hineingebaut und beherbergt über 400 Exponate.

Baburs Haus Eine der bekanntesten Kultstätten ist das sogenannte Haus des Babur, eine kleine Moschee bei einem großen, glatten Felsen in der Nähe des Ostgipfels. Babur (1483–1530) war ein Kleinfürst und ein Nachkomme des zentralasiatischen Eroberers Timur (1336–1405). Er wurde in der Nähe von Osch geboren, brach später jedoch nach Indien auf. Er eroberte Delhi und Agra und begründete dort die Moguldynastie, die bis 1857 herrschte. Doch bevor er zu dieser entscheidenden Reise aufbrach, saß er angeblich lange auf dem Felsen am Suleiman-Too und kam zu dem Entschluss, dass er die Grenzen des Ferganabeckens hinter sich lassen musste, um seine ehrgeizigen Pläne und Träume zu verwirklichen. Zuvor errichtete er noch um 1500 auf dem Suleiman-Too die kleine Tacht-i-Suleiman-Moschee. Dreieinhalb Jahrhunderte lang war sie ein beliebtes Ziel islamischer Pilger, bis sie 1853 von einem Erdbeben zerstört wurde. Die Moschee wurde zwar rekonstruiert, doch in den 1960er Jahren durch eine Explosion erneut verwüstet. Angeblich steckte der sowjetische Geheimdienst KGB hinter dieser Explosion, denn der kommunistischen Regierung waren die muslimischen Pilger ein Dorn im Auge.

Nach der Unabhängigkeit Kirgisistans 1991 wurde der einräumige Kuppelbau abermals aufgebaut und kann nun wieder seine Rolle als Pilgerziel erfüllen. Wer den rund dreißigminütigen Aufstieg nicht auf sich nehmen möchte, kann auch über eine asphaltierte Straße zu dem beliebten Ausflugsziel gelangen. Wie zu Zeiten Salomos hat man von dort einen herrlichen Blick über das wundervolle Ferganabecken.

Diese symbolischen Felszeichnungen am Berg stammen vermutlich aus der Bronzezeit (links).

Inmitten der kirgisischen Stadt Osch erhebt sich der mächtige Berg Suleiman-Too. Direkt in die westliche Felswand wurde ein Museum hineingebaut, das sich mit dem Berg und seiner Geschichte als Kultstätte widmet (unten).

KIRGISISTAN

GESCHICHTE

12./13. Jh. *Kirgisen siedeln im Tian Shan*

1876 *Das Land kommt unter die Herrschaft des russischen Zaren*

1918 *Kirgisistan wird Teil der Turkestanischen Autonomen Sozialistischen Sowjetrepublik*

1926 *Kirgisistan wird eigene autonome Republik (ASSR) im Rahmen der RSFSR*

1936 *Das Land erhält den Status einer Sozialistischen Sowjetrepublik innerhalb der UdSSR*

1990 *A. Akajew wird Präsident*

1991 *Kirgisistan erlangt die Unabhängigkeit und wird Mitglied der GUS*

1993 *Eine neue Verfassung führt das Präsidialsystem ein*

2000 *Parlaments- und Präsidentschaftswahlen; Präsident A. Akajew bleibt im Amt*

2005 *Nach Parlamentswahlen führen Protestkundgebungen der Opposition zum Sturz des Akajew-Regimes; Übergangspräsident K. Bakijew wird zum Staatsoberhaupt gewählt*

2009 *Wiederwahl von Bakijew*

2010 *Regierung unter Bakijew wird gestürzt*

POLITIK

Staatsform: *Präsidiale Republik*

Staatsoberhaupt: *Staatspräsident*

Legislative: *Einkammerparlament mit 90 Abgeordneten*

Verwaltungsgliederung: *7 Gebiete (Oblast), Hauptstadtdistrikt*

WIRTSCHAFT

Währung: *1 Kirgisistan-Som (K.S.) = 100 Tiyn*

Bruttoinlandsprodukt: *3,7 Mrd. US-$*

Bruttonationaleinkommen/Einw.: *610 US-$*

Außenhandel: *Import 2,6 Mrd. US-$, Export 1,3 Mrd. US-$*

Auslandsverschuldung: *3,5 Mrd. US-$*

Der repräsentative Präsidentenpalast in Bischkek wird auch als „Weißes Haus" bezeichnet.

Schwierige Jahre nach der Unabhängigkeit

Kirgisistan ist traditionell ein Land von Nomaden, das daher meist auch relativ unabhängig von benachbarten Herrschaften war. Als es 1876 in russische Hand kam, gehörte es formal zum Khanat Kokand. Nach dem Zerfall der Sowjetunion erlangte das kaum industrialisierte und wirtschaftlich rückständige Land die Unabhängigkeit.

GESCHICHTE UND POLITIK

Die Kirgisen sind wahrscheinlich im 12. und 13. Jahrhundert während der Invasion der Mongolen aus ihrem ursprünglichen Siedlungsgebiet am Oberlauf des Jenissej in das weiter südwestlich gelegene Gebirgsland des Tian Shan eingewandert. Unter russische Herrschaft kamen sie 1876, nachdem das russische Zarenreich das Khanat Kokand annektiert hatte. In der Folge strömten zahlreiche russische und ukrainische Siedler in das Land der nomadisierenden Kirgisen. Den neuen Siedlern wurde Weideland überlassen, das bisher von den Kirgisen genutzt worden war. Gegen die zunehmende Russifizierung richtete sich der mittelasiatische Aufstand muslimischer Völker von 1916, an dem sich die Kirgisen beteiligten.

Autonomie und Unabhängigkeit Nach der Oktoberrevolution 1917 hatten die Russen die Existenz einer eigenen kirgisischen Nation anerkannt und sie in der Turkestanischen Autonomen Sozialistischen Sowjetrepublik (ASSR) integriert, die von 1918 bis 1924 bestand. Am 14. Oktober 1924 wurde die Kara-Kirgisische ASSR gebildet, aus der 1925 das Kirgisische Autonome Gebiet wurde, das ein Jahr später in Kirgisische Autonome Sowjetrepublik umbenannt wurde. 1936 bekam diese den Status einer eigenständigen Sozialistischen Sowjetrepublik, den sie bis zum Auseinanderfallen des Sowjetreichs behielt. Die damals gezogenen Grenzen, insbesondere am Rand des Ferganabeckens, belasten bis heute das Verhältnis zu den Nachbarstaaten Usbekistan und Tadschikistan.

In sowjetischer Zeit wurden die nomadisierenden Kirgisen mit gewaltsamen Mitteln sesshaft gemacht und mussten fortan ihre Landwirtschaft in kollektiven Kolchosen und Sowchosen betreiben. Eine Industrialisierung blieb aber aus, nur in der damaligen Hauptstadt Frunse (seit 1991 Bischkek), benannt nach dem sowjetischen General Michail Frunse, und ihrem Umland siedelten sich einige Betriebe an, die teilweise im Zweiten Weltkrieg aus dem europäischen Teil der Sowjetunion nach Zentralasien verlagert wurden.

Nach der Unabhängigkeit 1991 setzte man große Hoffnungen in die Präsidentschaft von Askar Akajew (*1944), der als Einziger der gewählten Präsidenten der fünf zentralasiatischen Nachfolgestaaten der Sowjetunion nicht bereits Chef der jeweiligen Kommunistischen Partei gewesen war, sondern als Physiker aus dem wissenschaftlichen Tätigkeitsbereich kam. Die politische Umgestaltung brachte, im Unterschied zu den anderen zentralasiatischen GUS-Staaten, auch eine umfassende Privatisierung aller Wirtschaftsbereiche. Von internationalen Verflechtungen profitiert jedoch nur die Hauptstadt Bischkek, während Osch mit seiner bedeutenden usbekischen Bevölkerungsmehrheit die Folgen der sowjetischen Grenzziehung zu tragen hat. Ab Ende der 1990er Jahre nahm das Regime von Akajew zunehmend autoritäre Züge an, was mit ein Grund war, dass nach den Parlamentswahlen 2005 die Regierung gestürzt wurde. Akajews Nachfolger, Kurmanbek Bakijew (*1949), knüpfte an den autoritären Führungsstil an. Der Unmut über Fetternwirtschaft, Korruption und Armut entlud sich im April 2010, als die Regierung nach gewaltsamen Ausschreitungen von der Opposition gestürzt wurde.

WIRTSCHAFT UND VERKEHR

Kirgisistan zählt zu den ärmsten Staaten Zentralasiens. Sein wirtschaftliches Potenzial kann nicht ohne ausländisches Kapital erschlossen werden. Unter den Bodenschätzen (Kohle, Erdgas, Erdöl, Quecksilber, Antimon) hat derzeit Gold die größte volkswirtschaftliche Bedeutung. Der wichtigste Abbauort ist Kumtor südlich des Issyk-Kul, wo ein kanadisch-kirgisisches Gemeinschaftsunternehmen tätig ist. Erheblicher Nachholbedarf besteht in der Industrie, in der kaum mehr als zehn Prozent aller Erwerbstätigen arbeiten. Größtenteils handelt es sich um kleinere Betriebe der Nahrungsmittel- und Leichtindustrie sowie der Metallverarbeitung.

GESCHICHTE, WIRTSCHAFT, REISELAND

Dominanz der Landwirtschaft Nur etwa sieben Prozent der Landesfläche kann überhaupt für den Ackerbau genutzt werden: Getreide- und Zuckerrübenanbau im Norden (Tschu-Tal), Anbau von Baumwolle und Tabak in den kirgisischen Randbereichen des Ferganabeckens. Problematisch sind die nach der Privatisierung der Landwirtschaft entstandenen Klein- und Kleinstbetriebe, die im Süden durchschnittlich nur 0,5 Hektar umfassen und ohne ausreichende Mechanisierung betrieben werden müssen.

Die Viehhaltung, die mit der Auflösung der sowjetischen Kollektivwirtschaften einen Niedergang erlebte, nutzt Hochweiden im Gebirge und Winterweiden im nördlichen Gebirgsvorland; frühere Tierwanderungen in die Nachbarstaaten sind kaum mehr möglich. Für Wolle, Fleisch und Milch als Hauptprodukte bestehen nur unzureichende Vermarktungschancen. In den dicht besiedelten Gebieten von Bischkek und Osch hat der Gartenbau mit Obst- und Gemüsekulturen große Bedeutung für die Belieferung der großstädtischen Märkte.

Wasser gegen Brennstoff Wie das südlich angrenzende Tadschikistan gehört Kirgisistan zu den zentralasiatischen Staaten mit reichen Wasserressourcen, die jedoch überwiegend in den benachbarten tiefer gelegenen Staaten wie Usbekistan benötigt werden. Im Rahmen bilateraler Verträge kamen Nutzungsvereinbarungen zustande, die eine sinnvolle Aufteilung erlauben. So wird zur Elektrizitätsnutzung das Wasser des größten Stausees Toktogul vornehmlich im Frühjahr und Sommer abgelassen, wenn es in Usbekistan für die Bewässerungslandwirtschaft benötigt wird. Im Gegenzug sichert Usbekistan Kirgisistan die Lieferung von Erdgas zu. Das Wasser des Tschu, der im Tian-Shan-Vorland Grenzfluss zwischen Kirgisistan und Kasachstan ist, wird nordöstlich von Bischkek zwischen den beiden Staaten aufgeteilt und zwei verschiedenen Bewässerungssystemen zugeleitet.

Schwierige Situation für Transporte Das weitmaschige Straßennetz besteht zu fast 90 Prozent aus asphaltierten Straßen. Die Verkehrsanbindung der Gebirgsräume ist schwierig, da immer wieder Bergrutsche und Muren die Straßen unterbrechen. Über Naryn hinaus gibt es eine Straßenverbindung über den Torugartpass in die Volksrepublik China. Sie folgt einem Zweig der alten Seidenstraße und besitzt heute wieder eine gewisse wirtschaftliche Bedeutung. Der Landweg in die peripheren Verwaltungsgebiete von Naryn und Talas ist in den Wintermonaten häufig nicht passierbar, wenn die Pässe oft über einen längeren Zeitraum wegen Schnees geschlossen sind. Eine ganzjährig befahrbare Straße verbindet Bischkek mit Osch. Von Issyk-Kul führt eine Eisenbahnstrecke über Bischkek nach Kasachstan. Große Bedeutung hat der Luftverkehr.

KIRGISISTAN ALS REISELAND

Kirgisistan verfügt über großartige Landschaften, die für den Fremdenverkehr attraktiv sind. Die hoch aufragenden Gebirgsketten des Tian Shan und Alai bieten sowohl dem Wanderer als auch dem geübten Bergsteiger Touren unterschiedlicher Schwierigkeit. Der Issyk-Kul lädt als warmer Hochgebirgssee zu jeder Jahreszeit zum Bad ein. Große Hoffnung setzt man auf das internationale Interesse an der historischen Seidenstraße als touristische Attraktion, wovon auch Kirgisistan profitieren würde.

Die Basare von Bischkek und Osch sind betriebsame Handelszentren, während der in 3000 Meter Höhe gelegene Songköl-See mit seinen Hochweiden im Sommer ganz andere Eindrücke vermittelt. Während des Aufenthalts der Hirtenfamilien auf den Hochweiden können auch Touristen dort ihren Urlaub verbringen. In Jurtencamps mit sturmfesten Filzzelten können sie dabei die traditionelle orientalische Gastfreundschaft erfahren.

SEHENSWERT

Nationalpark:
Ala-Artscha

Naturschönheiten:
Issyk-Kul, Khan-Tengri, Songköl-See

Städte:
Bischkek: *Historisches Museum, Parks, Theater*
Karakol: *Dunganen-Moschee, russisch-orthodoxe Kathedrale der hl. Dreifaltigkeit; nahebei Grab von Nikolai Prschewalski*
Osch: *Basar, heiliger Berg Suleiman-Too mit Kultstätten*
Tash Rabat: *ehem. Kloster und Karawanserei*
Tokmak: *Burana-Turm*

Archäologische Stätten:
Felszeichnungen auf dem Saimaluu-Tasch-Plateau, Ruinen der alten Stadt Uskent (Minarett und Mausoleen), Steingarten von Tscholpon-Ata mit prähistorischen Monumenten und Felszeichnungen

Auf dem Viehmarkt in Kochkor-Ata handeln nomadisierende Kirgisen mit Schafen. Die Schafzucht zählt bis heute zu den bedeutenden Zweigen der kirgisischen Viehwirtschaft.

Kasachstan ist mit über 2,7 Millionen Quadratkilometern flächenmäßig nach Russland der zweitgrößte Nachfolgestaat der Sowjetunion; weltweit steht das Land an neunter Stelle. Darauf und auf dem Reichtum an Bodenschätzen begründet der Staat einen gewissen Führungsanspruch in Zentralasien. Probleme stellen jedoch die anhaltende Abwanderung der nichtkasachischen Bevölkerung und die Erschließung des riesigen Staatsgebiets dar. Manche Regionen des Landes sind von großen Umweltproblemen betroffen, die ihre Ursachen noch in der sowjetischen Ära haben.

Nach Erlangung der vollen staatlichen Unabhängigkeit stand auch Kasachstan, wie die meisten anderen ehemaligen Sowjetrepubliken, vor der schwierigen Umstellung von der Plan- zur Marktwirtschaft. Große Hoffnungen setzt das an Rohstoffen so reiche Kasachstan auf die Erschließung seiner ergiebigen Erdöl- und Erdgasvorkommen in der kaspischen Niederung.

KASACHSTAN

DAS LAND

Offizieller Name: *Republik Kasachstan*

Internationales Kfz-Kennzeichen: *KZ*

Geografische Lage: *Zentralasien; zwischen 41° 05' und 55° 20' nördlicher Breite sowie 46° 31' und 87° 50' östlicher Länge*

Fläche: *2 724 900 km²*

Hauptstadt: *Astana*

Klima: *Im Norden Steppen-, im Süden Wüstenklima;*
Karaganda 2,3 °C / 292 mm
Kostanai 2,9 °C / 322 mm
Ksyl-Orda 9 °C / 114 mm
Aqtau 11,7 °C / 181 mm
Balchasch 5,8 °C / 133 mm
Almaty 9,1 °C / 645 mm

Zeitzone: *Mitteleuropäische Zeit +4 bis +5 Std.*

Die Kasachische Schwelle ist weithin ein hügeliges Steppenland, in dem Bäume Seltenheitswert haben.

Binnenstaat im Zentrum Eurasiens

Kasachstan erstreckt sich über 2500 Kilometer vom Kaspischen Meer im Westen bis zum Altai-Gebirge im Osten. In weiten Teilen bestimmen Grassteppen, Wüsten und Halbwüsten sowie mächtige Gebirgsmassive das Landschaftsbild. Die Bevölkerungsdichte in der ehemaligen Sowjetrepublik ist vergleichbar mit den Saharastaaten. Die zu den Turkvölkern gehörenden Kasachen stellen die Mehrheit der Bevölkerung.

GEOGRAFIE UND NATUR

Schier endlose Grassteppen und Halbwüsten bestimmen das Landschaftsbild in weiten Teilen des Landes. Im zentralen Teil erhebt sich die bis 1559 Meter ansteigende Kasachische Schwelle, ein Hügelland mit zahlreichen abflusslosen Salzseen, von denen der Balchaschsee der größte ist. Im Norden reichen gerade noch die Ausläufer der Waldsteppenzone vom europäischen Russland und von Sibirien in das Land. Im Westen bildet das weite Ustjurt-Plateau eine markante Stufe sowohl zur Kaspischen Senke als auch nach Süden zu den Wüsten Turkmenistans und zum Becken des Aralsees. Die Tiefländer im Westen sind die zentralen Trockenräume des Landes. Sie können zumindest jahreszeitlich als extensive Weidegebiete genutzt werden.

Im Süden steigt das Land zu den nördlichen Ketten des Tian Shan an, wo Gebirgssteppe dominiert. Die höchsten Höhen werden an der Grenze zu Kirgisistan und China erreicht, wo der Chan-Tengri im Terskej-Alatau auf 6995 Meter ansteigt. Im Osten gehören Ausläufer des Altai-Gebirges zu Kasachstan.

Trockenes Klima mit extremen Temperaturen Das Klima ist winterkalt und kontinental mit großen jahreszeitlichen Unterschieden. Während im Januar die durchschnittlichen Temperaturen in Nordkasachstan auf −18 °C zurückgehen und selbst in Almaty nur −7 °C erreichen, werden im Juli im Norden 19 °C und im Süden 24 °C gemessen. Extremtemperaturen von 40° C sind im Sommer keine Seltenheit. Die jährlichen Niederschlagssummen sind in den ausgedehnten Steppen- und Halbwüstengebieten niedrig und sinken in der Kaspischen Senke auf unter 200 Millimeter, während sie an den Gebirgsrändern 600 bis knapp 1000 Millimeter betragen.

Im Landesinnern können die Witterungsverhältnisse von Jahr zu Jahr stark wechseln, mit entsprechenden Folgen für die Landwirtschaft. Verspäten sich die Niederschläge oder schädigt eine Dürreperiode die aufgegangene Saat, drohen ebenso Einbußen oder Missernten wie nach Frösten im späten Frühjahr, die die Keimung unterbrechen. Gute Ernten werden erzielt, wenn keine Spätfröste auftreten, die Niederschläge in ausreichender Menge im Frühjahr und Frühsommer fallen, keine Starkregen die Getreideernte beeinträchtigen und kein verfrühter Wintereinbruch erfolgt.

Wasser – ein lebenswichtiges Gut Den Flüssen kommt eine große Bedeutung zu, da vor allem die Landwirtschaft durch das niederschlagsarme Steppen- und Wüstenklima auf Bewässerung angewiesen ist. Während der Nordosten von dem im Altai entspringenden Irtysch durchströmt wird, aus dem wenigstens für die regionale Versorgung Wasser abgezweigt werden kann (Irtysch-Karaganda-Kanal), erreicht der Syrdarja den Aralsee nicht mehr in allen Jahren, weil sein Wasser vollständig für Bewässerungszwecke eingesetzt wird. Auch die großen Rückhaltebecken, wie der Tschardara-Stausee an der kasachisch-usbekischen Grenze, verbrauchen durch die Verdunstung viel Wasser. Vor allem im Süden ist die Landwirtschaft auf Bewässerung angewiesen. Mit den Nachbarstaaten Usbekistan und Kirgisistan wurden daher Abkommen über eine gemeinsame Nutzung der Grenzflüsse oder grenzüberquerenden Flüsse geschlossen.

BEVÖLKERUNG

Die verhältnismäßig wenigen Einwohner des riesigen Landes konzentrieren sich auf die Städte

GEOGRAFIE, BEVÖLKERUNG

in den Randbereichen. Die größte Bevölkerungsdichte hat das bewässerte Vorland der Gebirgsketten und das Tal des Syrdarja im Süden des Landes. Im Norden konzentriert sich die Bevölkerung in mehreren größeren, vor allem industriell bestimmten Städten. Durch eine extrem geringe Bevölkerungsdichte, abseits der meist bergbaulich orientierten Städte, zeichnet sich dagegen das Landesinnere aus.

Bevölkerungsverluste durch Abwanderung

Seit Erlangung der Unabhängigkeit ist die Bevölkerungszahl Kasachstans stark zurückgegangen, und zwar aufgrund einer anhaltend hohen Abwanderung. Kasachstan hatte 1990 noch 16,7 Millionen Einwohner. Anfang der 1990er Jahre setzte eine bedeutende Emigration von Deutschstämmigen ein, deren Zahl (1989: 947 000) sich um mehr als drei Viertel reduzierte (2009: 220 000). Außerdem sind nach und nach viele Russen und Ukrainer abgewandert, die überwiegend in Nordkasachstan gelebt haben. Bis 1999 verlor das Land fast eine Million Menschen. Seitdem verzeichnet die Einwohnerzahl wieder eine leichte Zunahme, da das natürliche Bevölkerungswachstum die Zahl der Emigranten übersteigt.

Viele verschiedene Völker

Durch die Abwanderung vieler Russen sind die Kasachen inzwischen das zahlenmäßig größte Volk in ihrem Staat. Sie haben einen Anteil von etwa 67 Prozent. Zweitgrößte Gruppe sind die Russen (18 %). Russisch wird von 83 Prozent der Bevölkerung gesprochen und hat offiziell den Status einer „Sprache interethnischer Kommunikation". Die kasachische Sprache beherrschen mittlerweile 56 Prozent der Einwohner, nachdem seitens der Regierung die Verbreitung der Sprache der Kasachen und ihr Volkstum intensiv gefördert worden ist. Ukrainer und Usbeken sind mit Anteilen unter 3 Prozent vertreten, Uiguren, Tataren und Deutsche können noch Anteile von unter 2 Prozent verzeichnen, viele andere Völker umfassen nur einige Tausend oder Zehntausend Menschen. Insgesamt leben in Kasachstan Angehörige von rund 100 Nationalitäten. Die höchsten regionalen Anteile an Russen, Ukrainern und Weißrussen sind im mittleren Norden vorhanden. Die Verlegung der Hauptstadt von Almaty nach Astana verfolgte unter anderem den Zweck, kasachische Präsenz im Norden des Landes zu demonstrieren. Offiziell wird in Kasachstan nach wie vor am kyrillischen – also russischen – Alphabet festgehalten, doch hat sich mittlerweile die lateinische Schrift in vielen Bereichen durchgesetzt.

Die Kasachen

Die Kasachen sind sunnitische Muslime mit einer eher geringen religiösen Bindung. Neben dem Islam haben sich aber auch zahlreiche ältere Glaubensvorstellungen erhalten, die sich auf das Schamanentum und die Verehrung von Ahnengeistern beziehen.

Traditionell gehörte das Turkvolk der Kasachen zu den Nomadenvölkern. Ihre Wanderungen mit Schaf- und Rinderherden erfolgten über weite Entfernungen zwischen dem Norden und dem Süden des Landes. Diese Form des Nomadismus ist weitestgehend verschwunden, doch erlebte die Wanderweidewirtschaft zwischen den Winterweiden in den südlich gelegenen Gebirgsvorländern und den Sommerweiden in den Randgebirgen nach 1990 eine gewisse Wiederbelebung. Mit dieser Lebensweise sind Handelstätigkeiten und traditionelles Gewerbe verbunden, wie die Herstellung von Filzerzeugnissen und Lederwaren, die die Kasachen mit kunstvollen Ornamenten versehen.

BEVÖLKERUNG

Einwohnerzahl: *16,5 Millionen*

Bevölkerungsdichte: *6 Ew./km²*

Bevölkerungsverteilung: *58 % Stadt, 42 % Land*

Jährliches Bevölkerungswachstum: *0,4 %*

Lebenserwartung: *Frauen 74 Jahre, Männer 63 Jahre*

Religionen: *Muslime (Sunniten); russisch-orthodoxe Christen*

Sprachen: *Kasachisch (Amtssprache), Russisch*

Analphabetenrate: *1 %*

Eine Gruppe Kasachen spielt das beliebte Kokpar, ein traditionelles Reiterspiel der Nomaden. Es ist in Kasachstan Nationalsport und auch in anderen zentralasiatischen Ländern bekannt.

KASACHSTAN

Naturparadiese in der Steppe

Kurzbeschreibung: *Weitgehend unberührte Steppenlandschaft mit Feuchtgebieten, rund 450 000 Hektar, Lebensraum zahlreicher Tier- und Pflanzenarten*

Lage: *Westlich von Astana*

Ernennung: *2008*

Bedeutung: *Schnittpunkt wichtiger Vogelzugrouten (Afrika, Europa, Zentralasien, Südasien, Sibirien) und Lebensraum bedrohter Arten; einzigartiges Ökosystem unter ständig wechselndem Einfluss von Feuchtigkeit und Trockenheit*

Flora und Fauna: *Feuchtgebiete und Steppenlandschaft mit über 300 Vogelarten, darunter der Rosaflamingo und der seltene Nonnenkranich; vom Aussterben bedrohte Säugetierarten wie die Saiga-Antilope, außerdem Steppenfuchs, Steppeniltis und Steppenmurmeltier; Süß- und Salzwasserseen mit etwa 14 Fischarten; rund 440 Pflanzenarten*

Scheinbar unendlich wirken die Weiten der Saryarka. Im Frühsommer überzieht sich die Steppenlandschaft mit einem roten Teppich aus wild wachsenden Mohnblumen.

Der Steppenfuchs oder Korsak ist in den kasachischen Steppenlandschaften zu Hause. Wegen seines warmen Pelzes wurde er stark gejagt.

Große Steppe – so lautet die Übersetzung der kasachischen Bezeichnung Saryarka für die größte Trockensteppe der Welt im westlichen Teil Zentralasiens. Zur Saryarka gehören gleich zwei geschützte Gebiete: das Naturschutzreservat Naurzum und die Korgalzhyner Seen. Es sind einzigartige Feuchtgebiete von herausragender Bedeutung für die Vogelwelt: einerseits als Heimat zahlreicher, auch seltener Vogelarten, andererseits als Zwischenstation Abertausender von Zugvögeln. Obwohl beide rund 350 Kilometer voneinander entfernt liegen, ergänzen sie einander hervorragend. Daher nahm die UNESCO sie auch gemeinsam in ihre Liste des Weltnaturerbes auf – die erste Stätte dieser Art in Kasachstan.

Naurzum und Korgalzhyner Seen

Bereits 1930 erkannten die Menschen in der damaligen Sowjetrepublik Kasachstan, dass ihre weiten Graslandschaften als Naturparadiese besonderen Schutz brauchten. Deshalb wurde etwa 230 Kilometer südlich der Stadt Kostanai mitten in der Torgaj-Senke das Naturreservat Naurzum gegründet. Auch in der heutigen Zeit ist es schwer zu erreichen; der Zutritt ist nur mit einer speziellen Genehmigung gestattet. Daher konnte die Wald- und Federgrassteppe ihre Unberührtheit und Ursprünglichkeit bis in die Gegenwart bewahren. Im Naturreservat liegen etliche schilfumsäumte Seen, teils mit Süßwasser, teils mit Salzwasser. Zu den Süßwasserseen gehört der große, flache Ulken Aksuat, der Zharman dagegen ist ein bekannter Salzwassersee.

Rund 135 Kilometer südwestlich der Hauptstadt Astana liegen die Korgalzhyner Seen, die von Millionen Zugvögeln als Rastplatz aufgesucht werden. Sie bestehen aus mehreren kleinen Steppenseen, die in ein riesiges Meer aus dichtem Schilf eingebettet sind. Zusammen bilden sie die größte Wasserfläche in der endlosen kasachischen Steppe und bieten unzähligen Wasser- und Watvögeln (Limikolen), aber auch vielen Greifvögeln ein Zuhause. Der einzeln gelegene Tengis-See ist über 1500 Quadratkilometer groß. Er wird vom Fluss Nura gespeist, hat aber keinen Abfluss, weshalb sein Wasser im herrschenden Trockenklima besonders salzhaltig ist.

Ein Paradies für Zugvögel

In der Saryarka kreuzen sich zwei wichtige Vogelfluglinien: der eurasisch-afrikanische und der zentalasiatisch-indische Weg. Aus Afrika, Südosteuropa und Südasien kommen jedes Frühjahr gigantische Vogelscharen nach Zentralasien und pausieren auf den Seen, bevor sie zu ihren Brutstätten in Sibirien weiterfliegen. Ab Mitte September machen sie dann auf ihrem Herbstzug in die warmen Regionen erneut in der Saryarka Station.

WELTERBE: SARYARKA

Unter den 15 bis 16 Millionen Vögeln, die zu diesen Zeiten die Seen der großen Steppe bevölkern, befinden sich unzählige Enten und Gänse. Manche Vogelscharen umfassen bis zu zwei Millionen Tiere. Insgesamt haben Ornithologen in der Saryarka rund 330 regelmäßig vorkommende und durchziehende Vogelarten gezählt, darunter 20 Arten, die vom Aussterben bedroht sind. Besonders eindrucksvoll sind die Rosaflamingos am Tengis-See. Dort ist die weltweit größte Kolonie der farbigen Vögel beheimatet; bis zu 14 000 Flamingopaare nisten an den Ufern des Salzsees.

Weitere bekannte Vögel der Saryarka sind der Nonnenkranich, der Krauskopfpelikan, die Weißkopfruderente, der Östliche Kaiseradler, die Schwarzflügelbrachschwalbe und der seltener anzutreffende Bindenseeadler.

Die Saryarka bietet nicht nur Stand- und Zugvögeln ideale Lebensbedingungen. In den Feuchtgebieten und Steppenlandschaften leben noch viele andere seltene Tiere und Pflanzen, darunter die vom Aussterben bedrohte Saiga-Antilope. Auch Wölfe und Steppenfüchse, Gelbziesel, Steppeniltisse, Steppenmurmeltiere und Springmäuse konnten sich dort ihren Lebensraum bewahren. Die Tiere und Pflanzen der Saryarka haben sich perfekt an das trockene und ausgeprägt kontinentale Klima im nördlichen Kasachstan angepasst. Regelmäßige Dürreperioden, starke Winde und lange Frostperioden ohne Schnee können ihnen kaum etwas anhaben.

Die Saiga-Antilope ist vom Aussterben bedroht. Ihr auffallendstes Merkmal ist die vergrößerte Nase, die beinahe an einen Rüssel erinnert (rechts).

Ornithologen haben sich am Ufer des Tengis-Sees positioniert, um Fotos von seltenen Vögeln zu schießen, die ihre Nistplätze im ausgedehnten Schilfgürtel haben. Im Frühjahr und Herbst machen in der Saryarka Abertausende von Zugvögeln auf ihrer langen Reise Station (unten).

KASACHSTAN

GESCHICHTE

2. Jh. v. Chr. *Ausbreitung des Nomadismus in der kasachischen Steppe*

10./11. Jh. *Gebiet unter Herrschaft der Karachaniden*

1219 *Eroberung durch Dschingis Khan*

14./15. Jh. *Herrschaft der Timuriden; Beginn der Islamisierung einiger Volksstämme*

16. Jh. *Kasachisches Khanat auf dem Höhepunkt der Macht*

Mitte 18. Jh. *Das Gebiet stellt sich unter Schutz des russischen Zaren*

1916 *Aufstand gegen zaristische Herrschaft*

1920 *Territorium Kasachstans wird Teil der neugegründeten Kirgisischen Autonomen Sozialistischen Sowjetrepublik*

1925 *Umbennung in Kasachische ASSR*

1936 *Kasachstan wird Sowjetrepublik*

1991 *Kasachstan erklärt sich für unabhängig; das Land wird GUS-Mitglied*

1995 *Die Stadt Baikonur wird zusammen mit dem nahe gelegenen Raketenstartplatz als Pachtgebiet bis 2050 unter die Verwaltung Russlands gestellt*

1999 *Staatspräsident N. Nasarbajew wird für weitere 7 Jahre im Amt bestätigt*

2000 *N. Nasarbajew sichert sich weitreichenden politischen Einfluss auf Lebenszeit*

2007 *Parlamentswahlen stärken die Machtposition des Präsidenten*

2009 *Kasachstan, Russland und Weißrussland unterzeichnen einen Vertrag über die Bildung einer Zollunion*

POLITIK

Staatsform: *Präsidiale Republik*

Staatsoberhaupt: *Staatspräsident*

Legislative: *Unterhaus (Maschilis) mit 107 Mitgliedern (davon 9 von der Versammlung der Völker Kasachstans entsendet), Oberhaus (Senat) mit 47 Mitgliedern (davon 15 vom Staatspräsident ernannt)*

Verwaltungsgliederung: *14 Regionen sowie Astana und Almaty mit Sonderstatus*

Nursultan Nasarbajew, hier während einer Pressekonferenz im Jahr 2009, ist seit 1990 Staatspräsident mit umfangreichen Befugnissen.

Enge Anlehnung an Russland

Der Präsidentenpalast in Astana ist ein auffälliges Gebäude, das die zentrale Staatsmacht in der neuen Hauptstadt eindrucksvoll repräsentiert.

Für die historische Entwicklung und für die aktuelle nationale Identitätsfindung der Bevölkerung spielt die lange nomadische Tradition eine entscheidende Rolle. Sie steht dem auf straffer Verwaltung und Zentralregierung orientierten russischen Modell gegenüber. Als unabhängiger Staat versucht Kasachstan den Spagat zwischen Tradition und Öffnung für neue Entwicklungen nach allen Seiten. Sein Staatsoberhaupt ist allerdings mit großen Vollmachten und Privilegien ausgestattet und versperrt somit den Weg zu einer demokratischen Zivilgesellschaft.

GESCHICHTE UND POLITIK

Die Kasachen sehen sich als Nachfahren von innerasiatischen Steppennomaden, die seit dem zweiten vorchristlichen Jahrtausend in mehreren Wellen immer wieder in das Territorium des heutigen Staats eindrangen. Als Hunnen stießen sie bis nach Mitteleuropa vor. Die Zuwanderung türkisch sprechender Nomaden führte im 13. Jahrhundert zur Ausbildung der drei Stammesbünde Große, Mittlere und Kleine Horde. Sie waren häufig in Kämpfe untereinander und mit mongolischen Völkern verwickelt.

Früh unter russischer Herrschaft Seit dem ausgehenden 16. Jahrhundert setzte die allmähliche russische Eroberung der Region ein. 1731 nahm die Kleine Horde, die im Westen zwischen dem Aralsee und dem Ural lebte, den Schutz des russischen Zaren an, 1740 folgte die Mittlere Horde in der zentralen Steppe und 1742 Teile der Großen Horde im Osten nördlich des Tian Shan. Wurden anfangs noch die traditionellen Besitz- und Nutzungsrechte von den Russen beachtet, so führten die ersten Wellen russischer Agrarkolonisation im ausgehenden 19. und beginnenden 20. Jahrhundert zu Umverteilungen, die das Gewohnheitsrecht übergingen und russische Kolonisten bevorzugten. Angesichts der fortschreitenden Russifizierung bildete sich eine nationalistische Bewegung. Ein Aufstand gegen die zaristische Herrschaft wurde 1916 blutig niedergeschlagen. Nach dem Ausbruch der Oktoberrevolution war Kasachstan jahrelang Schauplatz von Bürgerkriegskämpfen, die mit dem Sieg der Bolschewiki endeten. Die Ansiedlung von Russen und Ukrainern wurde während der 1920er Jahre systematisch vorangetrieben. Damit entstand das Konfliktpotenzial für aktuelle Auseinandersetzungen zwischen den Nachkommen der Kolonisten und Kasachen, die Ansprüche aufleben lassen.

Rigorose Sowjetisierung und Kollektivierung Innerhalb der Russischen Sozialistischen Föderativen Sowjetrepublik (RSFSR) wurde 1920 die Kirgisische Autonome Sozialistische Sowjetrepublik (ASSR) gegründet – *kirgisisch* wurde damals synonym mit *kasachisch* verwendet. Bei der territorialen Aufteilung Westturkestans wurde sie 1925 in Kasachische ASSR umbenannt und 1936 zur Unionsrepublik Kasachische Sozialistische Sowjetrepublik (SSR) erhoben. In dieser Zeit entwickelte sich Kasachstan zunächst zum Rohstofflieferant für den industriellen Aufbau des Landes.

GESCHICHTE UND POLITIK

Während des Zweiten Weltkriegs wurden Hunderttausende von Russlanddeutschen aus der ehemaligen Wolgarepublik zwangsweise nach Kasachstan umgesiedelt. Die damals betriebene Erschließung der Kohlenvorräte von Karaganda, aber auch die Fortführung der landwirtschaftlichen Kolonisation griff teilweise auf die Russlanddeutschen zurück. Mit der Neulandaktion unter Nikita Chruschtschow (1894–1971) in den 1950er Jahren erhielt die Kolonisation eine neue Dimension. In Nordkasachstan wurden damals rund acht Millionen Hektar Wüstensteppe oder Altbrachland unter den Pflug genommen und von großflächigen Getreidesowchosen kultiviert. Allerdings wurden die ökologischen Rahmenbedingungen zu wenig beachtet, sodass sich angesichts von ausgetrockneten Böden große Ernteausfälle nach Dürreperioden einstellten.

Umgestaltung nach der Unabhängigkeit

Im Klima der Reformpolitik Gorbatschows zeigten sich 1986 erste Ansätze einer antirussischen Protestbewegung. 1990 wählte der Oberste Sowjet Kasachstans Nursultan Nasarbajew zum Präsidenten des Landes, das im gleichen Jahr souverän wurde. Im Dezember 1991 erklärte Kasachstan als letzte Sowjetrepublik seine Unabhängigkeit und gehörte dann zu den Gründungsmitgliedern der Gemeinschaft Unabhängiger Staaten (GUS). Seither pflegt Kasachstan eine enge Zusammenarbeit mit Russland auf militärischem und wirtschaftlichem Gebiet. 1992 wurde zwischen beiden Staaten ein Freundschafts- und Sicherheitsvertrag geschlossen.

Auf der Grundlage eines präsidialen Dekrets von 1995 wurde 1997 die Hauptstadt von Almaty nach Akmola verlegt, das man im Mai 1998 in Astana (= Hauptstadt) umbenannte. Nach offizieller Argumentation sprach für diese Entscheidung die Lage abseits des sehr dicht bevölkerten und umweltbelasteten Gebirgsrandes im Süden, aber auch die Möglichkeit, die Bevölkerung der neuen Hauptstadt durch die weiten Landwirtschaftsflächen der Umgebung zu versorgen.

Militärisches Erbe Mit der Ratifizierung des Atomwaffensperrvertrags 1993 wurde die Basis für den Abzug der russischen Atomwaffen aus Kasachstan geschaffen. In sowjetischer Zeit diente Kasachstan als dünn besiedelter, peripherer Raum auch für Projekte, die heute als höchst brisant gelten. So wurde nicht nur Baikonur als „Weltraumbahnhof" ausgebaut, weil in den weiten Steppengebieten die Landung zurückkehrender Weltraumkapseln relativ leicht zu bewerkstelligen war. Auch ein großer Teil der sowjetischen Atomversuche wurde in dem Land vorgenommen. Daher stellen die radioaktiven Abfälle, die an verschiedenen Stellen abgelagert wurden, ein außerordentliches Problem dar. Besonders belastet ist die Region von Semej (bis 1992 Semipalatinsk), wo mit finanzieller Hilfe durch die USA das ehemalige Versuchsgelände mittlerweile versiegelt wurde. Die Weiternutzung der Raumfahrtbasis von Baikonur hat sich Russland 1995 vertraglich gesichert: Ein Gebiet von 6717 Quadratkilometern wurde dafür bis 2050 gepachtet.

Nursultan Nasarbajew – der Dauerpräsident Kasachstan ist eine Präsidialrepublik, die sich außenpolitisch eng an Russland anlehnt. An der Spitze steht seit 1991 als direkt gewählter Präsident der ehemalige KP-Vorsitzende Kasachstans Nursultan Nasarbajew (*1940). Sein Amt ist mit weitreichenden Machtbefugnissen ausgestattet. Seine Amtszeiten wurden immer wieder verlängert, durch Referenden oder nach Verfassungsänderungen. Weitreichenden politischen Einfluss auf Lebenszeit sicherte sich Nasarbajew 2000 noch einmal per Gesetz zu. Die politische Stellung des Staatsoberhaupts ist auch deshalb bislang unangefochten, da im Zweikammerparlament fast ausschließlich Gruppierungen vertreten sind, die den Präsidenten stützten. Trotz seines zunehmenden autoritären Führungsstils wurde er bei den zurückliegenden Präsidentschaftswahlen 1999 und 2005 von der Bevölkerung im Amt bestätigt.

Eine Sojus-Rakete wird mit dem Zug zur Abschussrampe auf dem „Weltraumbahnhof" Baikonur gebracht. Russland kann den riesigen Startplatz für die russischen Trägerraketen in Kasachstan vertragsgemäß bis 2050 nutzen.

KASACHSTAN

WIRTSCHAFT

Währung: *1 Tenge (T) = 100 Tiyn*
Bruttoinlandsprodukt: *104,9 Mrd. US-$*
Bruttonationaleinkommen/Einw.: *5020 US-$*
Außenhandel: *Import 33,3 Mrd. US-$, Export 48,4 Mrd. US-$*
Auslandsverschuldung: *105,1 Mrd. US-$*

Wirtschaftliche Erfolge dank reicher Ressourcen

Die kasachische Wirtschaft kann zwar auf reiche Ressourcen an Bodenschätzen und auf eine riesige Landfläche zurückgreifen, sie muss aber Defizite bei der Wirtschaftsorganisation und bei der Infrastruktur überwinden. Unter den zentralasiatischen Nachfolgestaaten der Sowjetunion gilt die Republik Kasachstan als das erfolgreichste Land, das nach großen Startschwierigkeiten zu Beginn der 1990er Jahre von 1999 bis zur globalen Finanz- und Wirtschaftskrise 2008/09 ein hohes Wirtschaftswachstum erzielte.

WIRTSCHAFT, VERKEHR UND KOMMUNIKATION

Kasachstan ist reich an Bodenschätzen, wobei davon auszugehen ist, dass noch längst nicht alle Lagerstätten vollständig erkundet sind. Von besonderer Bedeutung sind Erdöl- und Erdgaslager im Nordwesten des Landes, Kupfererze bei Dscheskasgan im Zentrum sowie Kohlevorkommen bei Karaganda. Dazu kommen Eisen- und Buntmetallerze in der Kasachischen Schwelle im Nordosten, Eisenerze und Silber am Rand des Altai, ferner reiche Goldvorkommen sowie Uranerze. Noch unzureichend entwickelt ist die Konsumgüterindustrie im Vergleich zu Maschinenbau und chemischer Industrie. Bergbau und die Erdöl- und Erdgasförderung erbringen zusammen über 45 Prozent der Wirtschaftsleistung des Landes. Große Bedeutung für den ganzen mittelasiatischen Raum hat der kasachische Bankensektor, der allerdings 2009 infolge der globalen Finanzkrise auf staatliche Hilfen angewiesen war.

Risikofaktor Wassermangel Die Landwirtschaft Kasachstans findet in dem riesigen Land ganz unterschiedliche Vorraussetzungen vor. Unterschieden werden drei Nutzungsräume: Im Norden ist in der Steppenzone auf fruchtbaren Schwarzerdeböden der Anbau von Sommergetreide (Weizen) und Sonnenblumen ohne Bewässerung, aber mit erheblichem Dürrerisiko möglich. Im zentralen Bereich dominiert eine extensive Wanderweidewirtschaft (vor allem Schafe), und im Süden reichen die Bewässerungskulturen Zentralasiens mit Getreide-, Reis- und Baumwollanbau bis nach Usbekistan. Einschränkend wirkt sich dort vor allem der Wassermangel aus, obwohl Kasachstan mit den Nachbarstaaten Verträge über eine gemeinsame Nutzung der Wasserressourcen geschlossen hat. Die Getreideernte in Nordkasachstan ist klimatisch bedingt erheblichen Schwankungen ausgesetzt.

Zukunft mit Erdöl und Erdgas Weil die eigenen Raffineriekapazitäten gering sind, werden Erdöl und Erdgas zum größten Teil in Russland verarbeitet. Die Felder am unteren Ural-Fluss und im Norden des Kaspischen Meers sind über Pipelines mit dem russischen Erdölhafen Noworossijsk am Schwarzen Meer sowie den ebenfalls in Russland gelegenen, grenznahen Raffinerien von Orsk verbunden. Große Hoffnungen setzt Kasachstan auf die Erschließung von neuen Erdöl- und Erdgasvorkommen, insbesondere des riesigen Kaschagan-Felds im Kaspischen Meer. Ein besonderes Interesse am kasachischen Erdöl zeigt neben Russland auch China, das ebenfalls über eine Pipeline mit Kasachstan verbunden ist.

In der Diskussion um Bodenschätze im Kaspischen Meer vertritt Kasachstan wie Aserbai-

Erdölexperten verfolgen auf einer Bohrinsel im kasachischen Sektor des Kaspischen Meers, wie ein Bohrmeißel eingesetzt wird, um eine ergiebige Lagerstätte zu erschließen (oben links).

Junge Leute einer Biofarm bei der Ernte auf den riesigen Baumwollfeldern. Der mechanisierte, düngemittelintensive Anbau erfordert einen hohen Einsatz von Pestiziden und mindert auf Dauer die Bodenfruchtbarkeit. Manche Betriebe sind deshalb zu einer ökologisch sinnvollen und umweltfreundlichen Anbaumethode übergegangen (links).

WIRTSCHAFT, REISELAND

dschan die Auffassung, dass es sich um ein Binnenmeer handelt, in dem die Nutzung unter dem Kontinentalsockel jeweils in nationaler Regie der Anrainerstaaten vorgenommen werden kann. 1998 kam es zu einem Übereinkommen mit Russland, das keine Aufteilung des Seebodens, aber eine gemeinsame Nutzung der Gewässerfläche vorsieht. Den Zugang zur internationalen Hauptpipeline zum türkischen Mittelmeerhafen Ceyhan erhofft sich Kasachstan von einer Pipeline, die durch das Kaspische Meer nach Baku (Aserbaidschan) geführt werden soll, aber auf heftige Kritik von Umweltschützern stößt.

Erfolge der wirtschaftlichen Umgestaltung

Die wirtschaftliche Umgestaltung kam zunächst nur langsam in Gang, weil vor allem die Privatisierung stagnierte. Bis in die zweite Hälfte der 1990er Jahre ging die Wirtschaftsleistung zurück. Der 1996 gewährte Kredit des Internationalen Währungsfonds leitete eine schwache Stabilisierung mit rückläufiger Inflation und leicht positiven Wachstumsraten ein. Seit Ende der 1990er Jahre wurde die Privatisierung zielstrebig in allen Wirtschaftsbereichen vorangetrieben. Im November 1993 wurde mit dem Tenge eine eigene Währung eingeführt, die sich nach anfänglicher Inflation stabilisierte. Heute wird mit ausländischer Hilfe versucht, vor allem Landwirtschaft, chemische Industrie und Metallurgie sowie Transportwesen und Tourismus international wettbewerbsfähig zu machen. Offizielle Grundlage ist das Regierungsprogramm *Strategie zur industriellen und innovativen Entwicklung Kasachstans 2003 bis 2015*. Daneben sollen die Einnahmen aus dem aufblühenden Erdölsektor zur Verbesserung der Wirtschaftsstruktur genutzt werden.

Schwierige Transportverhältnisse

Die Größe des Landes und die Tatsache, dass die dichter besiedelten Gebiete eher an der Peripherie liegen, bringen große Entwicklungsprobleme für den Verkehr mit sich. In der Sowjetzeit wurden zur Erschließung der Bodenschätze im Innern Kasachstans, aber auch zur Integration des Gesamtraums mehrere Eisenbahnstrecken gebaut, die heute das Land als weitmaschiges Netz von 13 700 Kilometer Länge durchziehen. Ähnliches gilt für das Straßennetz (92 000 km), das kontinuierlich ausgebaut wird.

Medien unter staatlicher Kontrolle

Die Verfassung garantiert zwar Meinungs- und Pressefreiheit und verbietet die Zensur, trotzdem gibt es keinen kritischen Journalismus, da die wichtigsten Medien von der Familie des Präsidenten kontrolliert werden. Auch schränkt das 2006 und 2009 erweiterte Mediengesetz die Berichterstattung in den Printmedien, beim Rundfunk und im Internet faktisch ein, weil es Veröffentlichungen mit „staatsfeindlichem Charakter" verbietet. Zu den größten Tageszeitungen gehören die russischsprachige *Wremija* sowie das russischsprachige Regierungsblatt *Kasachstankaja Prawda* und seine kasachischsprachige Schwester *Jegemen Kasachstan*. Mit über 200 000 Exemplaren hat die in Russisch gedruckte Wochenzeitung *Karawan* die größte Verbreitung.

KASACHSTAN ALS REISELAND

Reisen nach Kasachstan werden meist mit Zielen in den benachbarten zentralasiatischen Staaten verbunden. Almaty und Astana verfügen über internationale Flughäfen.

Die rasch wachsende Metropole Astana mit ihrer modernen repräsentativen Architektur (z. B. Bajterek-Turm, Nur-Astana-Moschee) sowie Almaty und Atyrau gelten als attraktive Einkaufsziele. Im gebirgigen Hinterland der früheren Hauptstadt Almaty sind Trekkingtouren möglich, und nördlich von Almaty lockt Tamgaly mit über 5000 Felszeichnungen aus der Bronzezeit. Im südkasachischen Turkestan gehört das Mausoleum des Khoja Ahmed Yasawi (1103–1165) zu den am besten erhaltenen Monumenten aus der Zeit des Mongolenherrschers Timur. Zwei Naturschutzgebiete in der Steppen- und Sumpflandschaft (Saryarka) der Kasachischen Schwelle im Norden des Landes sind als Heimat einer seltenen Tierwelt und Raststation zahlreicher Zugvogelarten seit 2009 Weltnaturerbe.

SEHENSWERT

Nationalparks:
Altyn-Emel, Bajanaul, Ile-Alatau, Katon-Karagai, Qarqaraly, Sairam-Ugam, Scharyn

Naturschönheiten:
Canyon von Tscharyn, Korgalzhyner Seen, Naurzum, Tengis-See

Städte:
Almaty: *russisch-orthodoxe Auferstehungs-(oder Sophien-)Kathedrale, Zentralmoschee*
Astana: *Bajterek-Turm, Nur-Astana-Moschee*
Atyrau: *Manjali-Moschee*
Karaganda: *russisch-orthodoxe Wwedenski-Kathedrale*
Pawlodar: *Mashkhur-Jusup-Moschee*
Turkestan: *Mausoleum von Khoja Ahmed Yasawi*
Zharkent: *Juldaschew-Moschee*

Archäologische Stätten:
Tamgaly (bronzezeitliche Felszeichnungen, Gräber und Kultplätze)

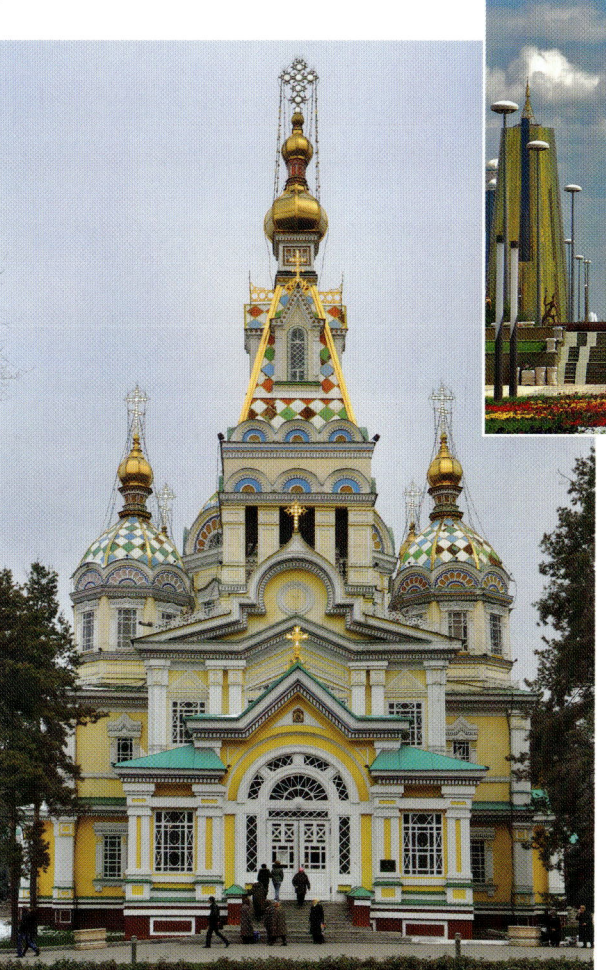

Der Bajterek-Turm in Astana wurde im Jahr 2003 enthüllt. Der 105 Meter hohe, futuristische Turm ist das Wahrzeichen der jungen Hauptstadt und repräsentatives Symbol ihrer modernen Architektur (oben).

Die russisch-orthodoxe Auferstehungskathedrale (1904 bis 1907) ist ganz aus Holz; sie gehört zu den Hauptsehenswürdigkeiten von Almaty, der früheren Hauptstadt im äußersten Südosten des Landes (links).

KASACHSTAN

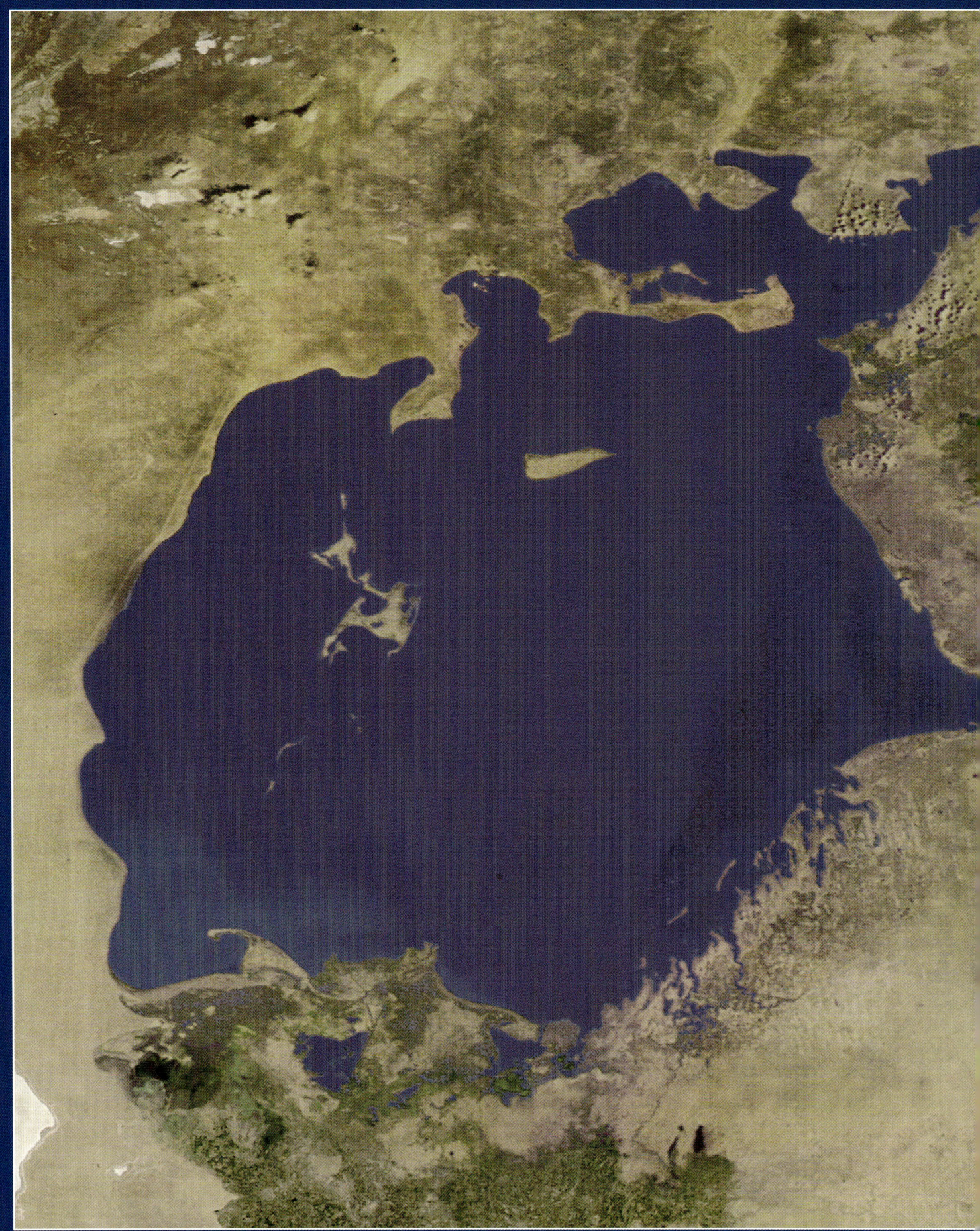

SATELLITENBILD: ARALSEE

Der Aralsee, noch in den 1960er Jahren viertgrößter See der Erde, steht heute für eine der größten ökologischen Katastrophen der Gegenwart. Obwohl der an Kasachstan und Usbekistan grenzende See ein abflussloses Gewässer ist, schwindet seine Fläche seit Mitte des letzten Jahrhunderts drastisch. Verantwortlich für diese dramatische Schrumpfung ist eine übermäßige Wasserentnahme aus den Flüssen, die ihn einst speisten.

Die beiden Satellitenbilder, aufgenommen aus rund 700 Kilometern Höhe, zeigen den Aralsee in seinem Zustand im Jahr 1976 (linke Seite) und 2009 (rechte Seite). Die schwarze Umrisslinie im rechten Bild markiert die Ausdehnung des Aralsees im Jahr 1960. Seitdem ist er bis auf kleine Restseen im Norden und Westen ausgetrocknet. Dort, wo sich einst der Seeboden befand, weisen nun die grauweißen Farbtöne im rechten Bild auf ausgedehnte unfruchtbare Salzebenen hin.

Bis Ende der 1950er Jahre mündeten die Flüsse Amudarja und Syrdarja noch in den Aralsee. Doch die enorme Ausweitung bewässerter Agrarflächen – vor allem für den Anbau von Baumwolle in den trocken-heißen Gebieten – und die zunehmende Industrialisierung hatten zur Folge, dass aus den Flüssen in Usbekistan, Kasachstan und Turkmenistan immer mehr Wasser abgezweigt wurde. Schon lange erreichen Amudarja und Syrdarja den Aralsee nicht mehr. Sie versickern weit über 100 Kilometer vor dem See im Tiefland von Turan. Dörfer, die einst am Ufer des Sees lagen, finden sich nun in einer staubigen und salzigen Wüstenlandschaft wieder.

Ein wenig Hoffnung zumindest für den nordöstlichen Kleinen Aralsee verspricht ein Damm, der 2003 in Kasachstan errichtet wurde: Zusammen mit Verbesserungen im Bewässerungssystem des Syrdarja verhindert der Betondamm in diesem Teil ein weiteres Sinken des Wasserspiegels und die Zunahme der Versalzung.

USBEKISTAN

DAS LAND

Offizieller Name: *Republik Usbekistan*

Internationales Kfz-Kennzeichen: *UZ*

Geografische Lage: *Zentralasien; zwischen 37° 10' und 45° 39' nördlicher Breite sowie 55° 50' und 73° 09' östlicher Länge*

Fläche: *447 400 km²*

Hauptstadt: *Taschkent*

Klima: *Kontinentales Wüstenklima; Taschkent 12,2 °C / 367 mm Samarkand 13,4 °C / 328 mm Nukus 10,8 °C / 82 mm*

Zeitzone: *Mitteleuropäische Zeit +4 Std.*

Wüsten, Steppen und Gebirge

Usbekistan bedeutet „Land der Usbeken". Es ist ein von Wüsten und Halbwüsten geprägtes Binnenland, das selbst ausschließlich von Binnenstaaten umgeben ist. Die Usbeken leiten ihren Namen von Usbek her, dem im 14. Jahrhundert herrschenden Khan der Goldenen Horde. Seit 1930 ist Taschkent die Hauptstadt Usbekistans – eine Stadt, die das für ganz Usbekistan typische Völkergemisch aus Usbeken, Tadschiken, Russen, Kasachen und anderen Nationalitäten widerspiegelt.

GEOGRAFIE UND NATUR

Das Landschaftsbild ist in weiten Teilen des Landes relativ monoton. Weite, fast ebene Flächen werden allenfalls von einzelnen Plateaus unterbrochen. Nur im Osten und Südosten erheben sich einige stark erdbebengefährdete Hochgebirge. In den Ausläufern des Alai-Gebirges im Südosten und des westlichen Tian Shan im Nordosten erreicht das Land Höhen über 4000 Meter. Im Gissar-Gebirge an der Grenze zu Tadschikistan erhebt sich der höchste Gipfel des Landes mit 4643 Meter. Die Gebirge umschließen mehrere Täler, darunter das fruchtbare, vom Syrdarja bewässerte Ferganabecken. Das abflusslose Tiefland von Turan nimmt fast zwei Drittel der Gesamtfläche Usbekistans ein. Im Zentrum dieser ausgedehnten Senke liegt der Aralsee, der von seinen zwei Zuflüssen, dem Amudarja und dem Syrdarja, allerdings nur noch in außergewöhnlich feuchten Jahren gespeist wird und daher in den letzten Jahren um etwa 60 Prozent geschrumpft ist.

Karges Wüsten- und Steppenland Im Nordwesten dehnt sich das nur etwa 200 Meter hoch gelegene wüstenhafte Ustjurt-Plateau aus. Östlich des Amudarja breitet sich die Kysylkum („roter Sand") aus, eine Sand- und Geröllwüste, die von tiefen Senken durchzogen ist und von einzelnen inselartigen Bergmassiven überragt wird, die 700 bis über 900 Meter Höhe erreichen. Im Süden geht die Kysylkum-Wüste in den nördlichen Teil der Wüste Karakum über, was soviel bedeutet wie „schwarzer Sand". Dort gibt es aber keinen schwarzen Sand, und das Wort *kara* muss eher als „bedrohlich" übersetzt werden. In den Wüsten

Eintönige Halbwüsten und Wüsten bestimmen in weiten Teilen das Landschaftsbild Usbekistans. Diese kleine Ziegenherde muss sich von der spärlichen Vegetation in der Kysylkum-Wüste ernähren.

GEOGRAFIE, BEVÖLKERUNG

kommen auch Gebiete vor, die eine schüttere Vegetationsdecke mit Steppensträuchern tragen, insbesondere Sandried, Saxaulsträuchern, Tamarisken und Sandakazien. Gräser und Kräuter überziehen die Wüste im Frühjahr mit einem grünen Teppich. Die Wüstensteppen sind der Lebensraum einiger Kleinsäuger und Reptilien: Wüstenspringmaus, Gecko und Wüstenwaran. Zu den häufigsten Raubtieren zählen Steppenfuchs und Karakal.

Verschwenderische Bewässerung
Im Süden fließt, teils als Grenzfluss zu Turkmenistan und Afghanistan, der Amudarja, der im Hindukusch entspringt. Der zweite bedeutende Fluss ist der Syrdarja, der südlich von Taschkent auf einer Strecke von nur 100 Kilometern das Land durchquert. Mit umfangreichen Wasserentnahmen aus diesen beiden Flüssen werden die Oasen und die endlos scheinenden Baumwollfelder über weit verzweigte Kanalsysteme (ca. 1500 km) bewässert. Die Kanäle sind oft nur in den Boden gegraben, sodass viel Wasser ungenutzt versickern kann. Da die großen Bewässerungskanäle oberirdisch verlaufen und ungeschützt der Sonnenstrahlung ausgesetzt sind, verdunstet zudem eine nicht unwesentliche Menge des Wassers.

Trockenkaltes Wüstenklima
Für das Klima Usbekistans sind große Temperaturschwankungen zwischen Sommer und Winter charakteristisch. Im Januar liegen die mittleren Tagestemperaturen zwischen –6 °C und 2 °C, im Juli zwischen 26 °C und 32 °C. Die Sommer sind trocken und sehr warm, die Winter schneearm und kalt. Der Winter hält im Süden bis zu zwei Monate an, im Norden sogar bis zu fünf Monate. Es fallen im Jahresverlauf nur geringe Niederschlagsmengen. Im Tiefland von Turan liegt der mittlere Jahresniederschlag bei 50 bis 150 Millimeter. An den Luvseiten der hohen Gebirge fallen zwischen 400 Millimeter und – regional begrenzt – bis zu 1000 Millimeter Niederschlag im Jahr.

BEVÖLKERUNG

Usbekistan gehört zu den bevölkerungsreichsten zentralasiatischen Staaten. Die Einwohner des Landes konzentrieren sich in den wenigen Landesteilen, die agrarisch genutzt werden können, insbesondere im Ferganabecken. Die Hauptstadt Taschkent ist mit über zwei Millionen Einwohnern die größte Stadt Zentralasiens.

Usbeken und andere Völker
Etwa 80 Prozent der Bevölkerung sind Usbeken, die zu den ehemals nomadisch lebenden mittelasiatischen Turkvölkern gehören und sich zum Islam sunnitischer Richtung bekennen. Die Anteile anderer Nationalitäten werden wie folgt geschätzt: je fünf Prozent Russen und Tadschiken, vier Prozent Kasachen und je zwei Prozent Krimtataren und Karakalpaken.

Viele Russen haben nach 1991 Usbekistan in Richtung Russland verlassen. Gegenwärtig leben die meisten Russen in der Hauptstadt Taschkent und in anderen industriell geprägten Regionen. Eine größere tadschikische Minderheit wohnt traditionell in den Gebieten um die alten Handelsstädte Samarkand und Buchara. Einen Sonderstatus genießen die Karakalpaken, die mit den Kasachen verwandt sind. Ihr Siedlungsgebiet südlich des Aralsees wurde 1932 zur Autonomen Republik erklärt.

Die Einflüsse der zerstörten Umwelt in den wirtschaftlich stark beanspruchten Regionen des Landes, vor allem am Aralsee, wirken sich zunehmend auf den Gesundheitszustand der Menschen aus. Dies zeigt sich zum einen in einer hohen Säuglings- und Kindersterblichkeit und zum anderen in den zunehmenden Todesfällen durch Krebserkrankungen und Infektionskrankheiten. Zudem ist die medizinische Versorgung vor allem in den ländlichen Gebieten unzureichend.

BEVÖLKERUNG

Einwohnerzahl: *27,4 Millionen*

Bevölkerungsdichte: *61 Ew./km²*

Bevölkerungsverteilung: *37 % Stadt, 63 % Land*

Jährliches Bevölkerungswachstum: *0,9 %*

Lebenserwartung: *Frauen 67 Jahre, Männer 62 Jahre*

Religionen: *Muslime (Sunniten), orthodoxe Christen*

Sprachen: *Usbekisch (Amtssprache); Russisch*

Analphabetenrate: *1 %*

Bei einem Fest in der Altstadt von Buchara zum Ende des Ramadans präsentieren diese Frauen traditionelle Tänze (links).

Der Fluss Amudarja ist neben dem Syrdarja der größte Strom Usbekistans. Nur an wenigen Stellen lässt sich der Fluss überqueren, wie hier bei Nukus mittels einer 200 Meter langen Pontonbrücke (unten).

USBEKISTAN

Taschkent – Metropole zwischen Tradition und Moderne

Wohlhabende Kaufleute und geschickte Handwerker machten Taschkent zu einer so attraktiven Stadt, dass sie sich Dschingis Khan 1220 und im 14. Jahrhundert der Eroberer Timur einverleibte. Später folgten andere Eroberer und Herrscher, die Gefallen an der Stadt am Fluss Tschirtschik gefunden hatten.

Nach dem verheerenden Erdbeben von 1966 wurde aus der Hauptstadt Usbekistans mit ihrer über 2000 Jahre alten Geschichte ein Ort mit vielen Parks, Springbrunnen und neu errichteten Gebäuden. Die Handschrift sowjetischer Planer ist unverkennbar. In den Jahren nach ihrem Wiederaufbau galt Taschkent – mit der ersten U-Bahn Zentralasiens – für kurze Zeit als modernste Stadt der Sowjetunion.

Als imposanter Zeuge dieser Zeit ragt der 375 Meter hohe Fernsehturm markant aus dem Stadtpanorama der Metropole hervor *(rechte Seite oben)*. Das raketenförmige Wahrzeichen Taschkents wurde nach siebenjähriger Bauzeit im Jahr 1985 eingeweiht. Neben den Sendeanlagen für den Fernseh- und Rundfunkbetrieb findet sich im Turm eine Wetterstation, eine Aussichtsplattform sowie im unteren Drittel ein Restaurant. Die breiten Prachtstraßen und Boulevards zu seinen Füßen gehen ebenfalls auf sowjetische Stadtplanung zurück.

Eine reizvolle Mischung aus moderner Architektur und traditionellen Elementen zeigt sich in der türkisfarbenen Kuppel des Chorsu-Basars, dem Hauptmarkt Taschkents *(rechte Seite, unten links)*. Längst reicht das Gebäude für die Vielzahl an Händlern und Ständen nicht mehr aus, sodass das Markttreiben auch auf dem Chorsu-Platz davor stattfindet. An den gut besuchten Ständen spielen Gewürze eine wichtige Rolle. Dort bekommt man die in der traditionellen usbekischen Küche beliebten Gewürze wie Koriander, Schwarzkümmel, Sesamsamen oder auch Berberitzenbeeren *(unten)*.

Die usbekische Hauptstadt, die gegenwärtig über zwei Millionen Einwohner zählt, verzeichnet eine starke Zuwanderung, besonders aus den ländlichen Gebieten. Hier hoffen die Menschen vor allem eine gut bezahlte Arbeit zu finden. In Taschkent konzentriert sich etwa ein Viertel der Industrieproduktion des Landes. Textilbetriebe, der Maschinen- und Flugzeugbau oder die Nahrungsmittelindustrie sorgen dafür, dass die Einwohnerzahl weiter wächst und viele Menschen, vor allem mit dem Bus, aus dem Umland einpendeln *(rechte Seite, unten rechts)*.

TASCHKENT

USBEKISTAN

GESCHICHTE

538 v. Chr. *Die Perser erobern unter Kyros II. die als Baktrien bekannte Region*

329 v. Chr. *Das Gebiet wird von Alexander dem Großen erobert und Teil des Seleukidenreiches*

7./8. Jh. *Die Region wird von den Arabern islamisiert*

13. Jh. *Die Mongolen unter Dschingis Khan erobern das Gebiet; bis Ende des 15. Jh. unter mongolischer Herrschaft*

um 1500 *Die Usbeken errichten ein Reich, das anschließend in drei Khanate zerfällt*

ab 1865 *Als Teil des Generalgouvernements Turkestan Herrschaftsgebiet des Russischen Reichs*

1918 *Usbekistan ist Teil der Turkestanischen Autonomen Sozialistischen Sowjetrepublik (ASSR)*

1925 *Usbekistan wird eigenständige Sowjetrepublik*

1936 *Die Karakalpakische ASSR wird mit der Usbekischen SSR vereint*

1989/90 *Kämpfe zwischen verschiedenen Volksgruppen im Ferganatal*

1991 *Usbekistan wird unabhängig und Mitglied der GUS*

1999 *Ein Attentat auf Präsident I. Karimow (seit 1990) scheitert*

2000 *Karimow erneut zum Präsidenten gewählt*

2002 *Einführung der zweiten Parlamentskammer, erneute Verlängerung der Amtszeit des Präsidenten*

2005 *Blutige Niederschlagung von Unruhen in Andischan; Sanktionen (Einreiseverbote, Waffenembargo) der EU*

2007 *Wiederwahl Karimows*

2008 *EU hebt Einreiseverbote auf*

Seit der Unabhängigkeit 1991 steht Islam Karimow ununterbrochen an der Spitze des von ihm autoritär geführten Staates.

Rohstoffproduzent mit orientalischen Schätzen

Goldfunde in der Wüste Kysylkum haben in den 1960er Jahren die Minenstadt Zarafschan entstehen lassen. Heute wird das Edelmetall dort in beachtlichen Mengen im Tagebau gewonnen und am Ende eines aufwendigen Verarbeitungsprozesses zu Goldbarren gegossen.

Bereits seit der Kolonialisierung durch die Zaren war Usbekistan Rohstofflieferant für Russland. In sowjetischer Zeit entwickelte sich das Land zum Hauptproduzenten und -exporteur von Baumwolle innerhalb der UdSSR. Die historischen Handelsstädte an der legendären Seidenstraße erinnern mit ihren Palästen, Medresen, Moscheen und Mausoleen an die Märchen aus 1001 Nacht.

GESCHICHTE UND POLITIK

Vier mächtige Invasoren haben im Laufe der Jahrhunderte die Kultur des heutigen Usbekistan geprägt: die Seleukiden, Araber, Mongolen und Russen. Die Seleukiden herrschten ab dem späten 4. Jahrhundert v. Chr. über ein riesiges Gebiet, das vom Indus bis zum Mittelmeer reichte. Im 7. und 8. Jahrhundert drangen die Araber in das Land jenseits des Oxus (Amudarja) vor und islamisierten es.

Zwischen 1219 und 1221 eroberten die Mongolen unter Führung von Dschingis Khan (um 1167–1227) weite Gebiete Mittelasiens. In schweren Schlachten wurden auch die Handelsstädte Buchara und Samarkand unterworfen.

Der in Käsch (heute Schahr-e Sabs) südlich von Samarkand geborene Timur (1336–1405) errichtete ein riesiges Reich, das von Zentralasien bis zum Euphrat reichte und auch Teile des Wolga-Don-Gebiets sowie des Osmanischen Reichs umfasste. Nach Timurs Tod brach es auseinander.

In Transoxanien und seinem Zentrum Samarkand regierte sein Enkel Ulug Beg (1394–1449).

Wechselvolle Geschichte Erst um 1500 traten die Usbeken in die Geschichte des heutigen Usbekistan ein, nachdem sie die Region zwischen Amudarja und Syrdarja erobert hatten. Gegen Ende des 16. Jahrhunderts stiegen die usbekischen Khanate von Buchara, Kokand und Chiwa zu bedeutenden Mächten innerhalb der Region auf.

Im 19. Jahrhundert drangen die Russen in Mittelasien ein und eroberten zwischen 1865 und 1885 Taschkent, Samarkand, Chiwa und Kokand. In der Sowjetära wurden durch die brutale Russifizierungspolitik sämtliche nationalen Bestrebungen in der damaligen Usbekischen Sozialistischen Sowjetrepublik unterdrückt. Seit der Unabhängigkeit (31. August 1991) ist Islam Karimow (*1938) der starke Mann im Land. Er errichtete ein autoritäres Regime, das die demokratische Opposition unterdrückt, sich aber auch mit regionalen Konflikten und islamistischen Tendenzen auseinanderzusetzen hat.

WIRTSCHAFT

Wie in vielen anderen ehemaligen Sowjetrepubliken auch führte die Auflösung der UdSSR, der Wegfall der Handelsbeziehungen innerhalb der Union und innerstaatliche Reformen zu einem gewaltigen wirtschaftlichen Einbruch.

GESCHICHTE, WIRTSCHAFT, REISELAND

Armes Land, reich an Bodenschätzen Die Marktwirtschaft hat bis heute nur teilweise Fuß gefasst. Staatliche Preis- und Lohnkontrollen und das kräftige Wirtschaftswachstum der vergangenen Jahre haben weiten Teilen der Bevölkerung kaum Einkommensverbesserungen gebracht. Die Regierung versucht, durch Zölle und Einfuhrvorschriften den Import einzuschränken und nur Güter ins Land zu lassen, die in Usbekistan nicht produziert werden (z. B. Maschinen und Ausrüstung für den Aufbau der industriellen Basis). Ausländische Direktinvestitionen dienen vor allem dem Aufbau der verarbeitenden Industrie (Automobil-, Textil-, Nahrungs- und Genussmittelindustrie, Erdölraffinerien).

Usbekistan ist reich an Bodenschätzen, angeführt von den Erdölvorkommen des Ferganabeckens im Süden, den Erdgaslagerstätten bei Gasli sowie Braunkohle- und Kupfervorkommen. Von Bedeutung sind auch die Goldvorkommen vor allem in den Bergregionen und in der Wüste Kysylkum. Durch stark gestiegene Rohstoffpreise auf dem Weltmarkt konnte Usbekistan vor allem in den letzten Jahren profitieren.

Das „weiße Gold" Die Landwirtschaft hat für Usbekistan eine große volkswirtschaftliche Bedeutung. Fruchtbare Böden, die auch in den Wüstengebieten erhebliche Anteile von angewehtem Löss enthalten, und die günstigen Klimaverhältnisse erlauben mithilfe künstlicher Bewässerung mehrere Ernten im Jahr. Es werden zahlreiche Kulturpflanzen, darunter Baumwolle, Wein, Gemüse, Obst, Tabak und Getreide angebaut. In der Viehzucht konzentriert man sich auf die Haltung von Schafen (Karakulschafe), Rindern und Ziegen.

Usbekistan nimmt in der Erzeugung von Baumwollfasern weltweit den sechsten Platz ein. Die Baumwolle, das „weiße Gold" des Landes, wird nach wie vor als Monokultur angebaut, auch wenn die Anbauflächen seit 1992 zu Gunsten anderer Kulturen reduziert wurden. Die Baumwollpflanze liefert für über 200 verschiedene Produkte den Rohstoff, hauptsächlich für Textilien.

USBEKISTAN ALS REISELAND

Usbekistan, das seine Wurzeln im orientalischen Kulturraum sieht, lockt vor allem mit der prachtvollen islamischen Baukunst in den einstigen Handelszentren an der legendären Seidenstraße: Taschkent, Samarkand, Chiwa oder Buchara. Seit der Unabhängigkeit des Landes sind es vor allem kulturhistorisch interessierte Touristen, die es vermehrt nach Usbekistan zieht; eine wechselhafte Sicherheitslage und die zum Teil noch ungenügende Infrastruktur haben diese positive Entwicklung der Tourismusbranche bisher jedoch gedämpft.

Samarkand – glanzvolles Spiegelbild der Kulturen Samarkand ist über 2700 Jahre alt. Die Bauten, die heute das Stadtbild dominieren, sind allerdings erst im 15. und 17. Jahrhundert entstanden. Bedeutendste Sehenswürdigkeit ist der Registan, wo drei Medresen (Koranschulen) einen nach einer Seite offenen Platz bilden: Die Medrese Tillja Kari mit der Palastmoschee wird flankiert von der Medrese Ulug Beg und der Medrese Schir Dor. Eine Sehenswürdigkeit ersten Ranges ist auch die Grabstätte der Timuriden, Gur Emir. Ihre gerippte, leuchtend blaue Kuppel sorgt für ungeahnte Farbspiele. Die Moschee Bibi Chanym (um 1400) in der Nähe des Basars gilt als die größte und schönste Moschee Mittelasiens.

Chiwa – Stadt mit blühender Vergangenheit Chiwa, einst geheimnisumwittertes Khanat und gleichnamige Stadt an der Seidenstraße, war Umschlagplatz für fast alle Luxusgüter des Orients. Teppiche, Sklaven und Gewürze tauschten dort ihren Besitzer. In den prächtigen Bauwerken der Oasenstadt Chiwa hat sich der einstige Reichtum bis heute erhalten. Die historische Altstadt zählt seit 1990 zum UNESCO-Welterbe: Kegelförmige Minarette, säulenumstandene Moscheen und orientalische Paläste bilden zusammen mit den engen Altstadtgassen ein Freiluftmuseum, das ein eindrucksvolles Beispiel islamischen Bauens in Zentralasien ist.

POLITIK

Staatsform: *Präsidiale Republik*

Staatsoberhaupt: *Präsident*

Legislative: *Gesetzgebende Kammer mit 120 und Senat mit 100 Mitgliedern*

Verwaltungsgliederung: *12 Regionen, Stadtregion Taschkent, Autonome Republik Karakalpakstan*

WIRTSCHAFT

Währung: *1 Usbekistan-Som (U.S.) = 100 Tiyin*

Bruttoinlandsprodukt: *28,0 Mrd. US-$*

Bruttonationaleinkommen/Einw.: *730 US-$*

Außenhandel: *Import 7,5 Mrd. US-$, Export 11,6 Mrd. US-$*

Auslandsverschuldung: *3,6 Mrd. US-$*

SEHENSWERT

Nationalparks:
Aral-Paygambar, Chatkal, Kysylkum, Miraka, Nurata, Zamin

Städte:
Buchara: *historische Altstadt mit Kalon-Minarett und -Moschee, Samaniden-Mausoleum und Zitadelle*
Chiwa: *historische Altstadt mit Dschuma-Moschee, Mahmud-Mausoleum, Medresen Ghasi-Khan und Amin-Khan und Stadtbefestigung*
Karschi: *Khadja-Medrese, Kok-Moschee, historische Kurgan-Siedlung*
Nukus: *Karakalpakstan-Kunstmuseum*
Samarkand: *Bibi-Khanym-Moschee mit Mausoleum, Darun-Mausoleum, Gur-Emir-Mausoleum, Gurkani-Zij-Observatorium, Medresen Tillja Kari, Ulug Beg und Schir Dor, Zinda-Mausoleum*
Taschkent: *Barak- und Kukeldasch-Medrese, Fernsehturm, Großbasar, Neues Konservatorium; nahebei Sangi-Ata-Komplex*
Termiz: *Archäologisches Museum, Herrscherpalast, Ruinen der buddistischen Klöster Kara-Tepe und Fayaz-Tepe sowie der Festung Kyrk-Kyz, Saodat-Mausoleum, Siedlung Fajastepp, Temizi-Mausoleum*

Archäologische Stätten: *Koj-Krylgan-Kala, Toprak-Kala*

Die anspruchslosen und widerstandsfähigen Karakulschafe werden in den Steppenlandschaften bereits seit über 4000 Jahren gezüchtet. Neben dem Fleisch der Schafe erzielen vor allem die Felle der jungen Lämmer auf den Märkten hohe Preise: Die lockigen Felle der nur wenige Tage alten Jungtiere werden auf der ganzen Welt als „Persianer" zu edlen Kleidungsstücken verarbeitet.

USBEKISTAN

Buchara: „der anmutigste Platz zwischen Mond und Sternen"

Das Ismail-Samani-Mausoleum ist ein besonderes Schmuckstück der Stadt. Die Grabstätte gilt als ältestes Zeugnis islamischer Baukunst in Zentralasien.

Kurzbeschreibung: *An der einstigen Seidenstraße gelegene Hochburg des sunnitischen Islam unter der Dynastie der Samaniden; herausragende Baudenkmäler wie die Zitadelle (Ark), die Große oder Kaljan-Moschee, das Ismail-Samani-Mausoleum (9./10. Jh.), die Medrese (Koranschule) Mir-i-Arab (16. Jh.), die Koranschule Abdullazis-Khan (1652) und die Medrese Ulugbek*

Lage: *Oasenstadt in der Sandwüste Kysylkum*

Ernennung: *1993*

Bedeutung: *Ein herausragendes Beispiel einer mittelalterlichen Handelsstadt in Zentralasien mit Meisterwerken islamischer Baukunst des 10. bis 17. Jh.*

Zur Geschichte:

674 *Arabische Herrschaft über Buchara*

705–715 *Unter dem Feldherren Kutaiba ibn Muslim Sicherung der arabischen Herrschaft in Zentralasien*

875–999 *Während der Herrschaft der persischen Samaniden Beginn der geplanten Stadtanlage von Buchara*

980–1037 *Wirken des islamischen Philosophen und Arztes Ibn Sina (Avicenna)*

999 *Verdrängung der Samaniden durch die Ghaznawiden*

1199–1220 *Buchara unter der Herrschaft des Khwarezmschah Ala ad-Din*

1220 *Eroberung durch Dschingis Khan*

1271–1292 *Reisen Marco Polos an den Hof und in das Reich des Kublai Khan*

1500 *Unter dem Usbeken-Khan Sheibani wird Buchara Hauptstadt des gleichnamigen Khanats*

1514 *Vollendung der Großen Moschee*

1785–1920 *Emirat von Buchara*

1868 *Anerkennung der Oberherrschaft des russischen Zaren durch den Emir von Buchara*

um 1900 *Buchara verzeichnet 103 Medresen mit über 10 000 Studenten*

1920 *Absetzung des Emirs von Buchara*

1923/24 *Aufteilung Zentralasiens in fünf Sowjetrepubliken*

Usbekistan – das Land an der legendären Seidenstraße mit seinen Wüsten, Steppen und Oasen – besitzt mit Buchara eine der am besten erhaltenen Altstädte des Orients. Hier kann der Besucher beim Spaziergang durch verwinkelte enge Gassen, malerische Basare und vorbei an berühmten Moscheen mit zauberhaften Minaretten den Glanz vergangener Zeiten nachspüren.

Der Glanz des Orients Morgendlicher Sonnenschein weckt die Oasenstadt und taucht selbst die Betonbauten am Stadtrand in warmes Licht. Wie türkisfarbenes Meerwasser schillern die Kuppeln der Koranschulen, und die schlanken Minarette der Moscheen, die sich über das Dächermeer hinaus erheben, werden vom Sonnenlicht umspielt – allen voran der 46 Meter hohe Kaljan-Turm, auf dessen Spitze in der Vergangenheit ein nächtliches Feuer den Karawanen ihren Weg zum Glanz des alten Orients wies.

Kulturschätze der Altstadt Im Gegensatz zur Schwesterstadt Samarkand sind in Buchara nicht nur einzelne historische Gebäude von Rang erhalten geblieben, sondern nahezu die gesamte Altstadt mit rund 140 Kulturdenkmälern. Das älteste erhaltene Gebäude der Stadt, das Mausoleum des Ismail Samani mit seiner würfelförmigen und kuppelgekrönten Grabkammer, geht gar auf das 9./10. Jahrhundert zurück.

Bucharas Zentrum gleicht heute einem lebendigen Geschichtsmuseum: gelbe Lehmziegelarchitektur, schmale Gassen und nur teilweise asphaltierte Straßen, Basare und Koranschulen, Moscheen und Mausoleen – viel davon restauriert – wie der Kuppelbau Tak-i-Sargaron und die Medrese Abdullazis-Khan. Dem Sternbild des Großen Bären wurde der Baukörper der gewaltigen und bislang nur zum Teil restaurierten Ark-Festung nachempfunden, in der bis ins 20. Jahrhundert hinein der Emir aus der Dynastie der Sheibaniden residierte. Unterdessen erwachen Koranschulen zu neuem Leben – allen voran die Medrese Mir-i-Arab aus dem 16. Jahrhundert: Jungen, die noch keine zehn Jahre alt sind, breiten in deren schattigem Innenhof Teppiche aus, knien zum Gebet nieder und lauschen andächtig den Ausführungen des Vorbeters. Und dann erklingt von einem der zahllosen Minarette: „Alla-

WELTERBE: HISTORISCHES ZENTRUM VON BUCHARA

hu akbar" – „Allah ist groß", ein Ruf, der nach über sieben Jahrzehnten Kommunismus auf fruchtbaren Boden fällt.

Wie aus 1001 Nacht Die Märchenerzähler in Pakistan, Afghanistan und Indien haben seit jeher von diesem Land am Rand der Kysylkum-Wüste geschwärmt: „Hinter den Gipfeln, die nur der Vogel Greif zu überwinden vermag, liegt das Land der Sonne. Die Städte sind erfüllt von sagenhaften Düften. In den Basaren stapeln sich Seidenballen in allen Farben des Regenbogens, und die Kuppeln der Paläste leuchten wie Himmel und Meer zusammen." Buchara wurde als der „anmutigste Platz zwischen Mond und Sternen" gepriesen, und dies kann man auch heute noch nachempfinden. Dass Europa von „der Edlen" Kunde erhielt, ist dem venezianischen Kaufmann Marco Polo zu verdanken, der sich im 13. Jahrhundert am Hof des Kublai Khan aufhielt und ausgedehnte Reisen in Zentral- und Ostasien unternahm.

Ein Besuch im Basar Im Basar duftet es nach Weihrauch. Das Warenangebot ist überwältigend und reicht von Fleisch über diverse Obst- und Gemüsesorten bis zu unzähligen, duftenden Gewürzen. Granatäpfel sind zu kleinen Pyramiden aufgetürmt. Stände mit aufgeschütteten Teebergen werden von zahlreichen Käufern umlagert. Und auch Seidenstoffe und Teppiche werden in Sichtweite der Festung feilgeboten. Menschen fast aller Hautschattierungen und mit unterschiedlichen Gesichtszügen drängen sich zwischen den Ständen hindurch, feilschen, tauschen und palavern. Man entdeckt die Gesichter Asiens, die sich in der einstigen Drehscheibe des Handels an der Seidenstraße eingefunden haben: mongolische Augenpaare, dünne chinesische Bärtchen, zartbraunen persischen Teint.

Orientalisches Ambiente empfängt den Besucher auf dem Teppich-Basar im Hof hinter der historischen Kaljan-Moschee (oben).

Die Chor-Minor- („Vier Minarette") Moschee aus dem Jahr 1807 wurde vom Kalifen Nijaskula in Auftrag gegeben. Jedes Minarett ist mit einem eigenen Mosaikdekor verziert (links).

Wegweisende 46 Meter ragt das Minarett der Kaljan-Moschee aus dem Jahr 1127 über der Stadt auf. Schräg gegenüber befindet sich die Medrese Mir-i-Arab von 1530 mit ihren türkisblauen Türmen und einem imposanten Prunkportal (unten).

TURKMENISTAN

DAS LAND

Offizieller Name: *Turkmenistan*

Internationales Kfz-Kennzeichen: *TM*

Geografische Lage: *Zentralasien; zwischen 35° 07' und 42° 50' nördlicher Breite sowie 52° 28' und 66° 37' östlicher Länge*

Fläche: *488 100 km²*

Hauptstadt: *Aschgabad*

Klima: *Kontinentales Wüsten- und Steppenklima;*
Aschgabad 16,4 °C / 326 mm
Turkmenbaschi 14,6°C / 128 mm

Zeitzone: *Mitteleuropäische Zeit +4 Std.*

Ein dünn besiedeltes Wüstenland

Den Großteil des Landes nehmen Sandwüsten – allen voran die Karakumwüste – und Trockensteppen ein; die Vegetation fällt spärlich aus, Wasser ist landesweit ein kostbares Gut. Die zumeist turkstämmige Bevölkerung lebt überwiegend entlang der Flussläufe sowie des künstlichen Karakum-Kanals. Unter der Sowjetregierung wurden die historische Gesellschaftsordnung gezielt unterdrückt und das Nomadentum weitgehend zerstört. Die Rückbesinnung auf traditionelle Werte wird jedoch durch die zunehmende Bedeutung des Islams gefördert.

GEOGRAFIE UND NATUR

Turkmenistan erstreckt sich zwischen Kaspischem Meer und Afghanistan. Weite Teile des Landes werden von der Sandwüste Karakum eingenommen und sind fast menschenleer. Die Wüste zieht sich südlich des überwiegend zu Kasachstan gehörenden flachen Ustjurt-Plateaus bis zu den Gebirgsfußebenen am Koppeh Dagh und von den Bergländern des Großen und Kleinen Balchan am Kaspischen Meer bis zum Amudarja hin. Ehemalige Abflüsse des heute weiter nördlich fließenden Amudarja zum Kaspischen Meer speisen im Süden den Karakum-Kanal, im Norden

Diese Dromedarherde sucht unter Tamariskenbäumen Schutz vor der heißen Sonne der Karakum-Wüste. Dromedare werden als Last- oder Reittiere gehalten; freilebend kommen sie in Zentralasien nicht vor.

GEOGRAFIE, BEVÖLKERUNG

werden diese zur Aufnahme überschüssigen Bewässerungswassers genutzt. Die Karakum ist nicht völlig vegetationslos, sie kann aber nur zu einem geringen Teil als Weideland, vor allem für die Schafhaltung, genutzt werden.

Ausgeprägtes Tiefland Der Koppeh Dagh, der größtenteils im Nordosten des Iran liegt, ist ein vegetationsarmes Gebirge, dessen Ausläufer in Turkmenistan Höhen bis 2942 Meter erreichen. Östlich schließt sich das teilweise noch heute von lichten Pistazienwäldern bestandene Hügelland des Badgyz und Karabil an. Die durchschnittliche Meereshöhe Turkmenistans liegt bei lediglich 100 bis 200 Metern. Im Westen senkt sich das Land im Küstenbereich des Kaspischen Meers unter den Meeresspiegel ab; tiefster Punkt ist jedoch die Depression Aktschakaja im Norden des Landes mit −81 Meter.

Heiße Sommer, kühle Winter Die klimatischen Verhältnisse lassen sich durch den Gegensatz zwischen trocken-heißen Sommern und kühlen, nur bisweilen kalten Wintern charakterisieren. In sehr heißen Sommern wurden schon Höchsttemperaturen von 50 °C gemessen. Kalte Winter, in denen die Temperaturen auf −20 °C sinken können, gibt es vor allem im Norden des Landes. In der Hauptstadt Aschgabad liegt das Januarmittel bei 0,8 °C, das Julimittel bei 30,5°C. Die Niederschläge konzentrieren sich auf die Frühjahrsmonate; die Niederschlagsmengen variieren jedoch von Jahr zu Jahr beträchtlich. Während im Tiefland gerade einmal 75 bis 150 Millimeter fallen, erreichen die Niederschläge im südwestlichen Bergland bis zu 400 Millimeter.

Spärliche Vegetation Wichtige Wasserlieferanten sind die Flüsse Tedschen und Murgab. Die größte Bedeutung für das Land hat jedoch das Wasser des Amudarja, das bei Kerki in erheblichen Mengen in den Karakum-Kanal umgeleitet wird. Erst der Bau dieses 1400 Kilometer langen Kanals ermöglichte eine ertragreiche Landwirtschaft und die Entwicklung von Oasen entlang am Gebirgsfuß.

Die Vegetation beschränkt sich auf die Flusstäler und Oasen, im Bergland dominiert Steppenvegetation. In der Karakum wachsen vereinzelt Tamarisken und sowie Beifuß und Salzkraut.

BEVÖLKERUNG

Die große Ausdehnung siedlungsfeindlicher Wüsten hat eine sehr ungleichmäßige Bevölkerungsverteilung zur Folge. Der wichtigste Siedlungsstreifen zieht sich im Süden des Landes am Nordrand des Koppeh Dagh zu den Oasengebieten entlang der Flüsse Tedschen und Murgab, ein zweiter folgt dem Amudarja von Kerki über Turkmenabat nach Daşoguz.

Die Bevölkerungszahl zeigt einen anhaltenden Zuwachs, der sich gleichermaßen auf den städtischen wie auch den insgesamt dünn besiedelten und hauptsächlich von nomadisierenden Viehhirten oder Bewässerungsbauern bewohnten ländlichen Raum verteilt.

Land der Turkmenen Die Bevölkerung besteht zu 85 Prozent aus Turkmenen; den restlichen Bevölkerungsanteil stellen Usbeken (5 %), Russen (4 %), Kasachen (2 %) und andere. Die Turkmenen, die zu den Turkvölkern gehören, gliedern sich traditionell in mehrere Stämme. Unter ihnen genießen die Tekke im zentralen Gebirgsvorland des Koppeh Dagh besondere Achtung; sie sind bekannt für die Zucht der Pferderasse Akhal-Tekke, aber auch für ihre kunstvollen Teppiche. Diese sind meist als Buchara-Teppiche im Handel, da sie traditionell wegen des Fehlens von Marktorten im alten Turkmenistan auf dem Basar von Buchara im heutigen Usbekistan gehandelt wurden. Typische Teppichmuster der Turkmenenstämme schmücken sogar die Nationalflagge.

Zunehmender Einfluss des Islam Seit Ende der 1980er Jahre gehört der sunnitische Islam, dem 89 Prozent der Turkmenen anhängen, wieder zu den treibenden gesellschaftlichen Kräften des Landes. Während der Islam vor der Unabhängigkeit vor allem eng mit den traditionellen Stammes- und Clanverbänden verknüpft war, unterliegt er seither auch fremden Einflüssen, insbesondere aus dem Iran, zu dem Turkmenistan besonders gute nachbarschaftliche Beziehungen unterhält. Neun Prozent der Gesamtbevölkerung sind Christen, zumeist orthodoxe Russen und Angehörige der Armenischen-Apostolischen Kirche sowie wenige Katholiken und Protestanten.

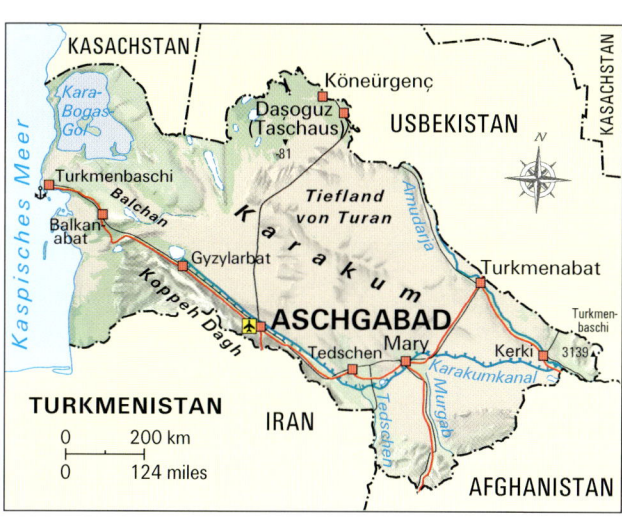

BEVÖLKERUNG

Einwohnerzahl: *4,9 Millionen*

Bevölkerungsdichte: *10 Ew./km²*

Bevölkerungsverteilung: *49 % Stadt, 51 % Land*

Jährliches Bevölkerungswachstum: *1,6 %*

Lebenserwartung: *Frauen 72 Jahre, Männer 66 Jahre*

Religionen: *Muslime (Sunniten); russisch-orthodoxe Christen*

Sprachen: *Turkmenisch (Amtssprache); Russisch*

Analphabetenrate: *1 %*

Im Tamdyr, dem weit verbreiteten traditionellen Backofen aus Lehm, backen diese Frauen das beliebte Fladenbrot, chorek genannt. Das Zubereiten von Speisen ist in Turkmenistan mit zahlreichen überlieferten Traditionen verbunden, auf die nach wie vor viel Wert gelegt wird.

TURKMENISTAN

GESCHICHTE

7./8. Jh. *Eroberung des Landes durch die Araber*

11.–12. Jh. *Osten und Süden des heutigen Turkmenistan von Seldschuken kontrolliert*

18. Jh. *Unter der Herrschaft des Khanats Buchara*

1869 und 1885 *Turkmenische Stämme werden von Russland unterworfen*

1924 *Turkmenistan wird eigenständige Sowjetrepublik innerhalb der UdSSR*

1990 *S. Nijasow wird Präsident*

1991 *Turkmenistan erlangt die Unabhängigkeit und wird Mitglied der GUS*

1992 *Präsidialverfassung tritt in Kraft, S. Nijasow wird Staatspräsident*

2006 *Tod Nijasows; G. Berdymuchammedow wird Interimspräsident und 2007 zum Staatsoberhaupt gewählt*

2008 *Neue Verfassung*

POLITIK

Staatsform: *Präsidiale Republik*

Staatsoberhaupt: *Präsident*

Legislative: *Einkammerparlament mit 125 Abgeordneten*

Verwaltungsgliederung: *5 Regionen und Hauptstadtbezirk*

Schon zu Lebzeiten verewigte sich der ehemalige Staatspräsident Nijasow, der sich als Turkmenbaschi – „Führer aller Turkmenen" – verehren ließ, in Aschgabad in goldenen Standbildern. Sein Nachfoger Berdymuchammedow plant allerdings den Abbau der Statuen.

Erdöl und Erdgas sichern die Zukunft

Die die staatliche Erdgasraffinerie Samantepe, hier bei ihrer Einweihung im Dezember 2009, markiert östlich von Turkmenabat den Auftakt zum Bau einer 1833 Kilometer langen Erdgaspipeline nach China. Erdgas ist zum wichtigsten Exportgut Turkmenistans geworden.

Der aus der 1924 gegründeten Turkmenischen Sowjetrepublik hervorgegangene Staat leidet noch heute unter einer einseitigen Ausrichtung der Landwirtschaft und einer unzureichend entwickelten Industrie. Die ausschließlich von der Bewässerung abhängige Landwirtschaft kann die Bevölkerung nicht ernähren und stellt das Land zudem vor große ökologische Probleme. Auf der anderen Seite entwickelt sich Turkmenistan zum weltweit bedeutenden Erdgaslieferanten.

GESCHICHTE UND POLITIK

Als Nomadenland kannte Turkmenistan in historischer Vergangenheit keine eigene Staatlichkeit. Lockere Abhängigkeiten bestanden seit dem Mittelalter von den großen Reichen Zentralasiens und von Iran, bis um 1880 die russische Eroberung einsetzte. In der Schlacht von Gök-Tepe wurden die Turkmenen 1881 besiegt; wenig später fielen die Oasen Achal und Merw. Das Gebiet wurde als „Transkaspien" verwaltet. Die russische Einflussnahme hielt sich bis zur Oktoberrevolution in Grenzen, da das Land wirtschaftlich weniger bedeutend war als die östlich anschließenden Gebiete. Im Jahr 1924 wurde Turkmenistan Sowjetrepublik, womit die Kollektivierung der Landwirtschaft einsetzte, gefolgt von der zwanghaften Aufgabe des traditionellen Nomadentums.

Die Herrschaft des Turkmenbaschi Seit der am 27. Oktober 1991 erklärten Unabhängigkeit ist Turkmenistan eine Präsidialrepublik, in der Präsident Saparmurad Nijasow (1940–2006) – im Land als Turkmenbaschi („Führer aller Turkmenen") verehrt – ein diktatorisches Regiment führte. Er betrieb einen bizarren Personenkult und ließ sich vergoldete Statuen errichten. Im Dezember 2006 starb er unerwartet. Sein Stellvertreter Gurbanguly Berdymuchammedow (*1957) wurde zum Übergangspräsidenten ernannt und im Februar 2007 in einer Wahl, die keineswegs demokratischen Standards entsprach, zum Staatsoberhaupt bestimmt.

Die vom Turkmenbaschi verordnete außenpolitische Isolation lockert sich unter dem neuen Präsidenten langsam.

WIRTSCHAFT UND VERKEHR

Tragende Säulen der Wirtschaft sind seit der Sowjetzeit die Förderung von Erdöl und Erdgas sowie der Anbau von Baumwolle; die Industrie ist nur wenig entwickelt. Zu den abbauwürdigen Bodenschätzen neben den Energierohstoffen zählen Buntmetalle, Salze (größte Glaubersalzvorkommen der Welt am Kara-Bogas-Gol) und Schwefel. In der Wirtschaftspolitik zeigt sich nach wie vor der starke Einfluss des Staates. Eine Zusammenarbeit mit den Nachbarstaaten kam bisher nur in bescheidenem Umfang zustande.

Hoffnungsträger Erdgas Wirtschaftliche Hoffnungen ruhen vor allem in der Erschließung der turkmenischen Erdgasvorkommen, der größten des kaspischen Raums. Die geologisch jungen Schichten des Kaspischen und des Amudarja-Be-

GESCHICHTE, WIRTSCHAFT, REISELAND

ckens sind wichtige Speichergesteine für Erdöl und Erdgas. Letztere sind neben den Glaubersalzvorkommen an der Bucht Kara-Bogas-Gol die wichtigsten Bodenschätze des Landes. Verträge mit den Hauptabnehmern Russland sowie China und der EU sollen den langfristigen Erdgasabsatz sichern. Es besteht bereits eine Anbindung an das iranische Netz; der Bau einer zweiten Pipeline vom bisher größten erschlossenen Erdgasfeld Dauletabad wurde Anfang 2010 vereinbart. Strategische Bedeutung hat außerdem eine Ende 2009 in Betrieb genommene Erdgaspipeline nach China.

Landwirtschaft am Tropf der Bewässerung

Nur etwa 4,5 Prozent der überwiegend von Sandwüsten und Steppen eingenommenen Landesfläche sind ackerbaulich nutzbar. Die ausgedehntesten Bewässerungsoasen befinden sich entlang des Amudarja, in den Binnendeltabereichen von Murgab und Tedschen sowie im Gebirgsvorland des Koppeh Dagh, wo Oliven, Granatäpfel, Mandeln, Feigen und Datteln geerntet werden. In der Nähe der Städte wird vor allem Obst und Gemüse sowie Mais angebaut.

Die südlichen Agrargebiete eignen sich bei entsprechend intensiver Bewässerung für den Anbau von hochwertigen, feinfaserigen Baumwollsorten. Der Baumwollanbau nimmt etwa die Hälfte der bewässerten landwirtschaftlichen Anbaufläche ein. An Bedeutung gewonnen haben Baumwollsaaten zur Gewinnung von Speiseöl und der Anbau von Getreide, wodurch sich die Importabhängigkeit bei der Nahrungsmittelversorgung verringern soll. In den Oasen am Fuß des Koppeh Dagh werden Seidenraupen gezüchtet. Die weiten Wüsten- und Halbwüstengebiete werden in bescheidenem Umfang weidewirtschaftlich genutzt; neben Karakulschafen und Ziegen dominiert die Zucht von Pferden und Kamelen, die als Transportmittel genutzt werden.

Schwache Industrialisierung

Die Industrie spielt bisher eine untergeordnete Rolle und beschäftigt etwa 15 Prozent der Erwerbstätigen. Verarbeitet werden vor allem Baumwolle (Textil- und Teppichherstellung) und mineralische Rohstoffe für die Baustoff- und chemische Industrie. Räumliche Schwerpunkte sind die Region um Aschgabad, das Hinterland des Kaspischen Meers und Turkmenabat. Exportiert werden neben Erdöl und Erdgas hauptsächlich Baumwolle, Naturseide, Felle – vor allem der Karakulschafe – und traditionelle Teppiche.

Eine Eisenbahnlinie (seit 1996) von Tedschen ins iranische Mashhad stellt den Anschluss an das Schienennetz des südlichen Nachbarn her. Von der Hafenstadt Turkmenbaschi am Kaspischen Meer verkehren Fähren nach Baku (Aserbaidschan) und Eisenbahnen in die Hauptstadt. Seit 2006 gibt es eine Eisenbahnstrecke zwischen Aschgabad und Daşoguz im Norden.

TURKMENISTAN ALS REISELAND

Die touristische Erschließung Turkmenistans steht erst am Anfang. Von großer kulturhistorischer Bedeutung sind die Ausgrabungsstätten der vorchristlichen Oasenstadt Merw unweit der heutigen Stadt Mary im Südosten des Landes. Mit Moscheen und Mausoleen wartet im Norden Köneürgenç (Alt-Urgentsch) auf, die frühere Hauptstadt des historischen Reichs Choresm. Das Naturschutzgebiet Repetek im Südosten der Karakum bietet einen Einblick in die Flora und Fauna der Sandwüste.

Junge Hauptstadt Aschgabad

Die Hauptstadt Turkmenistans am Fuß des Koppeh Dagh hat mehr als 800 000 Einwohner. Der alten Handelsoase fehlt eine lange städtische Tradition. Nach der russischen Eroberung zu Beginn der 1880er Jahre wurde der Ort zum Verwaltungssitz bestimmt. Er wurde planmäßig ausgebaut und zählte 1911 bereits 45 000 Einwohner. 1948 wurde die Stadt von einem verheerenden Erdbeben verwüstet. Der Wiederaufbau wurde in einem städtebaulichen Stil realisiert, der die Herrschaft des Menschen über die Natur repräsentieren sollte. Die neu erbaute Hauptstadt hat einen streng geometrischen Grundriss. Die Hauptachse wurde zugleich als Aufmarschallee angelegt, und vor den wichtigsten Regierungsgebäuden entstand ein großer Platz zur Demonstration der staatlichen Macht. Das triste sozialistische Straßenbild erhielt erst mit der Privatisierung des Einzelhandels Mitte der 1990er Jahre Farbe.

WIRTSCHAFT

Währung: 1 Turkmenistan-Manat (TMT) = 100 Tenge

Bruttoinlandsprodukt: 12,9 Mrd. US-$

Bruttonationaleinkommen/Einw.: 2840 US-$

Außenhandel: Import 4,0 Mrd. US-$, Export 5,9 Mrd. US-$

Auslandsverschuldung: 805 Mio. US-$

SEHENSWERT

Naturschönheiten:
Firjusa-Schlucht, Gaskrater von Darwaza, Kara-Bogas-Gol-Salzwasserfall, Kov-Ata-Höhlensee, Naturreservate Badkhyz, Kugitang und Repetek

Städte:
Aschgabad: *Nationalmuseum, Präsidentenpalast, Tolkuchka-Basar, Teppichmuseum; nahebei Ruinen der Partherhauptstadt Nisa*
Köneürgenç: *Kutluk-Timur-Minarett, Sultan-Tekesh-Mausoleum*
Mary: *Ruinen der Oasenstadt Merw*

Der Zentralplatz der Hauptstadt Aschgabad vor dem Präsidentenpalast (links) beeindruckt durch seine großzügige Dimension. Nach mehrfacher Zerstörung durch Erdbeben wurde die Stadt als planmäßige Anlage wieder aufgebaut.

TURKMENISTAN

Die Seidenstraße – ein alter Handelsweg erwacht zu neuem Leben

Der Mythos Seidenstraße erwacht in Turkmenistan zu neuem Leben. War das orientalische Wüstenland zu Sowjetzeiten noch eher ein selten besuchtes Reiseziel, so fesselt seine märchenhafte Exotik heute eine zunehmende Zahl von Besuchern. Die Seidenstraße, das uralte Netz von Handelswegen und Bindeglied zwischen Europa und Asien, bietet sich dabei in Turkmenistan als Reiseroute wie keine zweite an, um den Zauber des Landes einzufangen.

Ihren klangvollen Namen erhielt die Seidenstraße Mitte des 19. Jahrhunderts vom deutschen Geografen Ferdinand von Richthofen. Zweifellos war die edle chinesische Seide, die durch Zentralasien bis hin in die Mittelmeerregion transportiert wurde, ein wichtiges Handelsgut der Karawanenstraße, doch wechselten auch Luxuswaren, Gold, Pflanzen oder Tiere über den ältesten Fernhandelsweg der Erde ihren Besitzer. Die Oasen Zentralasiens zählten zu den größten und bedeutendsten Umschlagplätzen, an denen Güter von einer Karawane auf die nächste umgeladen wurden, die sie dann zu ihrem jeweiligen Bestimmungsort brachten. Die Karawanenrouten bildeten die Hauptverbindung nicht nur nach China, sondern auch nach Kaschmir, Afghanistan und Indien.

Die Verkehrsströme Turkmenistans verlaufen noch heute entlang der einstigen Seidenstraße in Ost-West-Richtung von Samarkand (Usbekistan) über Turkmenabat, Mary und Aschgabad nach Turkmenbaschi am Kaspischen Meer. Kamelkarawanen sieht man auf den Straßen des Wüstenlandes nach wie vor, doch überwiegen heute auf den Asphaltpisten moderne Lkws als Transportmittel *(rechte Seite, rechts oben)*. Die 250 Kilogramm, die ein Kamel durchschnittlich zu tragen vermag, werden nämlich von den Lastwagen spielend um ein Vielfaches übertroffen.

Betriebsam zeigt sich der traditionell hohe Stellenwert des Handels noch heute auf den bunten Märkten der Städte, die ihre Bedeutung der Seidenstraße verdanken: Auf dem großen Tolkuchka-Basar von Aschgabad werden neben anderen Waren kostbare handwerkliche Teppiche, Taschen und Stoffe gehandelt *(rechte Seite unten)*. Von weither zieht es die Menschen in die Stadt, um im reichen Angebot zu stöbern.

Der jahrtausendealte Handel entlang der Seidenstraße verhalf den Städten zu beachtlichem Wohlstand und ermöglichte den Bau eindrucksvoller Bauwerke. Vieles hat sich bis heute erhalten und wurde zum Teil aufwendig restauriert. Neben der Straße, die an den Ruinen der alten Oasenstadt Merw vorbeiführt, weiden Kamele gemächlich vor dem Mausoleum des Sultans Sanjar, das im 12. Jahrhundert errichtet wurde *(unten)*. 1999 wurden die historischen Bauwerke von Merw zum Weltkulturerbe erklärt, genauso wie das prächtig ausgeschmückte Mausoleum Sultan Tekeshs aus dem Jahr 1200 im alten Handelszentrums Köneürgenç *(rechte Seite, oben links)*. Die Kuppel des Gebäudes ist mit Ornamenten kunstvoll ausgeschmückt.

SEIDENSTRASSE

SÜD- UND ZENTRALASIEN

Fett gedruckte Seitenzahlen verweisen auf Haupteinträge, kursive Seitenzahlen auf Abbildungen.

A

Adam's Peak 66, *66*
Aden, Golf von 56, 58
Afghanistan 31, 96, **106–115**, 152
Afghanistan-Konferenz 111
Agra 25, 36, 37
Agulhasstrom 57
Ahimsa 29
Ahmadabad 12
Ahmadi 95
Ahmed Schah Durrani 109, 110, *110*, 111
Ajanta 36, 38
Ajmer 37
Akajew, Askar 126
Akbar der Große 21, 29, 104
Akmola s. Astana
Aktschakaja 149
Alai-Gebirge 117, 119, 123, 127, 140
Alexander der Große 28, 110, 144
All India Muslim League 29
Allahabad 26, 27
Almaty 130, 131, 135, 137, *137*
Almeida, Lourenço de 76
Altai 130, 136
Ambedkar, Bhimrao Ramji 23
Amindiven 59
Amritsar 36, *36*, 37; s. a. Goldener Tempel
Amudarja 108, 117, 139, 140, *141*, 144, 148, 149, 151
Ananda 69
Andamanen **14–15**, 28, 59
Andamanensee 14, 56, *56*, 57, 58, 59
Annapurna 42
Anuradhapura 70, 74, *74*, 75
Aqaba, Golf von 58
Aqtau 130
Arabisches Meer 9, 57, 58
Arabisch-Indischer Rücken 56
Aralsee 130, *138/139*, 140, 141
Aravalligebirge 12
Arya (Arier) 28, 98
Aschgabad 148, 149, 151, *151*, 152
Aserbaidschan 137
Ashoka, Kaiser 21, 28, 44, 45
Ashoka-Säule *44*, 45, *45*
Askese *21*, 44
Astana 130, 131, 132, 134, *134*, 135, 137, *137*
Atyrau 137

Aurangabad 36, 37, 38
Aurangseb 29, *104*
Awami-Liga 84
Axishirsch *86*
Ayurveda *71*, 74
Azad Kashmir 31

B

Bab al-Mandab 58
Babur, Fürst 29, 104, 124, 125
Backwaters 37, *37*
Badgyz 149
Badshahi-Moschee 104, *104*
Baga 84
Bagerhat 85
Bagmati 49
Bahawalpur 90
Baikonur 134, 135, *135*
Bakijew, Kurmanbek 126
Baktrien 118
Balchan 148
Balchasch 130
Balchaschsee 130
Balochi 95
Balochistan s. Belutschistan
Balti 95
Baltistan 31
Baltoro-Gletscher *92/93*, 105
Baltoro Muztagh 93
Bamiyan *108*, 109
Bandaranaike, Solomon 71
Bangalore 21, 33, 37
Bangladesch **78–87**, 99
Barasingha 19
Baumwolle 32, 96, *103*, 118, 119, *119*, 136, *136*, 139, 141, 145, 151
Beas 90
Belutschen 95, 109
Belutschistan 90, 91, 94, 102
Benares s. Varanasi
Bengalen (Landschaft) 85
Bengalen (Volk) 81
Bengalen, Golf von 9, 12, 14, 57, 58, 59, 80, 81
Bengali 20, 81
Bengalischer Tiger s. Tiger
Bergbadachschan 116, *116*, 119
Bewässerungslandwirtschaft 90, *91*, 102, 118, 119, 139, 141, 151
Bhagavadgita 24
Bhaktapur s. Bhatgaon
Bharat 11, 28
Bhatgaon 42, 46, 48, *48*, 49
Bhojpuri 43

Bhubaneshwar 36, 37
Bhutan **52–55**
Bhutija 52
Bhutto, Benazir 98, 99, *99*
Bhutto, Zulfikar Ali 98, 99, *99*
Bihar 23, 28, 46
Bihari 81
Bimbisara 28
Birendra Bir Bikram Schah, König von Nepal 46, *46*, 47
Bischkek 122, 123, 126, *126*, 127
Bodh Gaya 44
Bodhi-Baum 44, *44, 47*, 74
Bodnath 49
Bollywood **34–35**
Bombay s. Mumbai
Brahma 26
Brahmane 22, *23*, 27, 43
Brahmanismus 95
Brahmaputra 9, 12, 18, 79, 80, 82, 85
Brahui 95
britisch-afghanische Kriege 110
Britische Ostindien-Kompanie 28, 29, 32, 47, 84
Britisches Territorium im Indischen Ozean 59
Britisch-Indien 29, 84, 98
Broad Peak 93
Buchara 118, *141*, 144, 145, **146–147**, 149
Buddha 25, *39*, **44–45**, 68, *68*, 69, *69*, 74, 75
Buddhismus 21, 22, 24, 44, *44*, 45, *45*, 50, *50*, 52, **54–55**, 67, 68, 69, 74, 95
Buhl, Hermann 105
Bundala-Nationalpark 75
Bürgerkrieg (Afghanistan) **112–113**
Burgher 67, 76
Burka *109*
Burusho 95

C

Car Nicobar 14, *15*
Ceyhan 137
Ceylon s. Sri Lanka
Ceylon-Star 67
Ceylon-Tee **72–73**
Chagos-Archipel 59
Chagosrücken 59
Chagossianer 59
Chakma 81
Chan-Tengri 130
Chandari Hills 38
Changu Narayan (Tempel) 49
Chenab 90, 102

REGISTER

Chennai 12, 33, 37
Cherrapunji 12, 17
Chilaw 75
Chitral 95
Chittagong 81, 85
Chitwan-Nationalpark 18, 43, 49
Chiwa 144, 145
Cho Oyu 51
Chomolungma 50
Choresm 151
Chorog 119
Christmas Island 59
Chudschand 119
Churiakette s. Siwalikkette
Clifton 96
Colombo 66, 71, 75, *75*
Concordia Place 93, *105*
Cottage Industries 33; s. a. Baumwolle
Cox's Bazar 85
Crozetinseln 59

D
Dalits 23
Dalsee *31*
Dambulla **68–69**, 75
Dangarasteppe 119
Danletabad 151
Dari 109, 115
Dafloguz 149, 151
Dekkan 9, 12, 13
Delhi 21, 25, 28, 33, 36, 37
Devadasi *23*
Dhaka 80, 81, *82*, 84, 85
Dharma 21
Dhonie 61
Diamantinatiefe 56
Diego Garcia 59, *59*
Dinaipur 85
Dipendra, Kronprinz von Nepal 47
Divali 37
Divehi 61
Dochu-La-Pass 53
Dornenkronenseestern 57
Dost Mohammed 110
Drachenkönig 52
drawidische Sprachen 21
Drogenhandel 106, 115, 118
Druk Gyalpo 53
Druk Yul 52
Drukpa-Kagyü-Schule 54
Dschalalabad 123
Dschingis Khan 110, 134, 135, 142, 144, 146
Duar-Ebene 52

Dugong s. Seekuh
Dunganen 123
Durga Puja 81
Duschanbe 116, *118,* 119, **120–121**
Dusschra s. Ram Lila
Dzong 53, 54
Dzonghka 52

E
Eid-ul-Fitre 81
Elefant, Indischer 18, *18,* 75
Elefantengras 18, *18*
Elephanta 36
Ellora 36, **38–39**
Erderwärmung 63, 80, 83
Erdgas 59, 136, 145, 150, 151
Erdöl 58, 59, 136, 145, 150, 151
Ershad, Hussain M. 85
Esala Perahera 67, 75

F
Faisal-Moschee 105, *105*
Fatehpur Sikri 25, 37
Fedtschenkogletscher 117
Felszeichnungen 124, *125,* 137
Ferganabecken 117, 118, 119, 123, 126, 140, 141, 145
Flutkatastrophen *82,* 83, *83*
Frangipani s. Pagodenbaum
Frunse 126
Fünfstromland 90

G
Galle 71, 75, **76–77**
Gama, Vasco da 29, 76
Gandhara 25, 95, 104
Gandhi, Indira 29
Gandhi, Mahatma 23, 29, *29*
Gandhi, Rajiv 27
Ganesha 67
Ganga Action Plan 27
Ganga mata 26, *27*
Gangaur-Fest 37
Ganges 9, 12, 26, *26,* 27, 29, *29,* 36, 52, 79, 80, *80,* 82, 83
Gangtschhendsönga s. Kangchenjunga
Gasherbrum I, II 93
Gasli 145
Gelblippen-Seeschlange *56*
Gemeines Perlboot 62, *62*
Gemeinschaft Unabhängiger Staaten (GUS) 118
Gezeiten 57
Ghasni, Mahmud von 110

Ghats 9, 12, 26, 27
Ghazni 111
Girifushi, Lagune von 63
Gissar-Gebirge 117, 140
Glaubersalz 150, 151
Goa 21
Gök-Tepe 150
Goldener Felsentempel s. Dambulla
Goldener Tempel (Amritsar) 24, 29, *36*
Gondwana 9, 56
Gopura 25
Grameen Bank *85*
Grant Sahib 24
Große Steppe **132–133**
Großmogul 21, 29
Grüne Revolution 29, 32
Gujarati 20
Guptareich 25, 28
Gurkha 43, 47, *47*
Gurung 43
Gyanendra, König von Nepal 46, 47

H
Habeler, Peter 51
Haq, Zia ul- s. Zia ul-Haq, Mohammed
Harappa-Kultur 25, 36, 98, 100, 102, 104
Hardwar 26
Harijan 23
Hausboot-Tourismus 37, *37*
Hazara 109
Heard- und McDonaldinseln 59
Hekmatyar, Gulbuddin 113
Helmand 108, *115*
Hesoreh s. Hazara
Hidden Peak 93
Hikkaduwa 75, *75*
Hillary, Edmund 51
Himalaya 9, 12, 30, 39, 41, 42, 43, 52, 83, 90, 93, 105
Hinayana-Buddhismus 67; s. a. Buddhismus
Hindi 11, 20, 95
Hinduismus 11, 21, 22, 24, 26, *26,* 27, *27,* 28, 36, 41, 67, *67,* 95, 98
Hindukusch 9, 90, 93, 105, 108, 115, *115,* 117, 141
Hindu-Tempel 25, 36, 37
Hochland von Dekkan s. Dekkan
Höhlentempel 25, 36, 38, 68, *68,* 69, *69*
Holi-Fest 37
Hormus, Straße von 59
Hoysala 25
Hulhumale 61

SÜD- UND ZENTRALASIEN

Hunza 95
Hunzatal 105
Hyderabad 12, 33, 37

I

Ibn Battuta 76
Ilois s. Chagossianer
Indian National Congress (INC) 28, 29
Indide 20
Indien 9, **10–39,** 152
Indien-Großstorch *18*
Indien-Tamilen 67
Indisch-Antarktischer Rücken 56
Indischer Fischotter 86, *87*
Indischer Ozean 9, **56–59,** 83
Indischer Sambar 18, *19*
Indische Union 29
indoarische Sprachen 20, 21
Indus 9, 90, 91, 93, 98, 102, *103*
Indus-Kultur s. Harappa-Kultur, Mohenjo-Daro
Innertropische Konvergenz (ITC) 16
Irkestam 124
Irtysch 130
ISAF-Schutztruppe 110, 111, *112,* 113
Islam 94, 95, *95,* 109, 110, 149
Islamabad 90, 94, 103, 105, *105*
Ismail-Samani-Mausoleum *146*
Issyk-Kul 123, 126, 127
Istarawschan 119
ITC s. Innertropische Konvergenz

J

Jaffna 70, 71
Jagannath 37
Jainismus 21, 24
Jaipur *32,* 37
Jaisalmer 37
Jam 109
Jammu-Kaschmir 31
Jana Yudha 47
Jengish Chokusu s. Pik Pobedy
Jhelum 30, 90, 102
Jigme Khesar Namgyal Wangchuk, König von Bhutan 53
Jinnah, Mohammed Ali 29, 96, *96,* 98, *98*
Jodhpur 29
Jung Bahadur 46
Jute 85

K

K2 90, 93, 105, *105*
Kabul (Fluss) 108
Kabul (Stadt) 108, *109,* 113, *113,* 115

Kafiren 109
Kailasa-Tempel 39, *39*
Kailash 39
Kalash 95
Kali 38
Kalidasa 24
Kaljan-Moschee *147*
Kalkutta s. Kolkata
Kanaresisch 21
Kandahar 108
Kandy 67, 70, 73, 74, 75
Kandy-Schule 68, *68,* 69, *69*
Kandy-Singhalesen 67
Kangchenjunga 12
Kapilavastu, Königreich 44
Kapokbaum 67
Karabil 149
Kara-Bogas-Gol 150
Karachi 90, 91, 94, 95, **96–97,** 103, 105
Karaganda 130, 135, 137
Karakal 141
Karakalpaken 141
Karakol 127
Karakorum 9, 30, 90, 93, 105, 117
Karakorum-Highway 105
Karakulschafe 114, 145, *145,* 151
Karakulsee 119
Karakum 140, 148, *148,* 149, 151
Karakum-Kanal 148, 149
Karchi 105
Kardamonberge *12*
Karez 91, 102
Karimow, Islam 144, *144*
Karma 26
Karnali 43
Karnataka 29
Karschi 145
Karzai, Hamid 110, 111, *111*
Kasachen 131, *131,* 134, 141, 149
Kasachische Schwelle *130,* 136, 137
Kasachstan **128–139**
Käsch 144
Kaschagan 136
Kaschmir 12, 28, 29, **30–31,** 46, 95, 98, 152
Kaschmirwolle 30
Kashi 26
Kaspisches Meer 9, 130, 136, 137, 148, 149, 151, 152
Kassapa I. 70
Kastenwesen 11, **22–23,** 28, 67
Kathakali *24,* 25
Kathmandu 41, 42, 43, 46, 48, 49, *49*
Kautschuk 71, *71*

Kaziranga-Nationalpark **18–19**
Kegelschnecke 57
Keokradong 81
Kerala 17, 21, 37
Kerguelen 59
Kerki 149
Kettuvallam 37
Khajuraho 25, 36, *36*
Khambhat, Golf von 57
Khan, Amanat 25
Khan, Ayub 98
Khan, Sayyid Ahmad 98
Khan, Shah Rukh 34, *35*
Khokand 126
Khumbu 50
Khyberpass 103, 110, 115, *115*
Kirata 46
Kirgisen 123, 126, *127*
Kirgisischer Alatau 122, 123
Kirgisistan **122–127**
Kirtharkette 91
Kirtipur 48
Klöster, buddhistische 54, *54,* 55
Knup *17*
Kochkor-Ata *127*
Koggala 75
Koh-i-Baba-Gebirge *108*
Kokand 118, 126, 144
Kokosinseln 59
Kokospalme 61, 67, 71
Kokpar *131*
Kolkata 12, 21, 33, 37, 84
Köneürgenç 151, 152, *153*
Königstiger s. Tiger
Konkani 21
Koppeh Dagh 148, 149, 151
Korallen 14, *14,* 56, 60, 61
Korallenriff **62–63**
Koranschule 95, *95*
Korgalzhyner Seen 132
Korsak s. Steppenfuchs
Kosi 43
Kostanai 130, 132
Krakatau 57
Krimtataren 131
Kshatrya 22
Ksyl-Orda 130
Kublai Khan 146
Kukri 47
Kula Kangri 52
Kuljab 119
Kumbh Mela 26, *27*
Kumtor 126
Kungei-Alatau 123

REGISTER

Kunlun Shan 93, 117
Kuramin-Gebirge 117
Kushan 28
Kutaiba ibn Muslim 146
Kyros II., König von Persien 110, 144
Kysylkum 140, *140*, 145, 147

L

Ladakh 31
Lagaan 34
Lahore 90, 94, 103, 104, *104*, 105
Lakhtar *17*
Lakkadiven 59, *59*
Lalitpur (Patan) 48, 49
Leistenkrokodil 86
Lhotse 51
Licchavi-Dynastie 46
Limbu 43
Lingam 49
Lloyd-Barrage-Staudamm 102
Lo Manthang 48
Lord Mountbatten, indischer Vizekönig 29
LTTE (Liberation Tigers of Tamil Eelam) s. Tamil Tigers
Lumbini **44–45**

M

Machhapuchhare 49
Machin-Lhakhang-Tempel 53
Madagaskar 59
Madras s. Chennai
Madurai 36
Madura-Oya-Nationalpark 75
Magadha, Königreich 28, 46
Magar 43
Mahabalipuram 36
Mahabharata 24, 26, *38*
Mahabharatkette 42
Mahabuddha-Tempel 49
Maharadscha 37
Maharaja Vihara *68*, 69
Maharashtra-Plateau 38
Mahatma-Gandhi-Nationalpark 14, *15*
Mahayana-Buddhismus 53, 95
Mahendra Bir Bikram Schah, König von Nepal 47
Mahmud von Ghazni 110
Maithili 43
Mala-Dynastie 46
Malakkastraße 59
Malayalam 21
Male 60, 61
Malediven 59, **60–63**
Mangroven 67, 75, 85, 86, 87, *87*

Mannar, Golf von 66
Mantra 26
Maoisten (Nepal) 47, *47*
Marathi 20
Marco Polo 146, 147
Martaban, Golf von 57
Mary 151, 152
Masherbrum 93
Mashud-Stämme *99*
Mauren 67
Mauritius 59
Mauritius-Orkane 56
Maurya-Dynastie 21, 25, 28
Maya Devi 44, *45*
Mazar-i-Sharif 109
Meghna 86
Melanide 20
Menakshi-Tempel 36
Merw 150, 151, 152
Mescheten 123
Messner, Reinhold 51
Mewar-Schule 25
Mir-i-Arab (Medrese) 146, *147*
Mithunas 25
Mogularchitektur 25, *25*, 104, *104*
Mogulreich 28, 29, 30, 31
Mohajiren 95
Mohammed Daud Khan 110, 111
Mohenjo-Daro 98, **100–101**, 104
Moksha 21, 26
Mongla 85
Mongolen 110, 144
Mongolide 20
Monsoon Wedding 34
Monsun 12, **16–17**, 43, 56, 57, 66, 67, 82
Moors s. Mauren
Mosambikstrom 57
Mount Everest 41, 42, 49, **50–51**
Mount Godwin Austen s. K2
Mudschaheddin 110, 111, 112, 113, *113*
Muhammad von Ghur, Sultan 28
Mullah Omar 110
Multan 90
Mumbai 12, 17, 21, *21*, 33, 36, 37
Murgab 149, 151
Musharraf, Pervez 98, 99
Muslim-Liga 98, 99
Muttra 28
Mysore 37

N

Nager 95
Najibullah, Mohammed 112
Nanga Parbat 90, *90*, 105

Narayani 43
Naryn 122, 123, *123*, 127
Nasarbajew, Nursultan 134, *134*, 135
Nasheed, Mohamed 61, 63
Nashorn s. Panzernashorn
Nautilus 57
Negombo 75
Negritos 14
Nehru, Jawaharlal 29, 32, 33
Nepal **40–51**
Nepalesen 43, *43*
Neu-Delhi 12, 13, 33, 37
Newari 43
Niederländische Ostindien-Kompanie 70, 76, *76*
Niembaum *23*
Nijasow, Saparmurad 150, *150*
Nikobaren **14–15**, 28, 59
Nilgiri-Berge 12
Nomadismus 131
Norgay, Tenzing 51
North-West Frontier Province 90, 95
Noworossijsk 136
Nowshak 108
Nukus 140, 145
Nura 132
Nuristani 109
Nurzum 132
Nuwara Eliya 73, 75

O

Oman, Golf von 58
Opium 114, 115; s. a. Drogenhandel
Orientalische Süßlippe 63, *63*
Orsk 136
Osch 123, 124, *125*, 126, 127
Ostbengalen 84, 99
Ostindischer Rücken 56
Ostpakistan 99
Oxus s. Amudarja

P

Padmasambhava 54
Pagodenbaum 67
Pahela Baishakh 81
Pakistan 29, 30, 31, **88–105**
Pakistan Muslim League 99
Palkstraße 66
Pamir 9, 93, 108, 117, 119
Panca-Drawiden 68
Panchayat-System 46
Pandschab s. Punjab
Pandschakent 119
Panjnad 90

157

SÜD- UND ZENTRALASIEN

Pantschatantra 24
Panzernashorn 18, 19, *19,* 43, 49
Parias s. Unberührbare
Parinirwana 44
Paro 53, 54
Parsvanath-Tempel *36*
Parvati 38, *38*
Paschtu 95, 109, 115
Paschtunen 95, 96, 109, *109*
Pashupatinath (Tempel) 49
Pashupati-Schrein *49*
Pataliputra 25, 28
Patan 42, 46; s. a. Lalitpur
Patana 67
Pathanen s. Paschtunen
Patna s. Pataliputra
Pawlodar 137
Persischer Golf 57, 58, *58,* 59
persisches Rad 91
Peshawar 28, 90, 103, 105
Phewasee 49, *49*
Phuntsholing 53
Pidurutalagala 66
Pik Ismoil Somoni 117, 119
Pik Kommunismus 117
Pik Lenin 119, 123
Pik Pobedy 122
Pjandsch 115, 117
Pokhara *42,* 48, 49
Polonnaruwa 74
Port Blair 14
Port-aux-Français 59
Potwar-Plateau 90, 105
Pralambapada *39*
Prithvi Narayam Schah 46
Punakha *52,* 53
Punjab 31, 32, 90, 94, 102, 103, 104
Punjabi 20, 95
Puri 36, 37

Q
Qanat s. Karez
Qasba Guarnadi 85
Quetta 90, 91, 103

R
Rachmonow, Emomali 118
Radong 54
Raga 25
Rahman, Mudschib ur- 84
Rahman, Zia ur- 84, 85
Raht Yatra 37
Rajapakse, Mahinda 70
Rajasthan 17, 37

Rajasthani 20
Rajputen 29
Rajshahi 85
Rama 25
Ramayana 24, *25*
Ram Lila 37
Rana 47
Rana, Khadga Shamsher J. B. 44, *44*
Rann von Kutch 91
Ratnapura 71
Ravi 90, 98, 102
Rawalpindi *94*
Ridley-Seeschildkröte 87
Rikscha *82,* 85
Rishikesh 26
Roaring Forties 56
Rohtas 105
Rosaflamingo 133
Rossbreiten 56
Rotes Fort (Delhi) 36
Rotes Fort (Lahore) 104
Rotes Meer 56, 58
Rushdie, Salman 24

S
Sadhu *21,* 27
Sagarmatha-Nationalpark 49, **50–51**
Saiga-Antilope 133, *133*
Sakuntula 24
Salomo, biblischer König 76, 124
Salt Range 90
Salzmarsch 29, *29*
Samarkand 140, 141, 144, 145, 146, 152
Sanskrit 24, 26, 28, 81
Sari *20,* 37
Saryarka **132–133,** 137
Satpuragebirge 12
Schahr-e Sabs s. Käsch
Scharia 95
Schatt el-Arab 59
Schildkröten 75, 87
Schlafmohn 115, *115*
Schneeleopard 50, *51,* 123
schwimmende Gärten 30, *31*
SCUBA 62
Seeadler 87
Seegurke 63
Seekuh 57, *57*
Seeschlangen 57
Segauli, Vertrag von 46
Seidenstraße 105, 124, 127, 144, 145, 146, **152–153**
Seleukiden 144

Semej (Semipalatinsk) 135
Sepoy-Aufstand 29, 47
Serawschankette 116
Serendib 70
Seychellen 59
Sha Jahan 25, 29
Shakya 44
Shalimar-Gärten 104
Shankar, Ravi 25, *25*
Sharif, Nawaz 99
Shariqah *58*
Sherpa 43, 50
Shigar 93
Shikara 25
Shiva 24, 26, 27, *27,* 38, *38,* 39, *49*
Shudra 22, 23
Siddhartha Gautama s. Buddha
Sigiriya 70, 74, *74*
Sikh 24, 29, 31, 36, 95
Sikhismus 21
Sikkim 46
Sindh 90, 91, 95, 102, 103
Sindhi 95
Singhalesen 65, 67, 70, 71
Sirmoor-Bataillon 47
Sitar 25, *25*
Siwalikkette 43, 52
Sojus-Rakete *135*
Sokotra 59
Somalistrom 57
Somoni, Ismoil 121
Sonar Gangla 79
Songköl-See 127
South Andaman Island 14
Sri Lanka 9, 61, **64–77**
Sri-Lanka-Tamilen 67, 70
Srinagar 30, 31
Steppe 132, *132,* 133, *133, 145,* 149
Steppenfuchs 132, *132,* 141
„Straße der Freundschaft" 103, 104, 105
Südäquatorialstrom 57
Suez, Golf von 58
Suezkanal 58
Sulaimankette 91
Suleiman-Too **124–125**
Sundagraben 57, *57,* 58, 59, *59*
Sundarbans 12, 80, **86–87**
Sundari-Baum 86, *87*
Susamyr 123
Sutlej 90
Svayambhunath-Tempel 49
Sylhet 80
Syrdarja 123, 130, 139, 140, 141
Syrte 122

REGISTER

T

Tacht-i-Suleiman-Moschee 124, *124,* 125
Tadschiken 109, 116, 117, 118, 123, 141
Tadschikistan **116–121**
Tagore, Rabindranath 24, 25
Taj Mahal 25, *25,* 36
Takhar *112*
Taktsang 54, *54*
Tala 25
Talas 127
Taliban 98, 99, 106, 108, 109, 111, 113, 115
Tamang 43
Tamdyr *149*
Tamgaly 137
Tamil 21
Tamilen 67, 70, 71
Tamil Tigers 70, *70,* 71
Tange, Kenzo 45
Taprobane 70
Tarai 41, 43
Tarbela-Talsperre 103, *103*
Tarsis 76
Taschkent 140, 141, **142–143**, 145
Tashi Chho Dzong 53
Tash Rabat 127
Tata, Jamsetji Nasarwanji 33
Tata Nano 32
Tauchen 62, *62,* 63, *63*
Taxila 104
Tedschen (Fluss) 149, 151
Tedschen (Stadt) 151
Tee 71, **72–73**
Tekke 149
Telugu 21
Tempelarchitektur, indische 24, 25, *25,* 36, *36*
Tempeldienerin s. Devadasi
Tempelstädte 37
Tengboche (Kloster) 50, *50,* 51
Tengis-See 132, *133*
Teppiche *102,* 103, *114,* 115, 149
Termiz 145
Terskej-Alatau 123, 130
Tertschen 149
Thaana-Schrift 61
Thags 38
Thakur 46
Tharu 43
Thar, Wüste 12, 17, 91
Thatta 104, 105
Theravada-Buddhismus 67; s. a. Buddhismus
Thilafushi 61
Thimphu 52, 53
Thiruvananthapuram 17, 33
Thoriumoxid 33
Tian Shan 117, 122, *122,* 123, 127, 130, 140
Tiger 43, 49, *86,* 87
Timur 125, 137, 144
Tokmak 127
Toktogul, Stausee 127
Tongsa 53
Torgaj-Senke 132
Torugartpass 127
Transalai 117, 123
Transkaspien 150
Transkaspische Bahn 119
Transoxanien 144
Trekkingtourismus 48, 49, 51
Tribhuvan Bir Bikram Schah, König von Nepal 47
Trincomalee 71
Trivandrum s. Thiruvananthapuram
Tschardara-Stausee 130
Tschirtschik 142
Tschu 127
Tsunami 14, *15,* 28, 57, *57,* 60, 70
Turan 139, 140
Turkestan 137
Turkmenabat 149, 151, 152
Turkmenbaschi s. Nijasow
Turkmenbaschi (Stadt) 148, 151, 152
Turkmenen 109, 149, 150
Turkmenistan **148–153**
Turksprachen 21, 109
Twain, Mark 27

U

Udaipur 29, 37
Ugyen Wangchuck, König von Bhutan 53
Uiguren 123, 131
Ulken Aksuat 132
Ulug Beg 144
Unberührbare 22, 23
Urdu 95
Usbek 140
Usbeken 109, 117, 123, 141, 149
Usbekistan **140–147**
Ustjurt-Plateau 130, 140, 148

V

Vaishya 22
Valangamu Bahu 68
Varana 26
Varanasi **26–27,** 36, 37
Varnas 22
Veden 22, 28
Vijayanagar, Königreich 29
Vindhyagebirge 13
Vishnu 24, 69, *69*
Visvakarma-Tempel *39*

W

Wachsch 117, 119, *119*
Wajed, Sheikh Hasina 84, 85
Wang Chu 53
Wallfahrtsorte 37
Wasserbüffel 18, *18*
Wasserkraft 119, *119,* 127
Wedda 67
Weddide 20
Weißkehl-Doktorfisch *63*
Weligama 75
Westaustralstrom 57
Westghats 12, 13
Westlicher Indischer Rücken 56
Westpakistan 99
Westturkestan 134
Wiedergeburt 26, 44
Wilpattu-Nationalpark 67, 75
Wirbelstürme 56, 57, 82
Wüste 140, 141, 148

Y

Yak 53
Yaksha Mala, König von Nepal 49
Yala-Nationalpark 67, 75
Yamuna 26
Yasin 95
Yellamma *23*
Yeti 50
Yunus, Muhammad *85*

Z

Zackenhirsch s. Barasingha
Zahir Schah, afghanischer König 111
Zahntempel 74
Zamindar 23
Zardari, Asif Ali 98, 99
Zentralindischer Rücken 56
Zharkent 137
Zharman 132
Zia, Khaleda 84
Zia ul-Haq, Mohammed 95, 98, 99
Zugvögel 132, 133
Zyklone 83

Bildnachweis/Impressum

Bildnachweis

Einbandvorderseite: shutterstock.com/RCH
Einbandrückseite: blickwinkel

1: Bildstelle/Hans Zaglitsch **2/3:** Corbis/Damm **10:** aisa **12:** Corbis/Owen **14:** imago/Dirscherl **15 o.l.:** alamy/Harding **15 o.r.:** AP/India President's Office **15 u.:** imago/imagebroker **16:** alamy/Ladi Kim **17 o.:** dpa/Stringer **17 u.:** AP/Solanki **18 l.:** TopicMedia Service, Ottobrunn/Rajput **18 r.:** photoshot/Toon **19 o.:** TopicMedia Service, Ottobrunn/Brehm **19 u.:** imago/imagebroker **20:** Corbis/de Chowdhuri **21 o.:** aisa **21 u.:** laif/Gerald **22:** shutt/Dhoxax **23 o.:** akg **23 u.:** AP/Crasto **24:** alamy/asnar **25 o.l.:** AP/Rajesh Kumar Singh **25 o.r.:** akg **25 u.:** shutt/Vera Bogaerts **26:** alamy/Steve Bloom Images **27 o.l.:** Interfoto, München/La Collection **27 o.r.:** dpa/Langenstrassen **27 u.:** laif/Dorn **28:** AP/Manish Swarup **29:** akg **30:** Mau **31 M.:** photoshot/Nissar **31 o.:** laif/Seux **31 u.:** imago/Javed Dar **32 o.:** IFA/Jose Fuste Raga **32 u.:** AP/Bikas Das **33 o.:** dpa/Landov **33 u.:** laif/Lachenmaier **34 o.:** laif/Shonfeld **34 u.:** alamy/Pep Roig **35 o.:** laif/Rabouan **35 u.:** ddp Images GmbH, Berlin/defd **36 o.:** shutt/RCH **36 u.:** IFA/Jose Fuste Raga **37 o.:** blickwinkel/McPHOTOs **37 u.:** Mau/AGE **38 o.:** photo/Wilson **38 u.l.:** Corbis/Hebberd **38 u.r.:** akg/Nou **39 o.:** aisa **39 u.:** laif/Kirchner **40/41:** istockphoto.com/arturbo **42:** shutt/Pichugin Dmitry **43:** Mau/Torino **44 o.:** Interfoto, München/JTB **44 u.:** dpa/Dinodia **45 o.:** akg/Nou **45 u.:** Interfoto, München/JTB **46:** dpa/Singh **47 o.:** Interfoto, München/Alinari **47 u.:** laif/Tatlow **48:** laif/Morandi **49 o.:** Corbis/Eye Ubiquitous **49 u.:** TopicMedia Service, Ottobrunn **50:** laif/Hahn **51 o.l.:** Juniors Tierbildarchiv, Ruhpolding **51 o.r.:** Mau/Giovannini **51 u.:** Mau/Strigl **52:** laif/Guiziou **54:** laif/Spierenburg **55 o.l.:** Corbis/Benali **55 o.r.:** Corbis/Boisvieux **55 u.:** Corbis/Maeder **56 o.:** alamy/Alker **56 u.:** Interfoto, München/Dirscherl **57 o.:** laif/Eyedea Presse **57 u.:** Focus, Hamburg/Peart/Arabian Eye **58:** Focus, Hamburg/Taylor-Bramley/Arabian Eye **59 u.:** alamy/Parker **59 u.:** Picture Press, Hamburg/Hesselmann **60 o.:** Interfoto, München **60 u.:** Mau/IPS **62:** Interfoto, München **63 M.:** Natural History Photographic Agency, Saltwood/Linda & Brian Pitkin **63 u.:** AP/Seeneen **63 o.:** Mau/AGE **64/65:** photoshot/Jones **66:** Interfoto, München/The Travel Library **67:** Mau/Mattes **68 o.:** shutt/Magdalena Bujak **68 u.:** Helge Sobik/Lübeck **69 o.:** aisa/Mariani **69 u.:** aisa/Raga **70:** AP/Eranga Jayawardena **71 o.:** laif/Laborde **71 u.:** Caro Fotoagentur GmbH, Berlin/Trappe **72 o.:** aisa/Vidler **72 u.:** laif/Riehle **73:** aisa/Vidler **74 o.:** Top/Fiore **74 u.:** imago/blickwinkel **75 o.:** Interfoto, München/Kanus **75 u.:** aisa/Vidler **76:** Corbis/Horner **77 o.:** Mau/AGE **77 u.:** Mau/Mattes **78/79:** alamy/Hill **80:** Corbis/Holbrooke **81:** Corbis/CuboImages **82:** laif/Grossmann **83 o.:** photo/Whitmer **83 u.:** laif/Grossmann **84:** laif/Sakamaki **85:** Corbis/Van Hasselt **86 o.:** AP **86 u.:** alamy/Bowers **87 o.:** photoshot/Woodfall **87 u.:** Picture Press, Hamburg/Trey-White **88/89:** Mau/O'Brien **90:** alamy/Jon Arnold Images **91:** alamy/Harding **92/93:** GeoEye – IKONOS satellite, www.geoeye.com **94 l.:** Top/Dean/TIW **94 r.:** alamy/travlib Pakistan **95:** laif/Luce **96:** photo/Harding **97 o.l.:** action Press, Hamburg/Rex Features Ltd. **97 o.r.:** photo/Bowater **97 u.:** Mau/Harding **98:** dpa **99 o.:** Sipa Press, Paris **99 u.:** dpa/Rehman **100:** aisa/Iberfoto **101 o.l.:** aisa/Iberfoto **101 o.r.:** akg **101 u.:** Corbis **102:** IFA/Thiele **103 o.:** Corbis/Osborne **103 u.:** dpa/Shabbir Hussain Imam **104:** shutt/Lichtmeister **105 u.:** Mau/Oxford Scientific **105 u.:** AP/Bangash **108:** Interfoto, München/Praxenthaler **109 o.:** dpa/Zabi Tamanna **109 u.:** dpa/Koene **110:** Top **111 o.:** dpa/Schroewig **111 u.:** Bildarchiv Preußischer Kulturbesitz, Berlin **112:** dpa/Endig **113 o.:** AP/Steinberg **113 u.l.:** Corbis/Chauvel **113 u.r.:** Sipa Press, Paris/Laski **114:** laif/Zabi Tamanna **115 o.:** aisa/Ricatto **115 u.:** AP/Abdul Khaleq **116:** blickwinkel **117:** photo/Hiebert **118:** alamy/Picone **119 o.:** dpa/Zhukov **119 u.:** Corbis/Davidov **120 o.l.:** alamy/RIA Novosti **120 o.r., 120 u., 121:** laif/Nick Hannes **122 o.:** aisa/Iberfoto **122 u.:** alamy/Harding **123:** laif/Nick Hannes **124 o., 124 u., 125 o., 125 u.:** Corbis/Trilling **126:** photo **127:** laif/Nick Hannes **128/129:** alamy/Filatov **130:** blickwinkel/Lamm **131:** shutt/Maxim Petrichuk **132 o.:** photoshot/Pfister **132 u.:** Picture Press, Hamburg/Weisser **133 o.:** Picture Press, Hamburg/Fink **133 u.:** photo **134 o.:** istockphoto.com/ivz **134 u.:** imago/Leukert **135:** NASA, Washington/Bill Ingalls **136 o., 136 u.:** dpa/Ustinenko **137 r.:** fotolia.com/Ilya Postnikov **137 l.:** shutt/Edward Kim **138/139:** NASA, Washington **140 o.:** fotolia.com/Robsen **140 u.:** imago/imagebroker **141 o.:** dpa/Gräfenhain **141 u.:** laif/Grabka **142:** laif/Seux **143 o.:** laif/Cosmelli **143 u.l.:** IFA/Shashin Koubou **143 u.r.:** dpa/Brakemeier **144 o.:** laif/Grabka **144 u.:** dpa/Grimm **145:** dpa/Gräfenhain **146:** istockphoto.com/David Kerkhoff **147 M., 147 o., 147 u.:** dpa/ Gräfenhain **148 o.:** Okapia KG, Frankfurt/Lade **148 u.:** Mau/Image Source **149:** laif/Nick Hannes **150 o.:** imago/ITAR-TASS **150 u.:** dpa/Brakemeier **151:** laif/Linkel **152:** alamy/dbimages **153 o.l.:** laif/Linkel **153 o.r.:** alamy/Trower **153 u.:** laif/ Nick Hannes

Satellitenbilder: © WorldSat International Inc., www.worldsat.ca; all rights reserved

aisa = AISA Media S.L., photoaisa.com, Barcelona
akg = akg-images, Berlin
alamy = alamy, Abingdon
AP = Associated Press GmbH, Frankfurt
bett = Corbis-Bettmann, New York
Corbis = Corbis GmbH, Düsseldorf
dpa = Picture-Alliance GmbH, Frankfurt
IFA = Getty Images Deutschland GmbH, München/IFA-Bilderteam
imago = Imago Sportfotodienst, Berlin
laif = laif, Köln
Mau = Mauritius Images GmbH, Mittenwald
photo = Photolibrary Group, London
photoshot = photoshot Deutschland, Berlin
shutt = shutterstock.com
Top = TopFoto, Kent

Impressum

Autoren: Martin Ballhaus, Dr. Ambros Brucker, Gerhard Bruschke, Prof. Dr. Martina Flath, Christiane Gsänger, Annegret Handel-Kempf, Robert Kutschera, Michael Neumann, Prof. Dr. Jörg Stadelbauer, Dr. Maurice Wiederhold

Projektleiter: Detlef Wienecke-Janz, Armin Sinnwell

Projektmanagement: Monika Unger, wissenmedia Verlag, Gütersloh
Stefan Kuballa, Reader's Digest, Stuttgart

Redaktion: CLP Carlo Lauer & Partner (Robert Kutschera, Raphaela Moczynski), Wolf-Eckhard Gudemann

Redaktionelle Mitarbeit: Markus Frühauf, Kunigunde Wannow

Layoutentwicklung, Layout und Satz: Axel Brink, Dortmund

Grafikredaktion: Dr. Matthias Herkt

Bildredaktion: Monika Flocke, Stephanie Grote, Anka Hartenstein, Silke Kirchhoff, Petra Niewöhner, Ulrike Rohland, Sonja Rudowicz, Thekla Sielemann, Ursula Thorbrügge, Andreas Zevgitis

Medienbereitstellung: Daniela Wuttke

Kartographie: wissenmedia Mapworks, Stuttgart
Projektleitung/Chefkartograph: Glenn Riedel
Redaktion: Irmgard Sigg
Digitale Kartographie: Liana Steinborn
Datenmanagement/DTP: Klaus Jost

Satellitenbilder:
Autor: Wolf-Eckhard Gudemann

Welterbeseiten:
Autoren: Birgit Adam (S. 124/125, 132/133), Dr. Hans-Joachim Aubert (S. 18/19, 44/45, 76/77), Willi Germund (S. 38/39), Dr. Ulrich Gruber (S. 50/51), Dr. Pia Parolin (S. 86/87), Helge Sobik (S. 68/69, 146/147), Thomas Veser (S. 100/101)
Lektorat: Ferdinand Dupuis-Panther, Barbara Römer, Kunigunde Wannow
Bildredaktion: Anka Hartenstein, Ulrike Rohland, Thekla Sielemann
Layout und Satz: Axel Brink, Dortmund

Bildmosaikseiten:
Autoren: Gerhard Bruschke, Markus Frühauf, Wolf-Eckhard Gudemann
Redaktion: Wolf-Eckhard Gudemann
Bildredaktion: Anka Hartenstein
Layout und Satz: Axel Brink, Dortmund

Reader's Digest
Redaktion: Stefan Kuballa
Grafik: Gabriele Stammer-Nowack
Produktion: Felix Steinle

Ressort Buch
Redaktionsdirektorin: Suzanne Koranyi-Esser
Redaktionsleiterin: Dr. Renate Mangold
Art Director: Susanne Hauser
Operations
Leitung Produktion Buch: Norbert Baier

Reproduktionen: Axel Brink, Dortmund

Druck und Binden: Printer Portuguesa, Lissabon

Genehmigte Sonderausgabe für Reader's Digest Deutschland, Schweiz, Österreich
© 2010, wissenmedia GmbH, Gütersloh/München
Geschäftsbereich Verlag
© 2010 Reader's Digest Deutschland, Schweiz, Österreich / Verlag Das Beste GmbH – Stuttgart, Zürich, Wien

Das Werk einschließlich aller seiner Teile ist urheberrechtlich geschützt. Jede Verwendung außerhalb der engen Grenzen des Urheberrechtsgesetzes ist ohne Zustimmung des Verlages unzulässig und strafbar. Das gilt insbesondere für Vervielfältigungen, Übersetzungen, Mikroverfilmungen und die Verarbeitung in elektronischen Systemen.

Code-Nr. UK 0095/G/S

Printed in Portugal

ISBN 978-3-89915-645-4

Besuchen Sie uns im Internet
www.readersdigest.de